两次全球大危机的比较研究

刘鹤◎主编

Comparative Study on the Two **Global Crisis**

中国经济出版社
CHINA ECONOMIC PUBLISHING HOUSE
北京

图书在版编目（CIP）数据

两次全球大危机的比较研究/刘鹤主编．
北京：中国经济出版社，2013.2（2024.1 重印）
ISBN 978-7-5136-2310-0
Ⅰ.①两… Ⅱ.①刘… Ⅲ.①金融危机—研究—世界 Ⅳ.①F831.59

中国版本图书馆 CIP 数据核字（2013）第 023366 号

责任编辑　乔卫兵　方　雷　张梦初
责任审读　霍宏涛
责任印制　马小宾
封面设计　华子图文设计公司

出版发行　中国经济出版社
印 刷 者　北京艾普海德印刷有限公司
经 销 者　各地新华书店
开　　本　710mm×1000mm　1/16
印　　张　17.5
字　　数　273 千字
版　　次　2013 年 2 月第 1 版
印　　次　2024 年 1 月第 26 次
书　　号　ISBN 978-7-5136-2310-0/F·9541
定　　价　65.00 元

中国经济出版社　**网址** www.economyph.com　**社址** 北京市东城区安定门外大街 58 号　**邮编** 100011
本版图书如存在印装质量问题，请与本社销售中心联系调换（联系电话：010-57512564）

本书编写人员

主　　编：刘　鹤

编　　委：杜金富　李　扬　卢中原　蒋志刚
刘春航　蔡洪滨　王志军　蒙　剑
祝丹涛　李建江

参加单位：中央财经领导小组办公室
中国人民银行
中国银行业监督管理委员会
中国社会科学院
国务院发展研究中心
北京大学光华管理学院
国家开发银行

目　录

第一篇

两次全球大危机的比较[①]

① 本研究课题组组长刘鹤，总报告执笔人刘鹤，课题组成员王志军、蒙剑、祝丹涛、李逊敏。本文形成初稿后，分别征求了吴敬琏、樊纲、易纲、李扬、韩文秀、卢迈、刘春航、魏加宁、蔡洪滨的意见，同时还征求过中央财办内部杨伟民、蒲淳、刘国强、尹艳林、赵建的意见。笔者对这些同事提出的意见表示由衷的感谢。

本次危机爆发之后，我们一直在思考这次危机可能延续的时间、可能产生的国际影响和我们的对策。从2010年起，我们开始启动对20世纪30年代大萧条和本次国际金融危机的比较研究，邀请了人民银行、银监会、社科院、国务院发展研究中心、北京大学等单位的研究人员参加，这些单位都完成了十分出色的分报告，本篇是此项研究的总报告。总的来看，金融和经济危机的发生是资本主义制度的本质特征之一。工业革命以来，资本主义世界危机频繁发生，20世纪30年代大萧条和本次国际金融危机是其中蔓延最广、破坏力最大的两次，它们都是资本主义内生矛盾积累到无法自我调节程度后的集中爆发。

一、 研究的目的、方法和基本逻辑

（1）这次研究的主要目的，是试图通过历史比较来理解过去，推测未来可能发生的变化。这样做的主要原因是：我们的工作任务之一是应对本轮金融危机，我们希望通过历史对比使自己的工作获得主动性。当我们开始进行这项工作后，立刻产生了强烈的好奇心，对结论的好奇使我们对这项研究工作的兴趣全面上升。

（2）在一些自然科学领域，理解和判断往往在实验室进行，而社会科学没有研究实验室①，当统计数据不充分、研究对象又十分泛化时，替代的研究方式可能是进行历史比较。正如在自然界存在着气候变化长周期一样，在经济社会发展领域，只要时间的跨度足够大，也会发现历史的重复

① 自然科学中，一些学科也无法通过实验室验证，比如宇宙天体学、气候学、生命科学等。

现象或者相似之处①。令人放心的是，这两次危机之间实际间隔约 80 多年，如果加上上次大萧条之前的历史背景时间，可用于研究对比的时间超过百年。这 100 多年的时间内，发生了两次重大的技术革命，人类也经历了两次最大的繁荣与萧条的更迭，这使得这个宝贵的时间成为进行对比研究最难得的实验场所。

（3）本项研究的基本逻辑是历史的周期率。我们认为，周期性是历史变化和自然界的本质特征，也是资本主义制度的重要特点。历史在时间跨度足够长时会不断重复自己，经济社会发展的周期率首先表现为繁荣与萧条的相互交替，但这种交替只是分析问题的起点②。本项研究的主要任务，是试图发现在两次繁荣萧条之中那些最引人注目的事件发生的先后顺序和相似程度，更准确地说，这项研究是试图理解两次危机发生前技术和经济背景的类似性，刻画在这样的背景下政府行为和大众心理的特征，描述两次危机的宏观发展轨迹，从而为应对危机的决策提供依据。

（4）历史重复自己有线性的方式，也有非线性的方式，有符合逻辑的精准变化规律，也有逻辑不清的意外变化，甚至还有很多无法解释的历史困惑，这一切既是进行这项研究的迷人之处，也是它的难点所在。在下面的报告中，我们将按照马克思主义的分析方法，归纳两次危机的不同点，试图总结出两者的共性特点，并得出初步的政策结论。由于历史事件和对比对象极为宏观，可以用于翻阅资料和进行数据对比的研究时间十分有限，我们的描述选择了比较粗犷的方式，描述的重点是“是什么”而不是“为什么”。即便是对“是什么”的描述也十分困难，因此这项研究大纲仅是更深入研究的起点。

---

① 康德拉季耶夫 1925 年提出，资本主义世界存在以固定资产投资为驱动的大约 45 ~ 50 年的经济周期。熊彼特 1939 年提出，以技术创新为驱动存在大约 48 ~ 60 年的经济长周期。范杜因在 1979 年的《经济生活中的长波》中提出，技术创新具有寿命周期，并将长技术周期分为四个阶段。弗里曼在 1982 年的《失业与技术创新——关于长波和经济发展的研究》中，着重从技术创新扩散与就业关系的角度对长技术周期进行了分析。

② 参见《资本论》关于经济周期的描述。

二、 两次危机的区别点

在提炼两次危机的共同点之前，十分有必要看到两次危机存在的巨大区别。非常明显，两次危机对人类社会造成灾难的程度不同。从危机爆发初期的情况看，1929 年的大萧条造成的经济总量损失和商业破坏要大大超过本次金融危机。但本次金融危机的后续发展演变日趋复杂，美国失业率连续两年多居高不下，持续维持在 9% 上下，房价仍在低位徘徊，复苏过程曲折反复；欧洲主权债务危机影响不断深化，经济社会政治产生共振，负向反馈，不确定性和风险持续提高。总的来看，这次危机尽管短期杀伤程度较轻，但调整可能需要更长时间，深化影响难以估计。归纳起来，两次大危机有几点主要的区别：

1. **人口的结构不同**

人口结构特别是年龄结构对经济社会发展具有十分重要的影响，对政府制订公共政策也会产生重要的作用。大萧条期间的人口年龄比较年轻，中等收入者比重偏低，受教育程度也不高。而本次危机发生的时候，人口的年龄已大大提升，特别是发达国家普遍进入老龄化社会①，中等收入者比重上升，受教育程度提高，福利化制度和人口年龄因素造成劳动力的市场适应性减弱，人们更乐于维持现状而不是变革。

2. **技术条件不同**

大萧条发生在第二次技术革命之后，而本次危机发生在第三次技术革命之后，在两次技术革命之后，人类技术进步的程度大大提高。特别是在军事领域，核武器的发展使得主要国家具有相互制衡的能力，鲜有国家寄希望于通过世界战争解决国家利益的争端。相反，核力量造成的“恐怖平

---

① 以美国为例，1929 年 65 岁以上人口占总人口的 5.3%，2007 年则占 12.6%（数据来源：美国国家统计局）。

衡”成为维护世界和平的重要因素。同时，本次金融危机是在信息化技术高度发达条件下产生的，这会加重风险的扩散和共振，使这次危机有更快更广的传播范围和更明显的同步市场波动。

3. 发达国家的经济和社会制度发生了进化

大萧条后，资本主义国家吸收社会主义理论，社会保障制度在发达国家普遍建立，宏观经济管理制度从无到有而且日趋完善，经济和社会发展建立了稳定器和刹车系统。另外，本次国际金融危机发生后，基于对上次大萧条的认识，主要发达国家政府都对经济进行了快速的直接干预，在较短时间内改变了经济自由落体的状态。因此，本次危机对经济和社会的短期损害还没有达到上次大萧条的程度。

4. 全球化的程度不同

在联合国、国际货币基金组织、世界银行的框架下，各个国家之间的相互依存程度大大提高①。目前全球的货币制度以纸币为基础，有管理的浮动汇率制度替代了传统的金本位制度，资本市场开放的程度大大提高，跨境投资现象比较普遍②，跨国公司的全球布局使得单个国家的利益和其他国家的利益更加交融。虽然会有保护主义的思潮和损人不利己的种种行为出现，但是这些做法将损害本国政府、企业和居民利益，因此将是短命的。

5. 新兴国家崛起和全球经济格局不同

上次危机是资本主义世界的危机，欠发达国家受到严重的外部震荡，但只有消极接受的无奈，没有力量拉动全球经济回升。而本次危机截然不同，全球力量出现了结构性变化③，在发达国家内需下滑的时候，世界出现新的经济增长发动机，这些国家的巨大需求对经济下滑的上拉作用加大，全球经济危机可能从中心扩散到外围，但是从外围折射到中心的力量巨大。

---

① 1928 年全球贸易占世界 GDP 的 16.7%，2007 年则占 51.6%（数据来源：商务部网站）。

② 20 世纪 80 年代以来全球对外直接投资发展迅猛，1980 年总额为 5190 亿美元，2007 年达到 18330 亿美元，年均增长 5%，高于同期全球 GDP 3.4% 的增长率（数据来源：IMF 网站，Wind 数据库）。

③ 1929 年美、欧、日以外的亚非拉国家 GDP 合计占世界 GDP 的 23.3%，2010 年则占到 42.6%，危机期间的 2009 年金砖四国对全球经济增长的贡献达 90%（数据来源：《世界经济千年史》，人民网等）。

三、 两次危机的共同特点

通过对比研究，关于两次危机的共同之处，我们侧重于从政治经济学的角度进行归纳。初步得到十点结论，简要描述如下：

（1）两次危机的共同背景是都在重大的技术革命发生之后。长周期理论认为，技术创新引起繁荣，繁荣又是萧条的原因，重大的技术革命引起大繁荣，毫无疑问也会引起大萧条，这是历史周期率的重要表现。1929 年爆发的大萧条是在第二次技术革命后发生的，而这次危机则发生在“第三次浪潮”之后[①]。重大的技术革命总是使生产力得到极大程度的解放，这不但改变着生产函数和产生“毁灭”创新效应，而且每次技术革命都对社会结构、地缘政治、国家力量对比产生深远而根本性的影响。如果生产关系调整滞后于技术创新后生产力的发展，上层建筑调整滞后于经济基础变化，潜在的危机风险必然加大。对这个问题，著名经济学家熊彼特做出过十分到位的描述，康德拉季耶夫也做过大量研究。对比发现所不同的是，从技术革命发生到产生危机的时间大为缩短，1870 年以后发生的电力技术革命到发生 1929 年的危机间隔了 60 余年，而 1980 年以后发生的信息技术革命与本次金融危机之间只隔了 30 余年。其警世意义在于，今后当重大的技术革命发生之后，不仅需要认识它的进步作用，抓住它带来的机遇，同时要充分意识到重大变革会随之出现，充分估计震动性影响和挑战。

（2）在危机爆发之前，都出现了前所未有的经济繁荣，危机发源地的政府都采取了极其放任自流的经济政策。1929 年大萧条之前，柯立芝总统实行了以放任自流著称的经济政策，政府对市场经济的运行基本保持着缄默，金融利益集团也对放松监管、推动金融自由化发挥了巨大影响。在这

① 以电力技术的广泛应用为驱动力的第二次技术革命开始于 19 世纪 70 年代，到“二战”结束。以电子计算机、原子能技术、航天科技为驱动力的“第三次浪潮”开始于 1945 年，1978 年 IBM 推出个人计算机，开启了以信息技术的广泛应用为驱动力的信息和新经济革命。

期间，新技术的推广和应用首先集中在电力行业和汽车行业，自由竞争使主要行业的产业集中度和垄断程度大幅度提高，劳资对立由于经济繁荣得到一定缓解，而弱势的农业相对衰退，埋下了产业失衡、收入分配差距扩大和经济投机性增强等种种隐患。但不管怎样，经济的放任自流政策创造了著名的“柯立芝繁荣”。在本次金融危机发生之前，在强大的产业和金融利益集团作用下，从克林顿到小布什政府也都采取了经济自由化的政策，在某种程度上，其实际的经济放任程度和对监管的放松接近甚至超过里根政府的做法。在这期间，新技术的推广应用使信息通讯产业和互联网经济得到快速发展，房地产业的繁荣已经出现，美国经济确实出现了人类社会有史以来的最长期的繁荣，人们乐观地认为，由于互联网技术的发展，传统的商业周期已经不复存在。在两次繁荣期间，经济的自由放任和企业家创新精神的发扬互为补充，推动着经济的高增长，但也与后来危机的发生存在某种逻辑关系。十分明显的是，发达国家已经出现了制造业的衰落，越来越多的劳动者已经无法适应产业结构的快速变化，过度负债的经济模式已经充满风险（如表 1 和图 1 所示）。

表 1　美国两次危机前产业结构变化

时间	大萧条前	本次危机前
	1919—1929 年	1980—2007 年
新兴产业	收音机销售额由 4500 万美元增加到 8.42 亿美元	金融地产业占 GDP 份额由 15.1% 上升到 20.7%
	汽车产量由 150 万辆增加到 540 万辆	信息技术产业占 GDP 份额由 3.9% 上升到 8.7%
	建筑业产值由 120 亿美元增加到 175 亿美元	商务服务业占 GDP 份额由 6.2% 上升到 12.1%
传统产业	农业衰落，出口肉类价值下降 88.9%，出口小麦价值下降 33.3%；农场破产率由 6.4% 上升至 17.7%	制造业占 GDP 的份额由 20% 下降到 11.6%
	煤炭、棉纺织、服装以及皮革等传统产业出现不同程度下滑	

数据来源：浙江大学历史系编：《20 世纪世界史》；Wind 数据库。

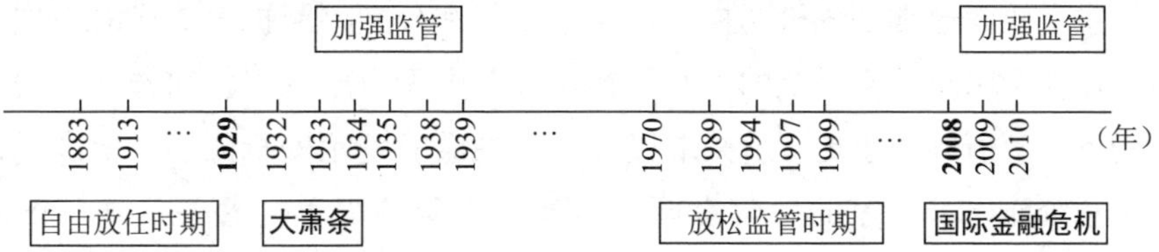

图 1　两次危机前美国均处于金融监管宽松时期

（3）收入分配差距过大是危机的前兆。两次危机发生前的另一个共同特点，是较少数的人占有较多的社会财富（如图 2 所示）。大萧条期间所表现出的，是私人占有和社会化大生产之间的矛盾，表现形式是实体经济产能过剩和有效需求不足。这一次危机则与全球化、互联网和知识经济的发展、经济虚拟化程度提升、不同国家人口结构的变化有更多的关系。但最突出的表现是，生产资料名义所有权和实质支配权分离，权力集中到虚拟经济领域极少数知识精英手中。分配差距也不仅表现在一个国家内部不同的社会群体之间，而且表现在传统的发达国家和新兴市场国家之间。在全球化和互联网全面发展的过程中，世界经济形成了相互依赖的三角形循环，新兴市场国家成为全球制造中心，资源富足国家提供原材料和能源，发达国家通过负债消费，拉动新兴市场国家产能利用。虽然形式上的变化很多，但是产能过剩和有效需求不足的矛盾仍然是主要矛盾。

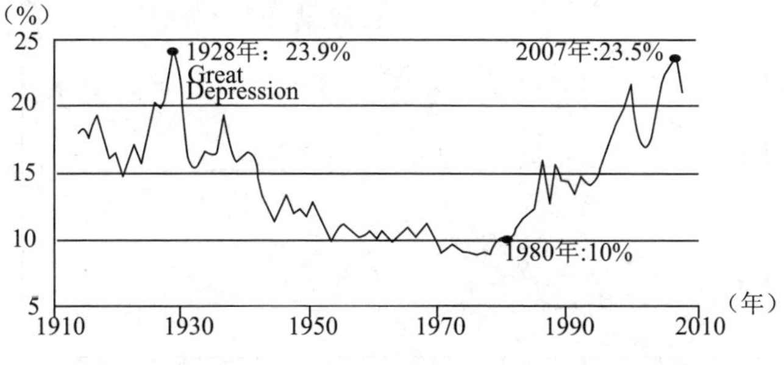

图 2　两次危机前美国收入两极分化达到历史高点
（最富 1% 家庭收入占总收入比例）

数据来源：Anthony B. Atkinson，Thomas Piketty，Emmanuel Saez：《大历史时期的最高收入》，《经济文献杂志》2011 年第 3 期。

（4）在公共政策空间被挤压得很小的情况下，发达国家政府所采取的民粹主义政策通常是危机的推手。技术变革和分配差距扩大造成的心理压力，往往会引起社会公众的不满，在执政期内无力改变现状和选票政治的推动下，政府倾向于更多地采取民粹主义的政策宣示安抚民心。上次危机美国总统作出“每家的后院有两辆汽车、每家的锅里炖着一只鸡”的承诺；而这次危机发生前，两任总统都承诺提高住房自有率①。欧盟国家从20世纪90年代末以来，税收占GDP的比重持续下降，但社会福利支出占GDP的比例持续上升，社会福利安排出现过度化倾向，但绝大部分政治家难有决心和胆量压缩福利。民粹主义的承诺改变了大众的福利预期，加大了对政府的依赖，也放松了自己的奋斗决心，是效果极其负面的腐蚀剂。致命的问题是，一旦大众的福利预期得不到满足，社会心理很快发生逆转，并形成蔑视权威、拒绝变革和仇视成功者的强烈氛围。与此同时，超出收入能力的过度财政负债和福利主义相应成为一种习惯，这种习惯在政府和民间相互影响，其破坏力在目前的欧债危机中得到充分体现。对这个问题，桥水投资基金的戴利欧先生在《和谐的去杠杆化》一文中，对政府和民间的去杠杆化过程作了精彩描述。文章认为，每隔70年左右发生的一次高负债都伴随着一次经济危机（如图3所示），在这期间工资增长都超过劳动生产率的增长，负债增长都大大超过税收能力。

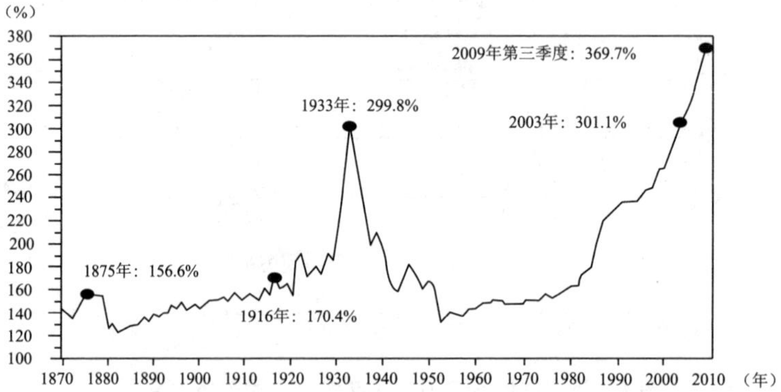

图3　1870—2010年美国债务率

数据来源：美国经济分析局。

---

① 在1995年美国住房与城市发展部发布的《国家住房战略》中，克林顿提出：“要实现住房自有率在本世纪末达到历史最高水平。”2004年10月小布什在华盛顿竞选连任的演讲时提出：“任何一个家庭搬进自己拥有的房子都会感到美国比其他国家强。”

（5）大众的心理都处于极端的投机状态，不断提出使自己相信可以一夜致富的理由。两次危机前的产业神话和收入分配出现的巨大差距，往往导致资本主义制度下的社会心理状态出现变异。改变其社会地位的急切心情，使大众都开始追求一夜暴富，人们宁愿相信各种投机奇迹，人类本性中的贪婪和健忘达到前所未有的程度，没有多少人可以经受泡沫产业的诱惑，社会心态浮躁具有普遍性，在宽松货币环境和以提高杠杆率为实质的金融创新助推下，大量举债进行高风险投机，产生了巨大的资产泡沫，大萧条前主要是股市泡沫，这次危机前是房地产泡沫。正如加尔布雷思所描述的，当经济处于过度繁荣状态的时候，没有人不相信泡沫会继续膨胀，人们不是找出理由使自己理性，而是找出理由使自己相信盲目冒险的正确性。可以肯定的是，在特定的历史阶段和制度条件下，人类这种自我膨胀的说服力量和缺乏理性是导致危机的重要原因。由此我们也可以提出一个相关的质疑：经济学关于理性人的假设是否具有永恒性？

（6）两次危机都与货币政策相关联。在两次危机之前，最方便的手段是采取更为宽松的货币信贷政策。大萧条前，泛滥的信贷政策引起了股市的泡沫和投机的狂热；在这次危机前，美联储极其宽松的货币政策、金融放松监管和次级贷款都达到历史上前所未有的水平，这使得经济泡沫恶性膨胀。在经济泡沫导致消费价格上涨的压力下，货币当局不得不采取紧缩货币政策，从而捅破了泡沫，改变了投机者的心理预期，使得迟早发生的事终于发生（如图 4 所示）。两者的主要区别在于，1929 年大萧条还没有明确的宏观经济理论指导，而本次金融危机则是宏观经济政策长期服从于政治选举目标。两者的共同之处在于，货币当局对宏观经济形势都缺乏准确的理解，大萧条时期美联储的决策者基本没有总需求管理的意识，而这次美联储则对已经全球化的世界经济与美国作为储备货币国所应该执行的货币政策认识很不到位。

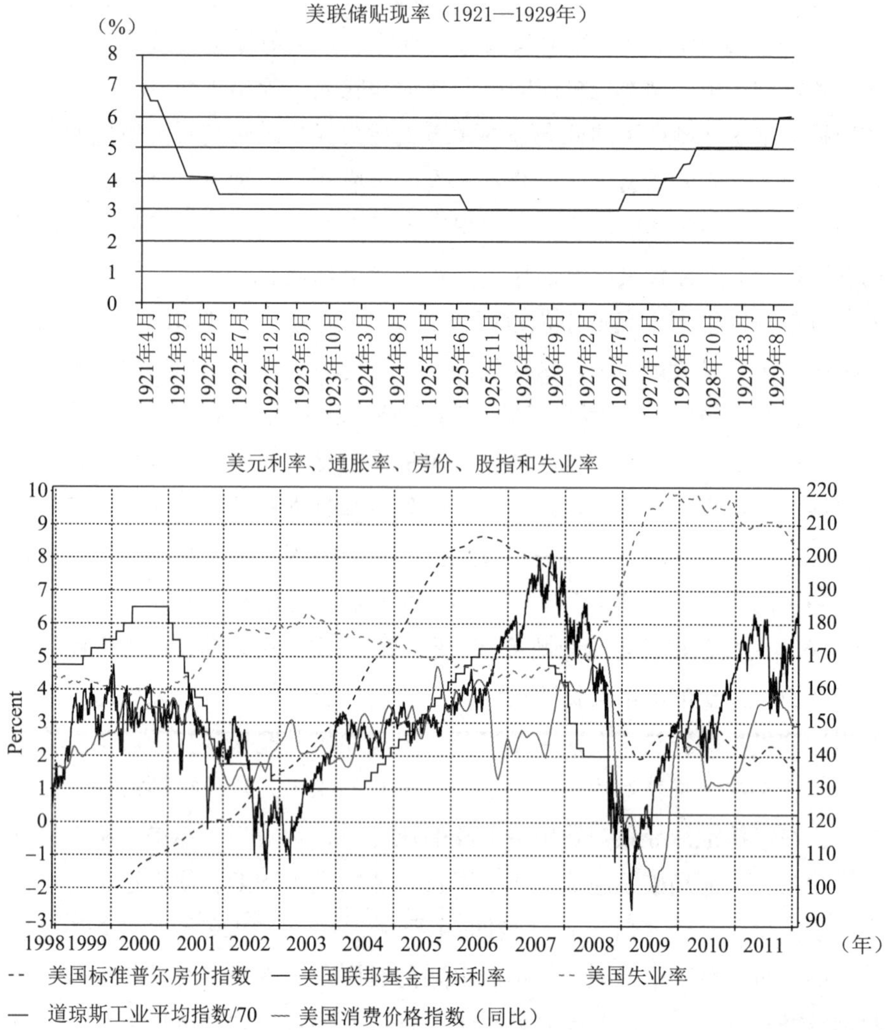

图4　两次危机爆发前的货币政策

数据来源：Reuters Ecowin。

（7）危机爆发后，决策者总是面临着民粹主义、民族主义和经济问题政治意识形态化的三大挑战，市场力量不断挑战令人难以信服的政府政策，这使得危机的形势变得更为糟糕。在面对严重危机的时候，主要国家在应对政策上总犯同样的错误，特别是应当采取行动的时候总会错过时机，应当采取宏观扩张政策的时候则采取紧缩政策，应当开放和进行国际合作的时候往往采取保护主义政策，应该压缩社会福利、推动结构改革的时候却步履艰难甚至反复和倒退①。这些明显的错误在事后看起来显得可笑，但对当事人来说，实施正确的政策却困难重重。这是因为，大危机在人的一生中往往仅会遇到一次，决策者缺乏经验，又总是面临着民粹主义、狭隘的民族主义和经济问题政治化这三座大山，政治家往往被短期民意绑架、被政治程序锁定且不敢突破意识形态束缚，这几乎是普遍的行为模式，这一点在最近的希腊危机中表现得最为明显。同时，在市场大幅波动中获益是大金融资本的逐利本性。在一些国家软弱的政府政策面前，国际金融市场力量往往起到“树欲静而风不止”的作用，这种力量又与在野的政治力量相结合，使得当政者处境岌岌可危。特别需要强调的是，两次危机中的市场力量从来都是高度政治化的力量。如果仅从经济角度认识问题而忽视了其政治属性，就会犯重大的判断性错误。

（8）危机的发展有特定的拓展模式，在它完成自我延伸的逻辑之前，不可轻言经济复苏。经济危机过程中很多意外事件的发生，似乎是由小概率事件和运气所决定的，但事实并不是这样。经济一旦从正常状态转入危机状态，它就开始以一种不同寻常的方式循环。危机往往从经济大幅跳水开始，由泡沫破裂走向失业率攀升，由经济困境加重转向社会矛盾激化，由经济社会领域转向政治领域乃至军事领域。在这个过程中，政府面对超高的负债率，先是在财政上采用紧缩政策，去杠杆化进程开始，随后经济泡沫破裂所带来的经济压力往往通过货币贬值和债务重组得以缓解。而后，在经济未实现好转之前，通胀的上升和股市的繁荣往往带来一次虚假复苏，但很快会遇到经济的二次探底。在1929年的大萧条中是这样，在这次国际金融危机中已经出现了这种迹象。美国金融危机一度出现缓解，但欧债危机却出乎意料地全面恶化，系统风险迅速上升，全球经济可能由此进入第二轮危险期。同样，当国内矛盾激化到一定程度之后，则向外部转移和推卸责任。危机的自我拓展只有走完全过程才能达到新的平衡点，大危机一旦发生就注定是一个较长的过程。上次大萧条最极端的情况是希特勒通过民选的方式上台和第二次世界大战爆发。当前特别需要重视的，是

① 2012年欧债危机持续发展，法国、希腊、西班牙等国的民意普遍左转，民族主义和极左、极右势力明显抬头，大选之年政府不得不迎合民意，许多有利于债务问题解决的政策难以实施，欧债风险迅速上升。

在危机自我逻辑实现的过程中总会出现意外事件，一连串的失控和误判也屡屡发生。目前，欧债危机正在深化，中东形势很不确定，经济、政治、社会、历史、文化等方面的冲突相互交织，在这种情况下，我们对本次危机可能出现的重大风险必须有充分思想准备（如图5所示）。

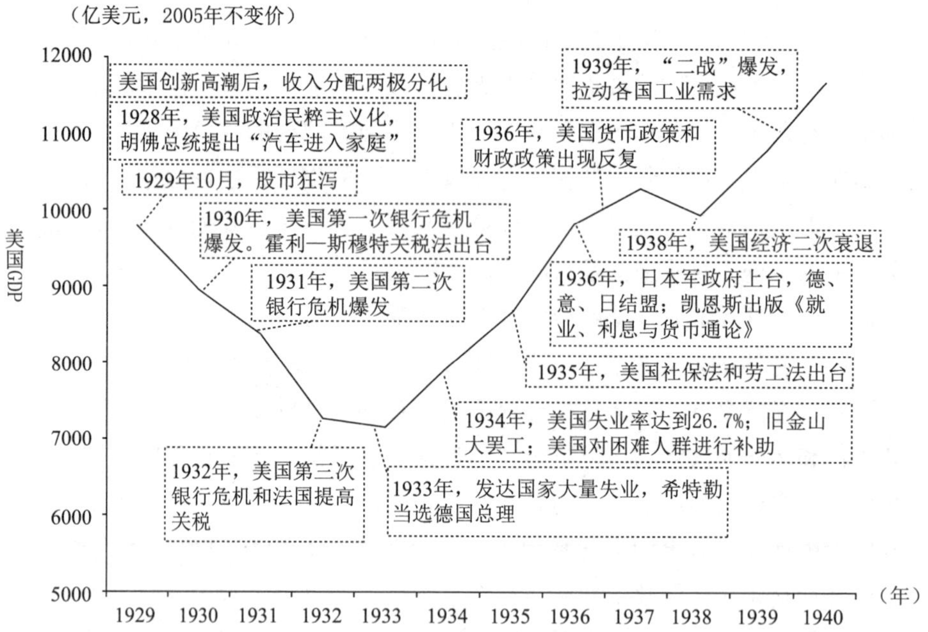

图5　危机发展过程中的意外事件不断

数据来源：Reuters Ecowin。

（9）危机只有发展到最困难的阶段，才有可能倒逼出有效的解决方案，这一解决方案往往是重大的理论创新。大萧条后，世界在绝望中发生了凯恩斯革命。在这次危机中，虽然凯恩斯理论再一次获得生命力，但人口老龄化、全球产能过剩、资源约束强化所导致的潜在生产能力下降，加上劳动力市场更具“黏性”，使单纯扩张总需求的政策撞到天花板。同时，全球通缩压力、欧洲主权债务恶化等导致的负面效应显现，全球经济又一次进入十分困难和复杂的境地。前一段兴起的心理学、经济学和政治学相结合的不少研究引人注目，目前又兴起关于国家资本主义的呼声，这说明全球都在等待着理论创新。这次理论创新可能围绕全球经济最实质和困难的问题展开：世界出现的总需求萎缩和资本、技术与劳动力在全球宏观配置失衡的局面，加上一些国家的经济增长陷入绝境，既带来本国的社会政治问题，也快速向全球传染，怎样解决这个问题尚无明确思路。在经济全球化条件下，单个国家解决这些问题的能力明显不足，而大国相互合作又如此困难，亟须提出一个解决这个全球性复杂问题的可行方案。我们看到，全球经济的恶化又一次产生巨大的倒逼力量，这在最近结束的欧盟峰会上已经体现出来。同时还要看到，尽管理论创新十分重要，但全球经济能否走出危机，在很大程度上取决于外部运气因素，这在1929年大萧条的末期表现得十分充分。

（10）危机具有强烈的再分配效应，它将导致大国实力的转移和国际经济秩序的重大变化。“基辛格定律”可能被再次验证。基辛格在他的名著《大外交》一书中开宗明义地指出，世界每隔百年会出现一个新的全球大国。这个判断可能被两次危机所证实。大萧条后世界经济重心由欧洲转向美洲，美国在世界经济中发挥主导作用，美元占据支配地位，联合国、国际货币基金组织和世界银行产生，世界经济政治格局发生重大变化。这次危机发生后，全球发展的重心向亚太地区转移，G20平台产生，世界实力对比正在急剧变动，国际经济秩序正在发生变化。从这个意义上看，危机不仅具有对生产力发展的破坏作用，也有积极的创新作用，更有强烈的再分配效应。总之，大危机所分配的不只是一个国家国内的财富，而且是国家之间实力的对比，危机的再分配效应是无法抗拒的，世界经济秩序将继续发生稳步但不可逆转的重大变革（如图6所示）。

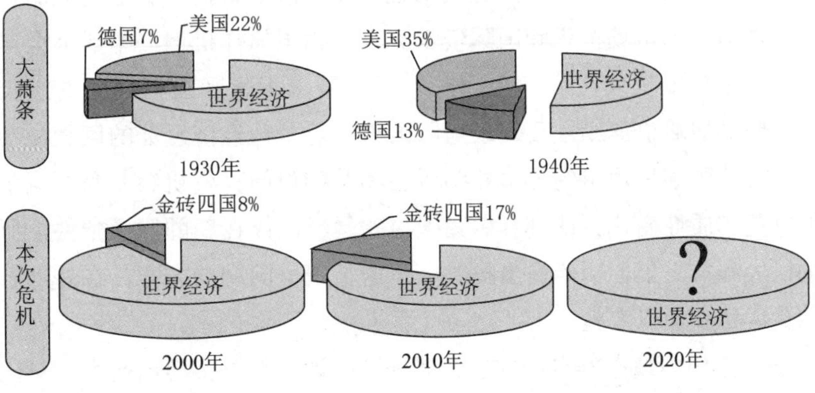

图6　危机前后世界经济实力对比

数据来源：中经网数据库。

四、 三点政策思考

两次危机的对比研究，使我们得到不少思想收获，也受到很多启示。考虑到我国加快推动经济发展方式转变、全面建成小康社会的历史背景，在诸多可以选择的政策建议中，这里主要提出三点思考：

（1）树立底线思维方法，对危机可能出现的最坏场景做出预案。对比研究的结论和目前欧债危机加速恶化的形势告诉我们，必须树立底线思维的思想方法，对危机态势做最坏的准备，同时努力争取较好的结果，既要应对突发性外部冲击和震动，又要做好应对危机结构性变化的长期准备，只有这样，才能使我们立于不败之地。目前有两个场景必须预防：一是危机升温而产生的巨大外部震荡；二是危机迫使一些国家转嫁灾难而走向变换形态的战争。虽然这两个场景在近期出现都是小概率事件，但必须防患未然。

（2）把握我国战略机遇期内涵的重大变化，谋求中国利益和全球利益的最大交集。对比研究的结论也可以告诉我们，我国所处战略机遇期的内涵已经发生重大变化。从经济意义来说，在本次危机前，我国的战略机遇主要表现为海外市场扩张和国际资本流入，我国抓住机遇一举成为全球制造中心。本次危机发生后，全球进入了总需求不足和去杠杆化的漫长过程，我国的战略机遇则主要表现为国内市场对全球经济复苏的巨大拉动作用和在发达国家呈现出的技术并购机会和基础设施投资机会。我们应牢牢把握这些实质性变化，认真分析我国与大国经济体在新的历史条件下所出现的巨大利益交集，明确提出解决全球增长困境问题的方案，在外部条件明朗化后稳步加以实施。

（3）集中力量办好自己的事，抓好重大课题的务实超前研究。对比研究的结论还告诉我们，无论国际风云如何变幻，集中力量办好自己的事是我们应对外部巨大冲击、实现我国和平崛起的根本之策。我们要借鉴历史上大国崛起的经验，警惕卷入不必要的国际事件，切实集中力量、突出重点，扎扎实实地办好自己的事。我国正处于全面建成小康社会的关键时期，建议从顶层设计的角度出发，对一些需要集中力量办好的事进一步务实研究，尤其需要增强全球视野，提高定量化程度，使研究成果具有可操作性。

参考文献

1. 罗伯特·斯基德尔斯基：《凯恩斯传》，相兰欣、储英，译，三联书店2006年版。

2. 亨利·基辛格：《大外交》，顾淑馨、林添贵，译，海南出版社1997年版。

3. 古斯塔夫·勒庞：《乌合之众——大众心理研究》，戴光年，译，新世界出版社2011年版。

4. 约翰·肯尼斯·加尔布雷思：《1929年大崩盘》，上海财经大学出版社2006年版。

5. 约瑟夫·熊彼特：《经济发展理论》，娄季芳，等，译，北京出版社2008年版。

6. 比尔·布莱森：《万物简史》，严维明，等，译，接力出版社2005年版。

7. 威廉·曼彻斯特：《光荣与梦想》，海南出版社2004年版。

8. 德尼斯·加亚尔等：《欧洲史》，蔡鸿宾、桂裕芳，译，海南出版社2000年版。

9. 卡门·M. 莱因哈特、肯尼思·罗格夫：《这次不一样?》，綦相、刘晓峰，译，机械工业出版社2010年版。

10. 本·S. 伯南克：《大萧条》，宋芳秀、寇文红，译，东北财经出版社2007年版。

11. 哈罗德·埃文斯、盖尔·巴克兰：《美国创新史》，倪波、蒲定东、高华斌、玉书，译，中信出版社2011年版。

12. 乔治·华盛顿：《美国历届总统就职演说》，岳西川、张卫星，译，中央编译出版社2009年版。

13. 默里·罗斯巴德：《美国大萧条》，谢华育，译，上海人民出版社

2009 年版。

14. 克里斯托弗 · A. 西姆斯：《宏观经济学与方法论》，《社会经济比较》2011 年第 6 期。

15. 阿瑟 · 刘易斯：《增长与波动》，华夏出版社 1987 年版。

16. 拉斯 · 特维德：《逃不开的经济周期》，中信出版社 2008 年版。

17. 罗伯特 · 希勒、乔治 · 阿克洛夫：《动物精神》，中信出版社 2009 年版。

18. 安格斯 · 麦迪森：《世界经济千年史》，北京大学出版社 2003 年版。

19. 阿米蒂 · 什莱斯：《新政 VS 大萧条》，中信出版社 2009 年版。

20. 米尔顿 · 弗里德曼：《美国货币史》，北京大学出版社 2009 年版。

21. 2007 年以来的部分 *The Wall Street Journal*、*Financial Times* 和 *The Econ omist*。

第二篇

从经济金融理论视角看两次危机[1]

① 本研究由中央财办课题组承担。课题组组长刘鹤，课题组成员王志军、蒙剑、祝丹涛、李逊敏。

2008 年爆发的国际金融危机，从影响深度、涉及广度和持续时间长度看，无疑是大萧条以来最为严重的危机，从对未来世界经济和政治的重塑作用上看，也只有大萧条可与其类比。本篇以经济周期理论为基本方法，假定人类发展历史具有一定相似性或者在或然性中存在某种必然性，以大萧条和本次危机中的历史事件为基础，比较研究在全球经济社会发展史上具有重要转折作用的两次危机，揭示规律，得出启示，警示未来。

一、 两次危机比较

（一）时代背景

由于人类经济社会迅猛发展，与 1929 年大萧条在国际经济格局、全球产业分工、国际货币体系的时代背景相比，2008 年国际金融危机在人口年龄结构、科学技术条件、社会政治制度等方面发生了重要变化，对危机发生和演变产生基础性的影响。

（1）全球经济分工和成长动力大转化。两次危机爆发地都在美国，但美国在全球分工中的地位和对全球经济成长的作用发生了较大变化。大萧条前，美国实现工业化，成为全球最大经济体和制造业中心，英、法等国地位相对下降，美国在资本主义世界中处于支配地位，中心国家同外围国家的殖民交换体系和世界市场形成。这次危机发生前，全球制造中心和增长动力向新兴市场转换，美国全球生产和贸易地位相对下降，但在国际货币金融领域扮演主导角色，全球化处于“黄金时期”，商品、要素实现大规模跨境流动，全球风险关联程度加大。

（2）国际货币体系新演进。国际货币体系对主导货币选择和国际收支不平衡调节机制有重要意义。大萧条时国际货币体系是金本位下的固定汇率制，国家发行货币受到金平价约束，各国货币政策具有同步紧缩倾向。本次危机是美元主导下的浮动汇率制，主导国家货币发行缺少约束，各国货币政策具有同步扩张倾向，中央银行制度建立，国家和国际两个层面都有最后贷款人。

（3）全球经济治理机制化程度提高。对于有全球性影响的危机，不同的全球经济治理机制关系到各国应对危机措施的性质和危机扩散的程度与方式。大萧条时没有正式的全球经济治理机制，英国作用明显下降，美国以“自顾”为主，全球经济治理处于“群龙无首”的状态。本次金融危机爆发前，由国际货币基金组织、世界银行和世界贸易组织三大支柱构成的全球经济治理机制已经建立和运行了相当长时间，在协调经济政策、约束规范行为方面发挥积极作用。

（4）人口年龄结构显著分化。人口年龄结构是决定经济成长活力和社会负担程度的重要因素。大萧条时主要国家人口年龄结构相对年轻，社会保障制度没有建立。本次危机时发达国家战后“婴儿潮”人口红利早已结束，人口年龄普遍老化，对已有的社会保障制度造成日趋明显的压力，而新兴市场国家人口相对年轻，欠发达地区人口则更为年轻。

（5）战争发生的条件变化。20 世纪初期，战争仍然被认为是国家间化解矛盾、攫取霸权的重要手段，经过了两次世界大战，人类付出代价惨重。第二次世界大战以后，人们对战争有限的理解逐步加深，通过接触和谈判等理性和建设性方式来解决问题的共识增多，战争越来越成为一种威慑和最后的选项。核技术发展和“核威胁”带来的“核恐怖平衡”，大大降低了发生大范围战争的可能。小规模武装冲突、政治颠覆、局部战争成为冲突的主要内容。

（二）危机孕育和征兆

百年一遇的两次危机孕育产生的机理有惊人的相似性，都是在经济繁荣达到高潮、社会矛盾积累到相当程度、经济已在危机边缘运行多年的情况下发生的，并在危机爆发前表现出相近的先兆。

（1）两次危机发生前都经历了较长时间的由技术长周期推动的经济繁荣期，但前一轮科技进步对经济发展的直接推动效应在危机发生前已明显减弱。在由电力、内燃机、汽车为驱动的技术长周期推动下，工业化国家普遍经历了从1870年到大萧条前经济的长时期繁荣，美国1890年到1920年被称为“进步主义时期”。但这一技术长周期在20世纪20年代进入末端，主要国家工业生产能力增长同国内外市场狭小形成矛盾，原有发展动力减弱，纺织、钢铁、造船等传统产业出现超额供给，汽车等新兴产业也出现产能过剩（如图1所示）。美国经济在20年代后期开始增长乏力。英、德两国在1926年出现经济增速下滑和失业增加，1928年增速再次下降。实体经济增长乏力造成资金过剩，加速流向股市。

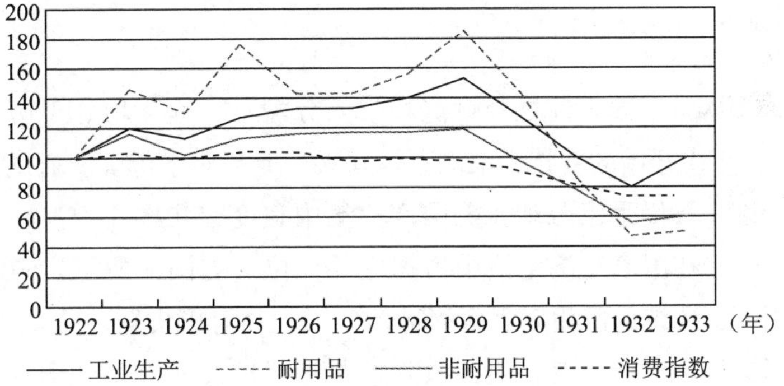

图1 1922—1933年美国生产消费指数

注：1922年为基准100。

数据来源：拉斯·特维德：《逃不开的经济周期》，中信出版社2008年版。

“二战”后在以电子计算机、原子能技术、航天科技为驱动力的第三次技术长周期推动下，资本主义国家经历了战后30年的黄金发展期。但这一轮技术长周期也在21世纪初期进入末端，美国产业利润率下滑，在全球化条件下加速向外转移，新兴市场国家接受大量产能，成为全球制造中心，虽然延缓但难以根本改变技术长周期末端产业利润率下降的趋势，危机爆发前的几年新兴市场国家产能也出现过剩（如图2所示）。由发达经济体产业空心化与回报率下降挤出的资金和新兴经济体贸易盈余累积的资金，大量流入房地产等金融资产市场，催生了资产泡沫。

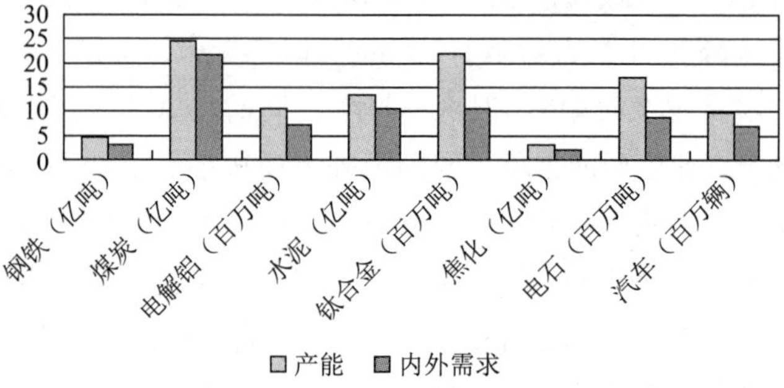

图 2　2006 年我国主要行业产能及需求

数据来源：国家发改委网站。

（2）两次危机爆发前社会财富和收入分配不公程度均处于历史高点。19 世纪 70 年代开始的新技术浪潮下，新兴产业相对于传统产业迅速发展，机器生产逐步取代手工劳动，美国产业集中程度在几次并购浪潮下提高，垄断组织开始在国家经济生活中占据主导地位（如图 3 所示）。在这三种趋势作用下，传统部门相对于新兴部门、工人相对于机器、劳动者相对于资本处于更加不利的位置，美国收入差距持续扩大。20 世纪 20 年代，美国农业凋敝、农场破产率大大上升；股东收入年增长 16.4%，而工资年增长仅为 1.4%。1917 年到 1928 年美国最富有的 10% 的家庭收入占总收入的比例由 40% 上升至 50%，美国收入差距在大萧条爆发前达到历史高点。

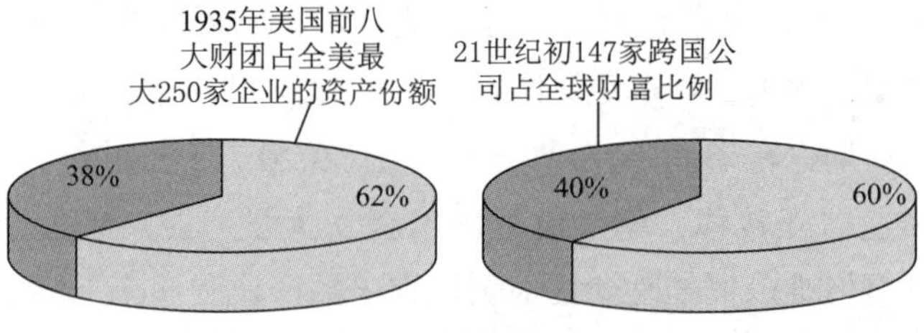

图 3　产业集中及垄断程度

数据来源：（1）斯威齐：《美国经济中利益集团》，《美国经济结构报告》，1939 年第 1 版；（2）瑞士苏黎世大学研究报告（2011）。

20 世纪末开始，美国制造业持续萎缩，以硅谷为代表的 IT 产业、以华尔街为代表的金融业不断壮大，财富加速向 IT 产业和金融业集中。1995—1999 年，美国计算机行业人均收入年增长 41.7%，远高于其他行业；2007 年美国金融业利润约占全美公司利润的 40%。由于全球资本一体化加快发展，从控制力看，全球经济集中程度再次提高到大萧条以来的高位（如图 3 所示），劳动者地位不断下降，1985 年美国公司管理层工资为工人工资的 60 倍，到 2007 年上升到 350 倍。美国社会两极分化在 2007 年再一次达到历史高点，最富有 10% 家庭的收入占总收入的比例升至 50%（如图 4 所示）。

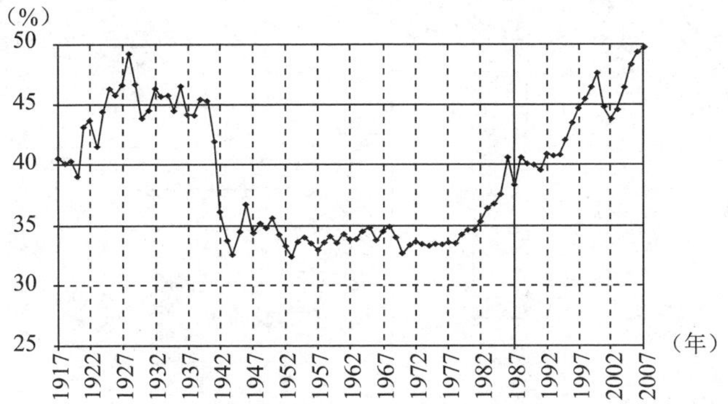

图 4　1917—2007 年美国财富两极分化（最富 10%家庭收入占总收入比例）

数据来源：Anthony Atkinson，Thomas Piketty，Emmanuel Saez：《大历史时期的最高收入》，《经济文献杂志》2011 年第 3 期。

（3）两次危机爆发前都存在由宽松货币和金融环境支撑的不可持续的过度债务。20 世纪 20 年代，美联储采取宽松货币政策，贴现率由 1921 年的 7% 下降到 1927 年的 3.5%，信用消费与分期付款迅速增长，到 1926 年约 70% 的小汽车采用分期付款方式销售。家庭债务迅速增长，成为推动美国总体债务率从 1916 年占 GDP 的 170% 上升到 1933 年 300% 这一历史高点的主要因素。

为抵消 2001 年互联网泡沫破灭及“9·11”事件对经济的不利影响，美联储 2001—2004 年期间连续 13 次降息，并保持 1% 的超低利率长达一年。宽松货币金融环境下，美国信用消费急速增加，房地产市场过度膨胀，家庭债务激增。2008 年美国信用卡总债务接近 1 万亿美元，由房贷机构降低贷款标准发放的次级贷款总额达 1.5 万亿美元。联邦政府财政赤字在小布什政府时期不断扩大，美国总体债务水平危机前再次上升至历史高位，2009 年达到 GDP 的 370%。

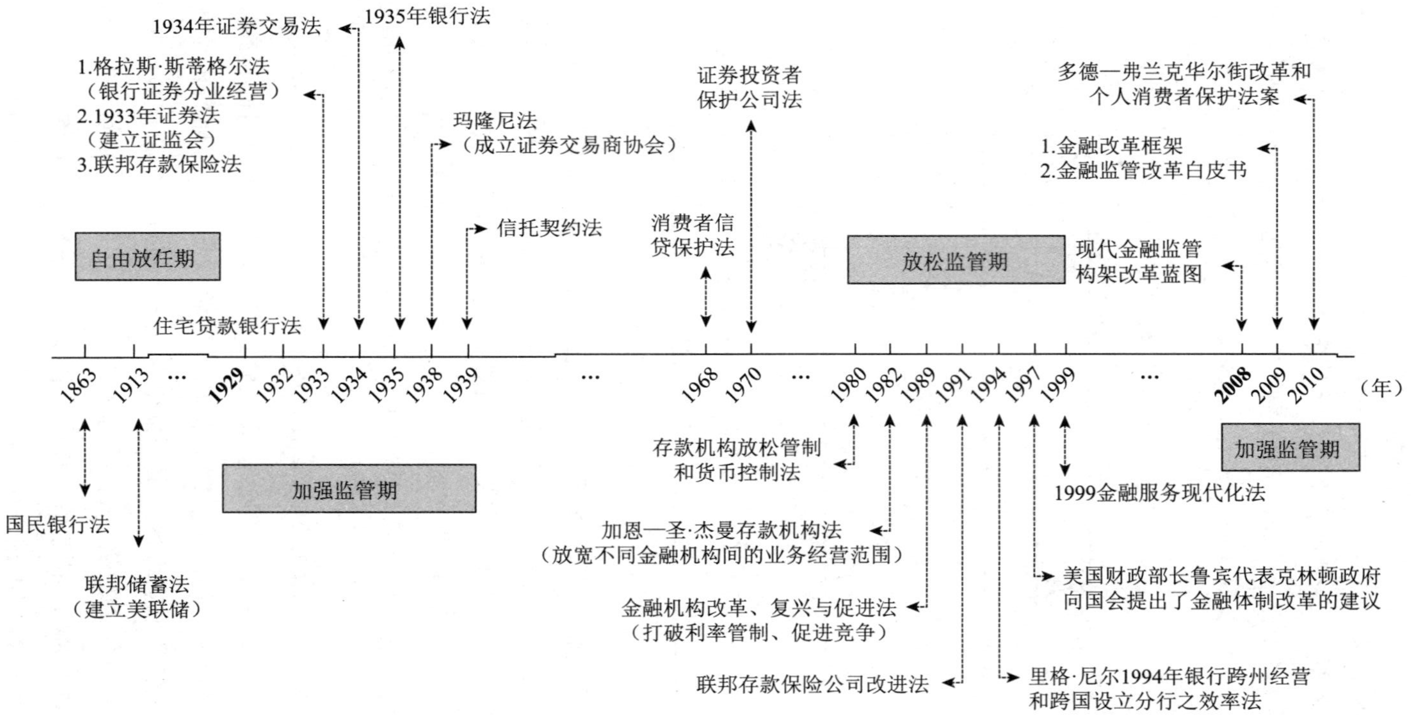
1934年证券交易法
1935年银行法
1.格拉斯·斯蒂格尔法
（银行证券分业经营）
2.1933年证券法
（建立证监会）
3.联邦存款保险法
玛隆尼法
（成立证券交易商协会）
信托契约法
证券投资者
保护公司法
消费者信
贷保护法
多德—弗兰克华尔街改革和
个人消费者保护法案
1.金融改革框架
2.金融监管改革白皮书
现代金融监管
构架改革蓝图
自由放任期
放松监管期
住宅贷款银行法
1863
1913
…
1929
1932
1933
1934
1935
1938
1939
…
1968
1970
…
1980
1982
1989
1991
1994
1997
1999
…
2008
2009
2010
（年）
国民银行法
联邦储蓄法
（建立美联储）
加强监管期
存款机构放松管制
和货币控制法
加恩—圣·杰曼存款机构法
（放宽不同金融机构间的业务经营范围）
金融机构改革、复兴与促进法
（打破利率管制、促进竞争）
联邦存款保险公司改进法
1999金融服务现代化法
美国财政部长鲁宾代表克林顿政府
向国会提出了金融体制改革的建议
里格·尼尔1994年银行跨州经营
和跨国设立分行之效率法
加强监管期

图5　美国金融监管演变

（4）两次危机都处在金融监管大宽松的时期（如图 5 所示）。1933 年以前，美国金融业处于自由放任时代，没有金融立法，也无存款保险制度和现代央行制度。商业银行除经营存贷业务外，还可经营证券经纪或自营业务。股票购买杠杆率高，只需付 10% 的保证金，其余资金可从银行获得，大量银行资金进入股市。金融市场中投机、欺诈以及内幕交易盛行。

20 世纪 70 年代后，美国开始新一轮金融自由化浪潮。1999 年颁布《金融现代化服务法》，取消分业经营限制。证券业普遍进行高杠杆交易，2007 年杠杆率达到 30 倍。商业银行将发放的贷款证券化（MBS），投资银行再将证券化产品重组为担保债务凭证（CDO）出售，还发展了信贷违约掉期（CDS）以对冲风险。房地产相关金融产品过度膨胀，2008 年在 1.5 万亿美元次贷的基础上发行了 2 万亿美元的抵押贷款支持债券（MBS）、10 万亿美元的担保债券凭证（CDO）和 62 万亿美元的信用违约掉期（CDS）。

（5）两次危机爆发前市场都弥漫着过度乐观情绪。1921 年 8 月至 1929 年 10 月，美国股票指数平均上升了 334%，股票被认为是一夜暴富的捷径，快速致富的“成功人士”成为励志的榜样和广告宣传的主角，市场普遍弥漫着非理性乐观情绪，相信 20 年代的繁荣会永续下去。1928 年柯立芝总统在国情咨文中说“我们迎来了前所未有的繁荣时代”，经济学家费雪宣称“股市到了永不下跌、永远上涨的时代”。

20 世纪 90 年代，在信息技术推动下，美国经济实现年均 3.5% 的增长，失业率和通胀率持续下降，乐观情绪再次蔓延。2000 年克林顿称“美国经济将持续性地永久扩张”。2002 年小布什在国情咨文中宣称“新经济依然健在”，2004 年伯南克提出“美国进入大稳健时代”，认为全球化和新经济已经熨平经济的周期波动。

（6）两次危机前都存在政府出台民粹倾向政策的情况。大萧条前收入分配差距的持续扩大滋生了民粹主义情绪。为迎合选民，1928 年胡佛在总统竞选中向全国民众承诺“保证每个家庭锅里都有一只鸡，车库里有两辆车”，“我们即将把贫穷从美国彻底除掉”，“没有一个国家会比美国更有保障”。

这次危机前，为迎合选民、满足低收入群体住房要求，1995 年克林顿提出要“实现住房自有率在本世纪末达到历史最高水平”。布什当选总统后继续鼓励私人拥有住房，并称“任何一个家庭搬进自己拥有的房子都会感到美国比其他国家强”。在“居者有其屋”政策的鼓动下，美国购房贷款标准大幅下降，严重扭曲了住宅信贷中的商业审慎原则。

（三）危机的爆发、传导和演化

1. 危机爆发

两次危机都是由政策转向和偶发性事件作为导火索引爆的。1928 年开始，为抑制股票市场投机行为，美联储开始收紧货币政策，1928—1929 年期间 7 次上调贴现率，并要求银行减少对入市资金放款和提高股票购买保证金比例，对投资者造成很大心理负担。在加强对美国公用事业管制等突发事件影响下股市崩盘，1929 年 10 月 28 日，道琼斯指数狂跌 13%，29 日跌幅更达 22%，标志着危机爆发。

2004 年 6 月起，为控制通胀、维护美元稳定，美联储开始加息，至 2006 年 8 月连续 17 次加息，基准利率由 1% 提高到 5. 25%，导致住房贷款利率上升，购房者还贷压力加重，到 2006 年第四季度次级抵押贷款不良率上升到 13% 以上，创四年来最高。2007 年 4 月美国第二大次级抵押贷款公司新世纪金融公司申请破产保护，次贷危机爆发。2008 年 9 月 15 日，美国第二大投资银行雷曼兄弟由于暴露出同次贷相关的巨额亏损而破产，国际金融危机正式爆发。

2. 危机的传导和扩散

两次危机都经历了由流动性危机向金融危机，再向经济危机传导和转

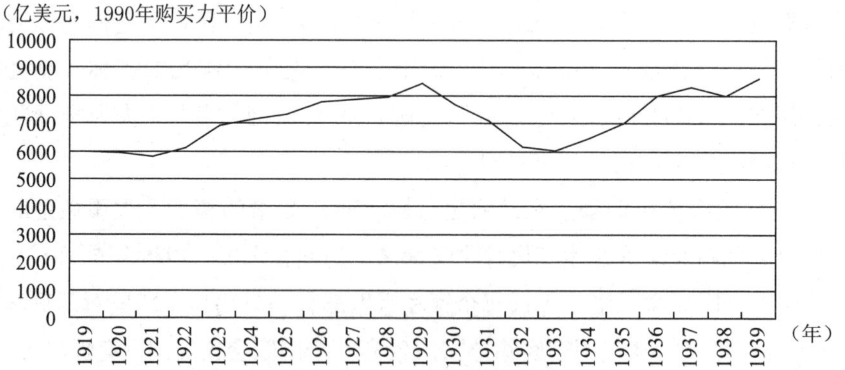

图 6　1919—1939 年美国 GDP

数据来源：Angus Maddison：《公元 1—2008 年的全球经济历史数据》。

化的过程。由于之前商业银行大量资金进入股市，1929 年 10 月股市崩盘进而转化成银行体系资产质量骤降和流动性短缺，出现对银行的恐慌性挤兑。银行破产和信贷紧缩引起投资消费下降、物价下跌和工厂倒闭，美国经济陷入了长达四年的衰退。1929—1933 年，美国的工业产量下降 46%，GDP 下降 28.5%（如图 6 所示），失业率从 4% 上升到 25%。

2008 年 9 月雷曼公司破产后，市场恐慌心理急剧上升，同次贷相关的金融资产遭受大量抛售和大幅度减值，市场流动性枯竭，美国几大投行相继倒闭或被接管，银行资金冻结，金融危机全面展开。信贷紧缩和股市崩盘使得家庭消费迅速缩减，企业投资大量减少，经济出现明显下滑，2009 年美国经济增长 -2.4%，失业率由 2007 年的 5% 上升到 10%。

两次危机都由爆发地的经济金融危机迅速扩散到其他国家，对全球经

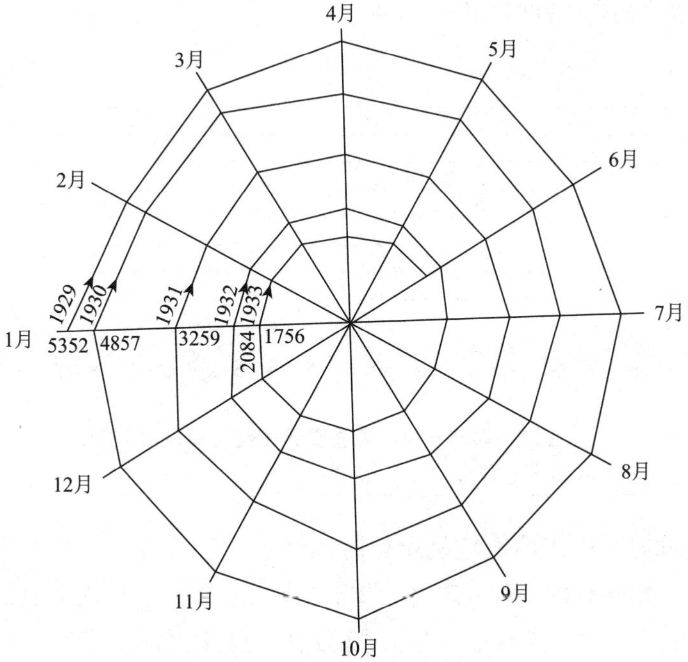

图 7　1929 年 1 月至 1933 年 6 月世界贸易螺旋式收缩

（月度数据，单位：百万美元）

数据来源：《奥地利经济周期研究所月报》1933 年第 4 期。

济造成很大影响。大萧条时美国的危机通过贸易、金本位渠道向其他工业国家扩散。一方面，受危机冲击在全球贸易萎缩的同时，各国提高关税、

增加进口配额等“以邻为壑”的政策使全球贸易被进一步拖累，全球贸易总额从1929年的5252百万美元缩小到1932年的2084百万美元（如图7所示）。另一方面，出于金本位制度下维持货币平价的需要，各国陷入竞争性的提高利率和对黄金的争夺中，美国的通货紧缩通过金本位迅速向全球扩散，带来各国经济同步衰退。

2008年美国发生的金融危机通过信心、贸易、资本流动等渠道迅速向世界各国扩散。一方面，由于国家间互相持有金融资产造成一国金融资产损失在其他国家的连带损失，同时美欧金融机构收缩和去杠杆化，国际资本从亚洲、东欧等向发达国家回流，出现流动性短缺和汇兑危机，影响经济运行。另一方面，全球贸易在主要经济体陷入衰退下共振下行，一些国家还出台了贸易限制措施，全球贸易在2009年2月陷入最低谷（如图8所示），世界经济在2009年增长-1%。

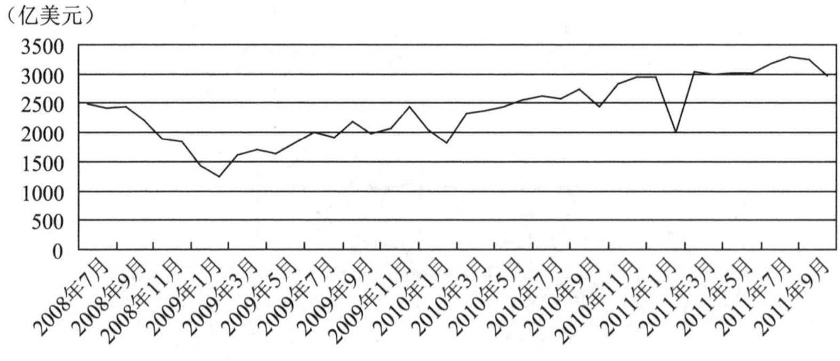

图8　2008—2011年主要国家进出口总值

数据来源：国家海关总署。

与此同时，由于两次危机所处时代背景的巨大变化，两次危机在传导、扩散、影响程度上也表现出一些不同特点。第一，两次危机都爆发于美国，但由于美国在全球经济分工中的地位由制造中心向货币金融主导国转变、全球经济成长动力由美国向新兴经济体转移，大萧条造成的是全球性的经济危机，扩散范围广，持续时间长，影响程度大，而本次危机更是一场国际金融危机，全球实体经济的下滑程度相对于大萧条有所减轻。第二，两次危机都由爆发地向外扩散，但由于所处国际货币体系、全球化程度的差别，两次危机向外扩散的路径和速度不同，金本位是大萧条扩散的重要渠道，资本流动和信心传染则是这次危机扩散的重要渠道，信息技术的大发展和全球风险关联程度加大使得这次危机扩散更为迅速。第三，各国都在两次危机的应对中出现保护主义倾向，但由于这次危机发生在全球经济治理机制化程度较高的条件下，保护主义有所减轻和节制，这在危机的初期表现更为明显。

3. **危机的演变和深化**

虽然由于人们对经济规律认识深化、各国干预市场意愿和能力提高、金融安全网和社会保障制度建立等原因，这次危机爆发后实现了经济迅速反弹，影响和深化程度也轻于大萧条，但是在应对政策的后续影响、人口老龄化等因素作用下，这次危机的演变也出现曲折反复，并且可能同大萧条类似，要持续比想象更长的时间，才能最后走出危机。

（1）大萧条经历了曲折演变过程，持续时间长于预期。可以分为以下四个阶段：

①爆发初期萧条程度不断加深。大萧条初期，胡佛信奉自由放任的经济理念。货币政策上，没能及时增加货币供应量，1929 年到 1933 年广义

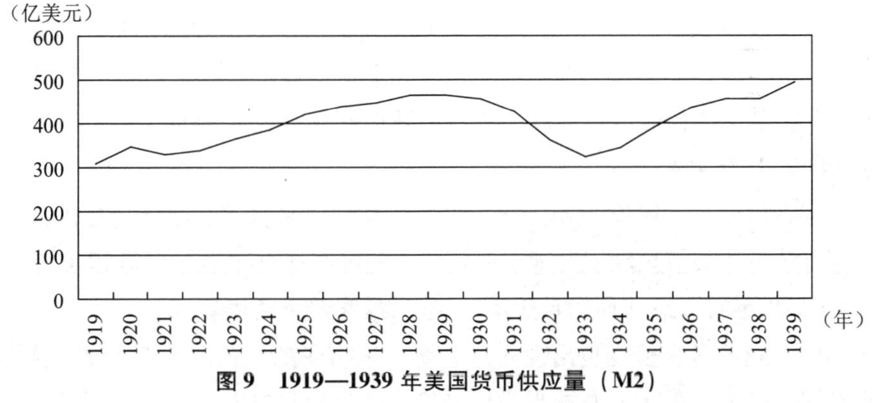

图 9　1919—1939 年美国货币供应量（M2）

数据来源：Milton Friedman，Anna Schwartz：《美国和英国货币走势》，1991 年第 1 版。

货币还收缩了 30.9%（如图 9 所示）。财政政策上，坚持“预算平衡理论”，没有有效扩张财政，1932 年又通过了美国历史上税收增幅最大的《征税法案》。由于缺乏金融安全网等原因，美国在 1930—1933 年出现三次银行危机，加剧了经济衰退。特别是 1931 年由欧洲金融体系问题产生的

负外溢冲击造成美国第二次银行危机，被认为是“大萧条”的真正开始。当时英国、德国等欧洲国家发生大面积挤兑和银行破产，国际资本从美国银行撤回欧洲。同时，英国宣布脱离金本位，市场预期美国也将脱离金本位，纷纷将美元存款兑换成黄金退出流通，美国金融体系压力陡增，民众信心崩溃，形成新一轮挤兑和银行破产狂潮，深度拖累实体经济。到1933年美国GDP仅相当于1929年的71%，经济陷入最低谷。

②走向反弹和恢复。罗斯福1933年担任总统后，提出“调整、复兴、救助”三大目标，积极发挥政府的调节和干预作用。前期（1933—1935年）着重于“调整和复兴”。货币金融政策上，禁止私人囤积和持有黄金，巩固货币发行的基础，1933—1937年美国货币供应量增加了42%（如图9所示）；财政政策上，扩张财政政策刺激经济，成立专门政府机构兴建水坝、铁路、桥梁等基础设施，推行“以工代赈”增加就业、扩大消费。后期（1935年以后）着重改革和救助。金融方面，救助系统重要性银行，建立存款保险、分业经营等制度；社会政策方面，调整劳资关系，使工人有权利建立工会，发放紧急救济，加强社会保障等。这些措施有效刺激美国经济从1933年的低谷走向复苏。

③由政策反复出现二次探底。1936年，罗斯福赢得大选，但共和党却重掌国会，压迫罗斯福不得不削减赤字、平衡预算；同时，1935年物价开始恢复上涨，为控制潜在通胀，罗斯福政府开始退出宽松货币政策，导致了1937—1938年经济的二次衰退。

④走出危机。1939年第二次世界大战爆发，来自英、法等交战国对美国军工装备的需求拉动了美国工业生产，美国经济再次上升，到1940年恢复到1929年的水平（如图6所示），战后最终走出危机。

（2）这次危机演变也出现曲折反复，并日益表现出“连锁危机”特征和长期化趋势。2008年危机爆发以来经历的阶段和未来趋势如下：

危机后实现了经济迅速反弹，但债务由私人向公共部门转化。危机爆发后，各国政府早已放弃了大萧条时的自由放任的政策理念，出台大规模救市和刺激计划。以美联储为代表的西方主要国家央行发挥最后贷款人作用，迅速向市场注入流动性、购买金融机构不良资产、注资问题金融机构，还降低存款保险标准，提高金融安全网的保障能力，以提振市场信心和恢复金融体系功能。货币政策上，各国降低基准利率，实行量化宽松政策，保持充足货币供给。财政政策上，积极刺激经济，美国2009年2月出台7890亿美元的经济刺激计划。在政策的强大拉动下，美国经济到2010年就恢复到2.8%的增长水平，其他主要经济体也表现类似。

由金融危机向主权债务危机转化，经济再陷低迷。但是伴随前期大规模刺激政策的是美欧主要国家政府债务水平迅速提高和央行资产负债表的迅速膨胀。私人债务向公共部门债务转移的危害进入2011年显现出来。欧洲爆发主权债务危机，持续蔓延和深化；美国反复触及政府债务上限，两党在债务问题上分歧加大，增加了复苏的不确定性，世界经济在2011年再陷低迷。

未来出现“连锁危机”特点和长期化趋势。从2012年和以后的情况看，美国从2012年10月开始将不得不启动自动减赤机制，10年内要减少开支1.2万亿美元，必将造成政府开支持续下降。欧洲主权债务危机成为全球经济复苏的最大威胁，主权债务危机已经造成对公共财政和金融体系稳固性的信任危机，一旦事态继续恶化，可能会造成银行体系的深度危机，并向货币危机演变，导致经济增长急剧下滑，会对美国脆弱的复苏造成重要冲击并增加新兴经济体的发展阻力，摧毁各国在危机爆发以来已取得的经济复苏成果。吸取由1931年欧洲银行危机引发美国第二次银行危机造成大萧条真正开始的教训，要高度警惕由欧债危机超预期恶化和欧元区可能的解体造成的比2008年、2009年程度更大的危机出现，那样可能不是“二次探底”问题，而是又一次“大萧条”的真正开始。

除了在危机阶段性演变中的周期性因素外，制约欧美经济走出危机的还有不少结构性因素：欧美国家“再工业化”在全球化条件下面临不少困难，主导新兴产业确立有较大不确定性，社会利益关系调整要承受很大阵痛，结构性失业、老龄化问题长期存在，制度变革完善面临政治、社会和观念阻力，都会成为长期困扰西方国家的结构性因素，欧美国家可能在相当长时间难以走出低迷，国际金融危机呈现长期化趋势。

二、 判断和结论

（一）经济经历由技术长周期推动的繁荣后必然进入深度调整阶段，乃至发生大的危机

19 世纪 70 年代以来，主要经济体经历了由重大技术变革周期推动的两次完整的经济长周期，第一次从 19 世纪 70 年代到第二次世界大战结束，第二次从第二次世界大战结束一直到现在。两次长周期都先经历由具有广泛影响的技术变革和新技术不断采用带来的生产力发展和经济大繁荣阶段，然后随着技术推动增长的空间和效力弱化，原有的发展动力减弱，技术推动的经济长周期进入末端，产业回报出现下降，产能出现过剩，经济进入下行阶段，乃至发生大的危机。两次长周期由繁荣向萧条转折的标志性时刻分别是在 20 世纪 20 年代初主要国家整体完成工业化和 2001 年 IT 泡沫破裂后，之后经济又运行了 10 年左右，危机爆发。

（二）过度举债刺激需求是在维持“虚假繁荣”，只是推迟了危机的发生

私人过度举债、金融部门杠杆率提高、企业过度投资、货币政策过于宽松在两次危机发生前都有表现，政府债务水平攀升在这次危机应对中表现明显，其实质都是在产业转型滞后、缺少新增长点的情况下，通过短期中用债务扩张和债务转移的办法来扩张消费和投资需求，以试图解决技术驱动力弱化、产业利润下降、生产出现过剩等长期问题，其实这样做只会使消费和投资超越实际支付能力和现实需要，制造出难以持续的虚假繁荣，并不能根本解决由技术长周期末端导致的产能过剩，最终会以危机方式被迫收缩。

（三）经济繁荣期收入分配不公等社会问题为危机的发生和过度举债提供了土壤

在技术产生、应用和扩散的基本规律作用下，由技术变革和采用带来的经济成长成果往往难以均匀分配到不同社会群体、产业部门和国家地区之间，使得技术长周期推动下的经济繁荣期如果不能及时推动政治社会制度调整，就同时成为收入差距扩大、社会阶层分化等矛盾累积的时期，特别是经济运行到技术长周期末端时，收入分配差距和社会分化程度往往又累积到历史高点，需求持续萎缩，生产与需求发生较大脱节，过度举债发生的可能性大大增加。

（四）防范和化解危机的根本办法是技术变革、产业转型和社会政策调整

从根本上防范并解决由技术长周期末端造成生产过剩危机的办法是技术变革、产业转型和社会制度变革。首先，要不断推动新的技术变革来创造新增长点和新需求，给经济发展提供持续动力并带动经济走出危机。“二战”后新一轮技术变革的出现最终使得经济进入新一轮繁荣时期。这次危机中，处于孕育期的新能源、新一代信息技术以及以新能源为代表的新一轮技术变革的实现，也将使得经济最终从危机中走出。其次，要与时俱进地调整社会政策、变革社会制度，来实现收入水平的均衡提高和弥合社会分化，这样才能保持和扩大总需求，防止危机发生或缓解危机的影响程度。繁荣期没有及时进行的社会制度调整在危机后被迫实现。大萧条推动资本主义世界进行了全面的深层次制度改革，应对大萧条的过程中建立和完善的失业救济、养老保险、最低工资、工会集体谈判等制度，很大程度上缓解了社会矛盾。本次危机可能再次为资本主义制度自我调整和完善提供契机。西方国家已经开始忍受社会阵痛，在缓解劳资分化、弥合实虚裂痕、改革社保制度等方面艰难推进改革。

（五）货币金融环境可能助长债务经济，放大“繁荣—萧条”周期

金融具有高度的顺周期性。繁荣期时，由宽松货币金融环境支撑起过

度负债、高杠杆率等风险，催生资产价格泡沫。大萧条时，表现为股市价格飙升，这次主要表现为房地产价格和房地产相关证券价格上涨。萧条期，由于“债务清算”和“困境抛售”，会严重影响金融体系功能发挥。大萧条时表现为银行挤兑，这次表现为“证券挤兑”。货币和金融的波动进而会影响实体经济，包括消费、投资、就业、物价、贸易等，并产生实体部门和虚拟经济的正反馈影响，繁荣期相互提升，萧条期相互拖累，放大了实体经济波动。在信息技术大普及的条件下资金跨国流动更容易，同步操作性更强，加大了这次危机中虚拟经济对实体经济周期的放大、加速和扩散作用。

（六）市场参与者非理性行为和西方竞选政治的“短视化、资本化”倾向为危机孕育和发展推波助澜

从市场中的个人角度看，人的贪婪本性和各种非理性行为加大了人们认清、尊重和把握经济规律的难度，成为危机不断重演的基本因素。繁荣期社会盲目乐观和投机情绪盛行，金融的贪婪逐利本质发挥无遗，整个经济金融运行非常脆弱，埋下危机的种子。衰退期由于恐慌心理、传染效应、羊群效应、信息不对称加重等原因，经济金融会出现过度调整，对经济造成持久负面影响。

从政府角度看，竞选政治造成政党容易将选举胜利这种狭隘的利益看得重于国家利益和长远利益，西方政治表现出明显的民粹主义和金融寡头政治的特征。一方面，收入分配差距扩大同选举政治相结合，增加了政党为迎合低收入选民、抹平阶级差别，出台短视的、有民粹主义倾向政策的可能，这在两次危机中都有表现，加大了普通消费者实际购买同真实支付能力的偏离。另一方面，竞选对资金的需要使选举政府易被金融等少数利益集团操纵，使得警告和化解泡沫、加强金融监管等有利于防范危机的政策由于受到反对而难以及时出台和有效实施。两次危机前监管放松、货币金融环境宽松都同政治受金融等利益集团操纵有关。

（七）应对全球性危机必然经过国家间激烈博弈和较量

全球性危机造成全球需求同步萎缩，国际经济贸易关系“零和博弈”性质增强，合作应对危机难度加大。大萧条后通过贸易保护等来抢夺市场，最终通过战争拉动需求，消耗过剩产能。这次危机发生初期时，各国

联手合作应对，反对保护主义，有效遏制了危机的深化和蔓延。但在形势有所好转后，继续合作应对危机的难度提升，贸易战、汇率战、投资限制等各种形式的保护主义抬头，美国为首的西方国家试图通过“再平衡”来转嫁调整责任、通过制造全球通货膨胀来削减债务负担。今后对商品、市场和资源的争夺越来越成为主导国际经济关系的首要因素。

（八）全球性危机加速大国更替、重塑全球治理架构

两次危机都加速了大国更替。美国在大萧条及随后的第二次世界大战中，在战争前期执行“中立”政策，竭力避免卷入战争，到后期参战获得战胜国地位，最终完成全球霸主地位的确立。苏联利用资本主义世界大萧条的发展机遇，通过斯大林时期的两个五年计划，一跃成为世界第二大工业强国，为成为超级大国奠定基础。本次危机发生后，新兴市场国家受金融危机影响相对较轻，整体实力较发达国家上升。2010 年中国 GDP 超过日本，一跃成为全球第二大经济体，2011 年巴西超过英国，成为全球第六大经济体。

大萧条到“二战”前，国际联盟几乎毫无作为，国际贸易体系陷入几十年的混乱期，加剧了国际经济的不稳定性。西方国家意识到维护国际经济体系稳定运行、促进国际争端和平有效解决、建立更紧密和有约束性的多边合作组织的重要性。“二战”后美国创立并领导建立了联合国、IMF、世界银行、世贸组织等机构，形成美国为主导的全球治理新体系，奠定了“二战”后全球经济稳步发展的基础。这次危机使发达经济体在相当长时间内陷入自身困境，却又不愿意放弃全球治理主导权，新兴经济体希望在国际机构中获得更多份额，却道路漫长，全球治理结构进入新的重大调整期。目前 IMF、世界银行等国际机构改革迈出步伐，但深化改革任务繁重；G20 成为推动全球经济治理改革和促进国际经济合作的主要平台，但参与国家相互设陷，并在议题拓展、机制化建设等方面存在滞后。全球经济治理改革远未到位，新的架构要用 10～20 年的时间才会最终确立。

（九）重大经济危机导致政局剧烈动荡、地缘冲突激化乃至战争等极端事件发生

在危机冲击下，不少国家政局发生较大震荡。大萧条中，英、法等国

左翼政府下台，偏中右政府纷纷上台。1936年西班牙内战爆发，佛朗哥等右翼势力在德国等的支持下推翻了执政的左翼共和政府。在德国1932年7月的选举中，希特勒提出通过战争来刺激经济，得到了深受危机之害的德国民众热烈追随，纳粹党赢得大选。本次危机发生后，“欧猪五国”的执政党相继下台，中偏右的政府或者技术官僚政府上台，奥地利、荷兰、挪威等国右翼势力在议会选举中崛起。中东北非的政治格局正在被改写，部分国家出现大规模内乱，多个政权被颠覆。

大萧条促使资本主义国家为了寻求经济出路，获得国际空间，加紧争夺国际市场，彼此之间的矛盾更加激烈。德国、意大利和日本法西斯化并结成扩张集团，最终把解决产能过剩的希望转向国外市场，向老牌资本主义帝国发起了争夺殖民地的战争，最终导致第二次世界大战。本次危机加大西方对外冒险性，虽然大范围战争打不起来，但要警惕西方可能通过制造外部敌人、挑起地区冲突、对外发动战争等形式转嫁国内矛盾、拉动军工需求、化解政治和经济危机的做法。2011年中东、北非爆发的政治动荡背后，美、法、英三国扮演了推波助澜角色。近来美英两国等在伊朗和叙利亚问题上也频繁制造事端、强硬出手制裁，最终选择用战争手段来彻底摧毁同美国在中东霸权相抗衡的这两个最后堡垒的概率在迅速增加。

（十）危机催生政策和理论创新

大萧条后，自由主义思潮大大弱化，凯恩斯学说逐渐被各国接受，社会主义思潮由于苏联的崛起得到增强，各国普遍增加了对宏观经济的干预和对市场的监管，新的金融监管原则和机构设立。本次危机发生后，“市场万能”理论受到批判，凯恩斯主义再次受到重视，金融监管改革在国际层面和主要国家展开，国际金融监管的新游戏规则正在形成。虽然这次采取凯恩斯式政策产生了积极效果，但也带来了“后遗症”，是危机日益表现出连锁特性的重要原因。应该认识到由于推动危机产生和演变的原因复杂多样，不能简单依赖凯恩斯主义的办法来化解，只有从经济、社会、心理、政治等多视角进行分析和全方位政策组合，才能真正理解危机，找到更加彻底的防范和化解方法。

三、 对我国的启示

（一） 充分做好应对危机长期化的准备

由于国际金融危机会长期化，“十二五”乃至更长时期，我国仍会处于应对危机的过程中，发展所处的外部环境不会太好，要增强忧患意识，做好长远谋划。要充分认识过去20年全球市场不断扩张的时期已经结束，国际市场收缩在相当长时间将成为常态，必须转变战略基点、坚持扩大内需，为经济平稳较快发展提供新的持久动力。要高度警惕这两年全球经济进一步恶化的可能，对包括出口减少、对欧美债权缩水和资本外流等各种可能发生的不利事件和风险，要做好充分思想准备，吸取2008年应对国际金融危机冲击的经验，结合国内外形势条件变化，做好应对预案。

（二） 我国战略机遇期内涵发生变化，转方式迫在眉睫

21世纪前20年是我国发展战略机遇期，这个基本判断不会由于危机发生而改变。但这个战略机遇期的内涵已发生变化，21世纪前10年科学技术储备已在孕育新的产业变革，危机催生新一轮技术长周期的启动。许多大企业在上次大萧条中诞生成长，这种成长和大国兴替的历史经验告诉我们：只有能率先实现结构调整和技术跨越的国家和企业，才会在新一轮技术长周期中赢得发展先机和主动。我国要发挥在新技术领域差距相对较小、资金丰厚、产业配套能力强的优势，整合全球人才、技术、资源，切实推进产业转型升级，加快转变经济发展方式，才能在新一轮技术长周期竞赛中做领跑者。

（三） 避免走向过度负债型经济，重视调控由金融引发的波动

吸取两次危机的经验和教训，结合我国发展的实际，当前和今后一个

时期在处理虚拟经济和实体经济的关系方面，我们要特别注意以下三点：第一，货币金融环境不能助长债务型经济过度发展。发展消费信贷要稳步推进，严格偿付能力审核；地方政府借债行为要逐步透明化、制度化，加强市场约束；银行理财产品等表外业务和民间融资要规范发展；金融机构要加强资本约束和内部治理约束，防止利益冲突和道德风险。第二，加强宏观审慎监管和系统性金融风险防范。两次危机都表明，虚拟经济对实体经济波动存在放大效应，宏观调控要在关注真实经济指标的同时，更注重调控金融引发的波动，加快构建逆周期的宏观审慎监管框架，弱化金融的顺周期性质。第三，坚持金融服务实体经济的本质要求。美国金融业背离其应发挥的核心服务功能，成为全球金融危机的肇事者，这同美国金融业放弃行业传统价值、过度追求财富和创新有关。德国经济在这次危机中的良好表现，同德国的金融保守主义传统和金融业能够稳健经营密切相关。要采取各种有效措施，既改善实体经济经营环境，夯实实体经济发展基础，又抑制资本脱实向虚、以钱炒钱，防止虚拟经济过度自我循环和膨胀。

（四）调整完善社会制度和政策，大力促进社会和谐

要积极化解我国30年经济高速成长阶段所累积的社会矛盾。当前欧美国家社会分裂，西亚、北非社会动荡的传染效应在信息化时代更加明显的情况下，化解我国社会矛盾的任务更加迫切。要通过增强教育公平、完善财税体制、促进创业就业等措施，遏制在地区、行业、城乡、人群中收入分配差距的进一步扩大，均衡提高需求支付能力。要建立合理水平的社会安全网，既能够“托底”，又不养懒人，还要长远可支付，做到公平、效率和可持续性的统一。要促进社会公平正义，畅通民意表达渠道，倡导理性平和心态，防止观点和立场极端化倾向造成社会分裂，推动社会共识达成。要促进机会公平，防止权力同金钱结合造成的社会结构固化和政府服务人民宗旨的背离。要坚决防止有民粹主义倾向的政策，最低工资过快上涨、劳动者过度保护、工资水平提高过快，会使劳动力成本高于均衡，反而会增加失业和降低经济竞争力。

（五）新形势、新任务为深化经济体制改革提出新要求

要深入研究美欧政治经济制度同两次危机产生演变的关联关系，吸取

不同制度模式的经验和教训，处理好政府调控和市场运行的关系，建立和完善市场健康运行所必需的外部监管和内部约束，在更高层次上推进中国特色社会主义市场经济制度的改革和创新，提升我国的制度优势。在我国转型升级任务极为迫切和市场经济制度基础仍然薄弱的形势下，要防止对危机发生原因和我国应对危机相对成功的误解、误读，坚持市场化改革取向，加快推进关键领域和重点环节改革，保护产权，打破垄断，开放市场，促进竞争，为尽快实现转型提供利益和激励保障。

（六）塑造良好民族文化，提升国民整体素质

最终决定一个国家竞争力的是国民素质和文化。从两次危机美国的情况看，大萧条前10年的繁荣时代，对物质“成功”的膜拜大行其道，美国立国之初形成的吃苦耐劳、集腋成裘的古训已被人们遗忘，取而代之的是追求快富的社会浮躁心态。“二战”后美国经济迸发的活力同其昂扬的企业家精神有关，而20世纪90年代以来，金融业的迅速发展，使越来越多的企业家和年轻人希望成为金融家、食利者，赚容易钱、赚快钱，企业家精神受到影响，科技人才培养后继无人，导致技术创新能力削弱，产业转型升级停滞。南欧国家在这次危机中的境况同西北欧国家的差别，也同这些国家安于现状、好逸恶劳、不思进取的国民性密切相关。

国民文化素质是一国竞争力的内核，在我国发展爬坡过坎的关键时期，要充分认识俭朴诚实、艰苦创业、勤劳奋斗是防范危机的根本，安于享乐、不劳而获、快速致富是危机孕育的最佳土壤，要在全社会和企业中倡导持之以恒、敬业勤勉、不骄不躁、积极进取的精神和文化，建立以为他人、为社会创造价值和做贡献为荣的舆论导向和激励机制。

（七）在走出危机的激烈国际博弈中维护利益、适时出手

美国在大萧条和“二战”中，通过适时保持中立、避免卷入战争，完成全球霸主地位的最终确立。我们也要抓紧做好自己的事情，密切关注外部环境变化对我国的影响，不轻易对外承诺，在参与欧债危机救助、扩大对外投资和购买等问题上，要谋定而后动，选择最佳出手时机，最大程度实现我国的国家战略意图和利益。还要认清顺差国家实际上在“再平衡”过程中处于主动，不能在“再平衡”压力下，承担过多国际经济调整责任。

（八）在全球经济治理新构架确立过程中，由积极参与者向主导塑造者转变

在全球力量对比加速变化、全球经济治理结构处于大变动和寻找新均衡的背景下，中国应发挥类似于美国“二战”后“债权国”身份在塑造国际新体系中的主动地位，抓住我国综合国力和国际竞争力不断上升的有利条件，准确判断国际形势的现实和趋势，清晰界定我国的利益，突破现有的由西方国家设定好的制度规则框架，反映和传递与我国利益相一致并具有中国特色的有关全球经济金融治理和重大国际议题的核心观点和主张，设置“中国议程”，推出“中国方案”，加强国际人才培养，加快推进我国际权力的制度化进程，最终赢得未来。

附表 1　两次危机重大事件对照表

项目	1929 年危机		本次危机	
危机的孕育和产生	1. 第二次工业革命开始的技术长周期进入末端（20 世纪 20 年代）	1920—1929 年，美国煤炭、棉纺织、造船、农业等传统产业出现超额供给	1. 第三次技术浪潮开始的技术长周期进入末端（21 世纪初期）	20 世纪 90 年代起，发达国家传统制造业加速向新兴市场国家转移。2001—2007 年，美国制造业占 GDP 的比重由 22% 下降到 11%，利润率下滑
		1920—1929 年，美国汽车、收音机等新兴产业出现产能过剩，利润率下滑		2001—2007 年，新兴经济体大量接收发达国家产能，产能出现过剩
		1927 年美国工业产出开始下降，GDP 增长率由 1926 年的 6.52% 下滑至 1%		2001 年，美国网络经济泡沫破灭，GDP 增长率由 2000 年的 4.1% 下滑至 1.1%
	2. 两极分化达到历史高点（20 世纪 20 年代）	1917—1928 年，美国最富 10% 家庭的收入占总收入的比例由的 40% 上升至 50%	2. 两极分化达到历史高点（21 世纪初期）	2002—2007 年美国最富 10% 家庭的收入占总收入的比例由 43% 再次上升至 50%

续表

项目	1929 年危机		本次危机	
危机的孕育和产生	3. 宽松货币金融环境刺激债务消费和非理性繁荣（20 世纪 20 年代）	1921—1927 年，为刺激商业发展，美联储将贴现率逐步由 7% 下调至 3.5%	3. 宽松货币金融环境刺激过度举债和非理性繁荣（21 世纪初期）	2001 年 IT 经济破灭后，美联储连续 13 次降息，将基准利率从 6.5% 降低到 2004—2005 年的 1%
		1929 年，消费品赊销额达全国零售总额的 15%；全美 65% 的汽车、75% 的收音机、80% 的家具采取赊销的方式销售		2008 年美国信用卡总债务接近 1 万亿美元；2008 年美国次级房贷总额达 1.5 万亿美元，在次贷基础上发行了近 2 万亿美元的 MBS、10 万亿美元的 CDO 和 62 万亿美元的 CDS；2001—2007 年，美国房价以平均 10% 的速度上涨
		金融行业监管缺失，主要靠行业自律，上市公司财务造假事件多 1921—1929 年，投资者大量使用 10% 的低保证金、信用支付等手段进入股市		1998 年，克林顿签署法令废除 1933 年通过的《格拉斯—斯蒂格尔法案》 2004 年，美国证监会允许投资银行杠杆提高至 30 倍
		1921 年 8 月至 1929 年 10 月，美国股票指数平均上升了 334%		2003—2007 年，美国道琼斯指数从 3700 点上涨到 6800 点
		1920—1929 年，美国平均家庭债务由 287 美元增加至 739 美元。1916—1933 年，美国的总体债务率由 170.4% 上升至 299.8%		2000—2009 年，美国的总体债务率由 260% 上升至 369.7%
	4. 民粹政策倾向（20 世纪 20 年代）	1928 年胡佛总统提出“保证每个家庭锅里都有一只鸡，车库里有两辆车”“没有一个国家会比美国更有保障”	4. 民粹政策倾向（21 世纪初前后）	1995 年克林顿提出“我们已制定长远规划，实现住房自有率在本世纪末达到历史最高水平”；2004 年布什称“任何一个家庭搬进自己拥有的房子都会感到美国比其他国家强”

续表

项目	1929 年危机		本次危机	
危机的爆发	1. 美联储政策转向（1928—1929 年）	1928—1929 年，为反对投机，美联储将再贴现率由 3.5% 提高至 6%，同时要求会员银行减少对入市资金的放款	1. 美联储政策转向（2004—2006 年）	2004—2006 年，为控制通胀、维护汇率的稳定，美联储连续 17 次加息，利率由 1% 提高到 5.25%
	2. 突发事件引发股灾（1929 年 10 月）	1929 年 10 月，在对公用事业加强管制等突发事件作用下，投资者信心开始崩溃	2. 金融机构破产继而引发次贷危机和金融危机（2007 年 4 月—2008 年 9 月）	2006 年美国次级贷款不良率大幅上升。2007 年 4 月美国第二大次贷企业新世纪金融公司破产，标志着次贷危机爆发
		1929 年 10 月 28 日，道琼斯指数狂跌 13%，29 日跌幅更达 22%，标志着大萧条来临		2008 年 9 月，由于暴露出同次贷相关的巨额亏损，美国第二大投资银行雷曼兄弟破产，标志着金融危机爆发
危机的传导与演变	1. 美国银行业爆发三次危机、遭大规模挤兑（1930—1933 年）	1930 年 10 月，第一次银行危机爆发，主要是由于农业凋敝使得来自农业州的银行倒闭，蔓延至其他银行	1. 投行、对冲基金等金融机构遭投资者追索，相继倒闭（2007 年 6 月至今）	2007 年 6 月贝尔斯登等投资银行旗下基金巨亏 2008 年 10 月，美林被美国银行收购、高盛和摩根相继转为银行控股公司
		1931 年 2 月，第二次银行危机爆发，英国、德国等国的银行破产，英国脱离金本位，导致对美国银行体系的挤兑，引发新一轮美国银行危机		2011 年受欧洲主权债务危机深化影响，欧洲银行面临较大压力，美国 MF 公司也被牵连破产
		1932 年，第三次银行危机爆发，是农业信贷和国际影响的复合体，美国近 1/3 的银行停业		

续表

项目	1929 年危机		本次危机	
危机的传导与演变	2. 金本位使通货紧缩全球扩散（1929—1933 年）	1929—1933 年，法国坚守金本位，继续采取紧缩的货币政策	2. 金融机构全球收缩资本使危机扩散（2008—2009 年）	2008 年 10 月，冰岛三大银行因购买次贷产品巨亏被国家接管，冰岛陷入破产边缘
		1931 年 3 月，英镑挤兑风潮发生，英国信心崩溃		2008 年 10 月，大规模国际资本从韩国、巴基斯坦等国撤出，这些国家出现外汇危机
		1928—1933 年，德国帝国银行不断提高利率，紧缩货币		2009 年初，因外资撤离，东欧国家出现偿付和外汇危机
	3. 贸易、汇率的博弈和演化（1930—1934 年）	1930 年 5 月，美国通过历史上税率最高的霍利—斯穆特关税法	3. 贸易、汇率的博弈和演化（2008 年至今）	2009 年，美国通过“购买美国货”条款；欧盟对多项商品进行出口补贴
		1931 年，英国对进口货物从价征税 50%；德国实行严格的外汇管制		2010 年，日本、韩国以及新兴市场国家相继对外汇市场实行干预
		1932 年，法国在提高关税的同时在对外贸易中实行大规模进口配额制度		2011 年 6 月，美国启动“选择美国计划”，吸引国际资本投资美国
		1933 年，美国放弃金本位，美元大幅贬值		2011 年 10 月，美国参议院通过旨在逼迫人民币升值的汇率法案
		1934 年，美国国会通过《互惠贸易协定法》，为降低关税、减少贸易壁垒创造了条件		2011 年 12 月，美国联邦巡回上诉法院判决美商务部对华采取的反补贴措施非法
	4. 实体经济受冲击（1929—1939 年）	1929—1933 年，美国 GDP 下降 28.5%	4. 实体经济受冲击（2008 年至今）	2008 年美国 GDP 零增长，2009 年下滑 2.4%
		1929—1933 年，美国消费价格指数下降近 28%		2008—2009 年美国消费价格指数为 3.8% 和 -0.4%
		1933 年失业率达 25%，1934 年达到 26.7%		2009 年美国失业率达到 10%
		1934 年后开始恢复，但 1937—1938 年出现二次衰退		2010 年开始恢复，但 2011 年世界经济再现低迷
		1939 年美国 GDP 恢复到 1929 年的水平		

续表

项目	1929 年危机		本次危机	
危机的传导与演变	5. 主权债务增长不明显		5. 主权债务危机（2009 年至今）	2009 年 10 月，希腊宣布当年赤字占 GDP 比例将超 12%。三大评级机构下调希腊评级，主权债务危机率先在希腊爆发
				2010 年 11 月，爱尔兰正式请求欧盟和 IMF 提供援助，欧洲债务危机掀起第二波高潮
				2011 年 8 月，标普、穆迪分别下调美国、日本主权信用评级
政府对危机的应对	1. 危机初期胡佛政府应对不力（1929—1932 年）	1929—1933 年，美国政府放任银行倒闭，广义货币收缩达 30.9%	1. 危机初期各国政府快速应对（2007—2008 年）	2007 年 8 月 11 日，世界各地央行 48 小时内注资超 3262 亿美元救市
		1929 年 11 月，胡佛要求企业不得削减工资		
		1931 年，美联储将贴现率由 3% 提高至 4%		2008 年 7—9 月，美国对房利美和房地美、美国国际集团等进行救助
		1932 年，胡佛签署《征税法案》，将最高所得税率从 25% 提高至 63%		2008 年 7 月，美国颁布为期十年总共 1.35 万亿美元的减税计划
	2. 罗斯福采取宽松货币政策（1933—1937 年）	1933 年，禁止私人囤积黄金，增大货币发行的基础	2. 各国实施宽松货币政策（2007 年至今）	2007 年 9 月，美联储降息 0.5%，开始进入降息周期
		1933—1937 年美国货币供应量增加了 42%		2008 年 10 月，全球七大央行大规模降低利率和存款准备金率
		1933 年颁布《紧急银行救济法》资助系统重要性银行		2008 年 11 月至 2010 年 3 月，美联储实施量化宽松政策，累计向市场投放 1.725 万亿美元
		1934 年颁布《存款保险法》，建立存款保险制度		2010 年 11 月至 2011 年 6 月，美联储实施第二次量化宽松政策，累计向市场投放 6000 亿美元

续表

项目	1929 年危机		本次危机	
政府对危机的应对	3. 罗斯福的积极财政政策（1933—1935年）	1933 年颁布《工业复兴法》，加大对工商业的补助和投入	3. 各国财政刺激政策（2008—2009年）	2008 年 2 月，美国公布一揽子经济刺激计划
		1933 年颁布《农业调整法》，对农业进行补助		2008 年 11 月，中国政府启动 4 万亿元的投资计划
		1934 年，成立田纳西管理局，大力兴修水利、铁路等基础设施		2009 年 2 月，美国出台 7890 亿美元的经济刺激计划；日本确定推出万亿美元国债计划以刺激经济
		1934 年开始，对困难人群进行补助		2011 年 6 月，美国启动“先进制造业伙伴”计划，扶持高端制造业
	4. 加强金融监管（1933—1934年）	1933 年美国公布《证券法》，加强对证券发行的监管	4. 加强金融监管（2009—2010年）	2009 年 6 月，美国公布《金融改革白皮书》，以防范金融行业的系统性风险
		1933 年公布《格拉斯—斯蒂格尔法》，规定商业银行与投资银行分业经营		2010 年 7 月美国出台了《华尔街改革和消费者保护法》，加大对金融机构的监管
		1934 年公布《证券交易法》，对证券交易进行进一步规范		拟组建跨部门的金融稳定监督委员会和金融消费者保护机构
	5. 社会变革（1933—1935年）	1933 年，美国成立联邦紧急救济署和工程振兴署	5. 社会变革（2010 年至今）	2010 年 3 月，奥巴马推动的医改方案成为法律，扩大医疗救助的范围
		1935 年，颁布《全国劳工关系法》，保护工人权利		2010 年 9 月，法国通过延长退休年龄法案
		1935 年，颁布《社会保险法》，建立社保制度		进一步社会改革措施将继续进行
	6. 政策反复导致二次衰退（1936—1938年）	1936 年由于担心通货膨胀和债务问题并受到党派竞争压力，美国货币政策和财政政策出现反复，导致了 1937—1938 年二次探底衰退	6. 平衡预算压力加大（2011 年至今）	2011 年 11 月美国两党就减赤问题进行激烈争论，2013 年减赤方案自动生效
				2011 年 12 月，主权债务国家削减赤字，欧盟拟签订新条约以实现更紧密财政安排、加强各国财政纪律

续表

项目	1929 年危机		本次危机	
政府对危机的应对	7. 走出危机（1939 年）	1939 年第二次世界大战爆发，拉动各国工业需求	7. 走出危机	2011 年中东北非爆发的政治军事冲突背后，美、法、英扮演了推波助澜角色，希望通过局部战争走出危机
		1939 年，美国 GDP 恢复到 1929 年水平		
		第二次世界大战后，以原子能、计算机等为代表的新兴产业成为经济增长的新发动机		金融危机后，世界各国均提出发展新能源、生物技术等产业将创造新的经济周期增长极
危机向政治军事领域扩散	1. 社会意识形态变化（1933—1939 年）	1936 年凯恩斯出版《就业、利息和货币通论》，凯恩斯学说逐渐被各国接受	1. 社会意识形态变化（2008 年至今）	2008 年，凯恩斯主义作用再次凸显
		1937 年，印度民族主义者相继通过选举控制了 11 个省的 7 个。全球民族主义情绪高涨		2009 年，美国茶党建立。全球民粹主义情绪高涨；2011 年 7 月，挪威发生爆炸枪击案，欧洲极右翼主义开始抬头
		20 世纪 30 年代，苏联的崛起使社会主义意识形态成为现实选择		中国模式——北京共识影响力增强
	2. 政治演变（1931—1933 年）	1931 年，英国工党内阁下台 1931 年，法国左派政府因大萧条下台 1936 年西班牙内战爆发，佛朗哥等右翼势力在德、意等国支持下推翻了执政的左翼共和政府	2. 政治演变（2010—2011 年）	2011 年 3 月和 11 月，“欧猪五国”的执政党相继下台，其中爱尔兰、葡萄牙和西班牙为中偏右的政党上台；希腊、意大利为技术官僚执政 挪威、瑞典等国右翼势力在议会选举中崛起
		1932 年，美国退休老兵发动“向华盛顿进军”行动，遭到美国政府镇压 1934 年美国西海岸码头工人斗争引起旧金山大罢工，被称为“共产主义暴动”		2011 年 8 月，英国伦敦等地出现民众骚乱；9 月，美国爆发“占领华尔街”运动

续表

<table>
<tr><th>项目</th><th colspan="2">1929 年危机</th><th colspan="2">本次危机</th></tr>
<tr><td rowspan="9">危机向政治军事领域扩散</td><td>2. 政治演变（1931—1933年）</td><td>1932 年 7 月，鼓吹极右翼思想的德国纳粹党赢得大选，1933 年希特勒当选德国总理
1936 年，日本发生“二二六”兵变，奉行对外扩张转嫁国内矛盾的军政府上台
1936 年，德、意、日签订《反共产国际协定》，结成军国主义扩张集团</td><td>2. 政治演变（2010—2011年）</td><td>2010—2011 年，部分中东北非国家出现大规模内乱，多个政权被颠覆，极端宗教势力影响加大
2011 年，美英等国在伊朗和叙利亚问题上频繁制造事端、强硬制裁
2012 年是世界大选年，如何防范极端化政治家上台成为关注焦点</td></tr>
<tr><td rowspan="2">3. 大国更迭（1933—1945年）</td><td>美国在大萧条和“二战”中通过适时保持中立、避免卷入战争，完成全球霸主地位的最终确立
外围国家逐步摆脱殖民统治，构建自主的国民经济体系</td><td rowspan="2">3. 大国更迭（2008 年至今）</td><td>2008—2009 年新兴市场国家保持 6.5% 以上增长率，而发达国家增长率约为 -2%</td></tr>
<tr><td>1938 年苏联一跃为世界第二大工业强国，为“二战”后成为超级大国奠定了基础</td><td>2010 年中国 GDP 超过日本，一跃成为全球第二大经济体
2011 年巴西超过英国，成为全球第六大经济体</td></tr>
<tr><td rowspan="3">4. 军事冲突加剧（1931—1945年）</td><td>1931 年日本侵占中国东北三省</td><td rowspan="3">4. 军事格局变化（2009 年至今）</td><td>2009 年后，美国军事霸权进入收缩期，谋求从阿富汗和伊拉克尽快撤军</td></tr>
<tr><td>1935 年意大利入侵埃塞俄比亚</td><td>2010—2011 年中东北非部分国家出现持续军事冲突</td></tr>
<tr><td>1939 年德国入侵波兰，第二次世界大战爆发</td><td>2011 年，伊朗扩充军备，爆发军事冲突可能性大增</td></tr>
<tr><td rowspan="2">5. 全球治理结构变化（1945 年）</td><td rowspan="2">1945 年，在美国主导下，联合国、IMF、世界银行、世贸组织等国际组织相继成立</td><td rowspan="2">5. 全球治理结构变化</td><td>G20 在全球政策协调中逐渐发挥重要作用
世界银行、IMF 等国际机构开始改革</td></tr>
<tr><td>迈上重塑国际货币体系和全球经济治理架构的新征程</td></tr>
</table>

第三篇

从货币金融视角看两次危机[①]

① 本研究由中国人民银行课题组承担。课题组组长杜金富，副组长张健华、张晓慧、宣昌能、朱隽、易诚，成员莫万贵、盛朝晖、赵淑云、董迪斌、杨柳、陈劲、周源、崔莹、姜晶晶、卢川、缪仕国、姜子叶、彭恒文、胡婧、李朋、石小玲，执笔人莫万贵、崔莹、卢川、缪仕国、姜子叶、彭恒文、姜晶晶、胡婧、李朋、石小玲。

该课题完成于2012年3月，文中为课题组成员观点，不代表供职单位。

由2007年美国次贷危机引发的全球金融和经济危机被认为是1929—1933年大萧条以来最严重的全球经济危机。本部分试图从货币与金融的视角，比较研究两次危机的背景、演变过程、原因以及影响的异同，为研判当前金融经济危机走向和我国未来相关政策的制定提供参考。

一、危机背景与演变过程比较

（一）两次危机的经济金融背景

1. 世界经济基本情况比较

两次危机爆发前，全球主要经济体都处在增长较快、资产价格不断攀升的“繁荣”时期（如图1所示）。大萧条前，英、美、德、法等西方国家从第一次世界大战中迅速恢复，从农业向工业、从重工业向轻工业转变，工业生产持续较快增长，美国和英国股票市场在1927年至1929年间出现一波快速上涨（如图2所示）。本次危机前，全球分工出现重大调整，发达国家服务业占比不断提高，2004—2007年GDP年均增速达到3.02%；新兴市场和发展中国家处在工业化、城镇化过程中，承接了发达国家转移的制造业，经济增长动力强劲，经济增速逐年提高，2004—2007年GDP年均增速高达8.96%，为历史上最高水平（如图3和图4所示）。在此同时，全球股票、房地产等资产价格也不断攀升（如图5和图6所示）。

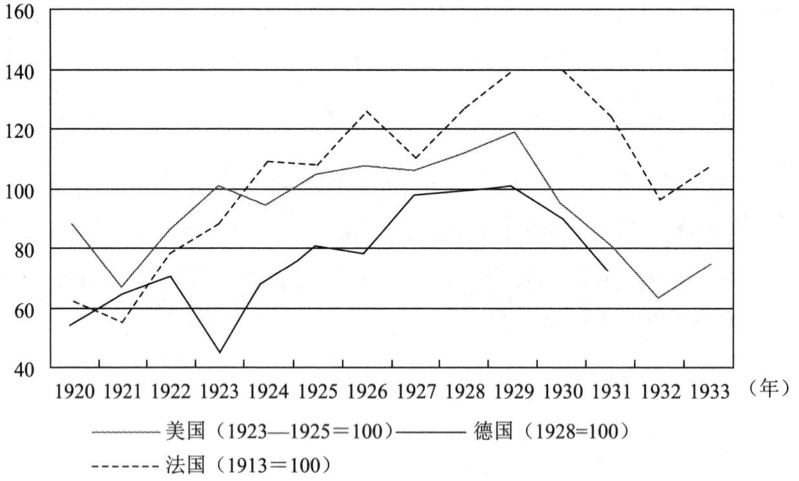

图 1　大萧条前部分国家工业生产指数

数据来源：NBER。

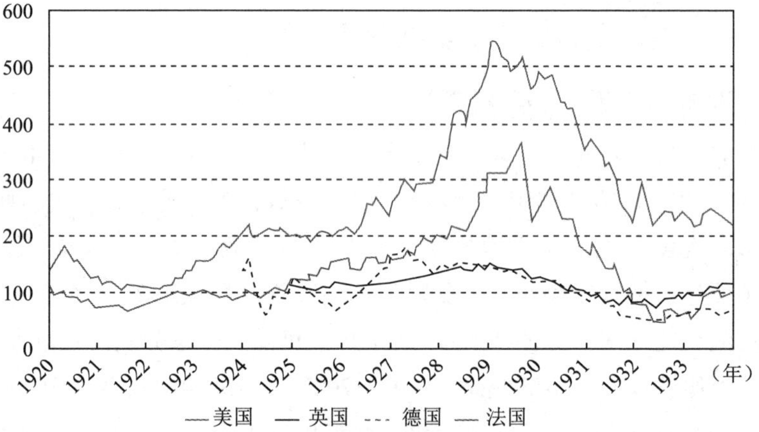

图 2　大萧条前后部分国家股票指数

数据来源：NBER。

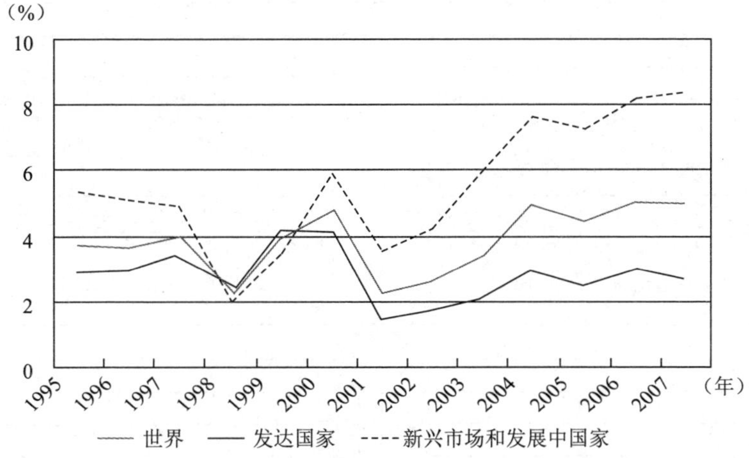

图 3 本次危机前 GDP 增长率

数据来源：IMF，WEO 数据库。

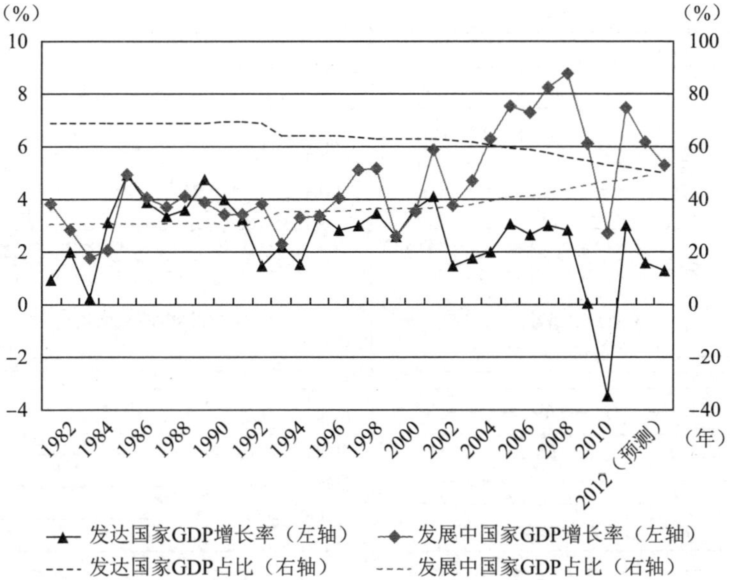

图 4 发达国家和新兴市场国家经济增长率及占比

数据来源：IMF，WEO 数据库。

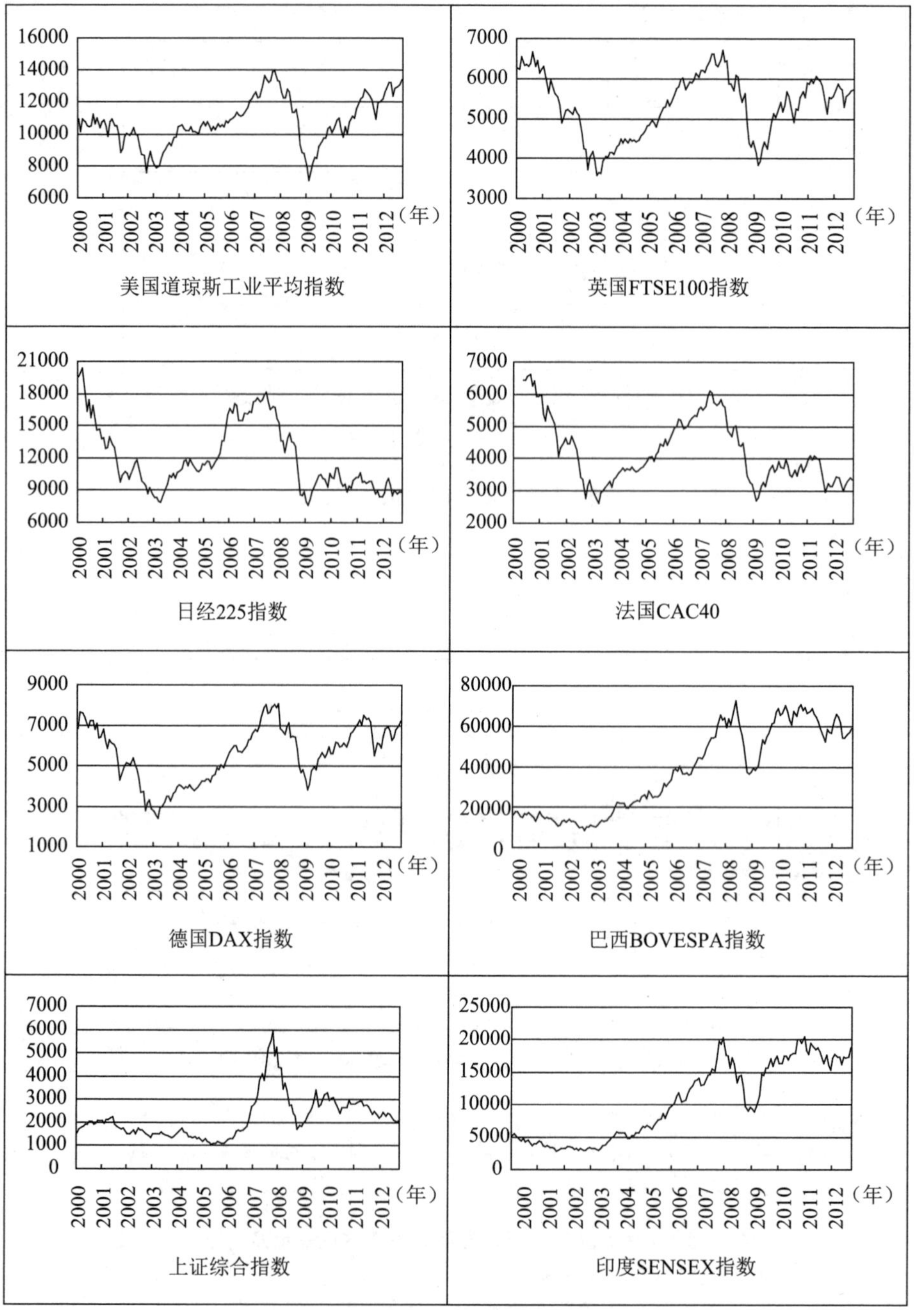

图5　本次危机前后部分国家股票指数

数据来源：CEIC。

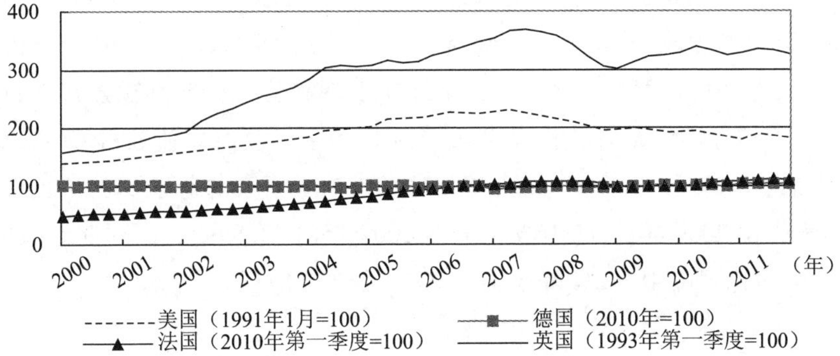

图 6　本次危机前后部分国家房价指数

数据来源：CEIC。

本次危机前，世界经济联系更加紧密，全球贸易投资规模和经济一体化程度均高于大萧条时期。1929 年，全球贸易占全球 GDP 的比重约为 16%，资本流动占 GDP 比重不到 8%；而本次危机前，2007 年全球贸易占 GDP 的比重为 49.5%，全球外国直接投资存量占 GDP 的比重为 27.3%。全球主要发达经济体（除英国外）2008—2009 年的外贸依存度明显高于 1929 年（如表 1 所示）。

表 1　两次危机期间世界主要经济体开放度及其变化　　%

年份	奥地利	德国	法国	瑞典	英国	美国
1929	45.1	33.8	31.3	37.3	48.5	9.4
1932	22.5	20.5	18.6	26.2	29.5	5.1
2008	83.9	72.4	46.5	71.5	41.7	23.7
2009	69.6	61.9	39.3	61.5	38.6	18.7
2010	77.8	70.8	43.8	66.1	42.9	22.01
2011	83.8	76.4	46.2	67.2	46.2	24.46

注：衡量指标为进出口与 GDP 之比。

数据来源：NBER，IMF 数据库。

两次危机前，欧美都是世界经济主要力量，但本次危机前欧美经济整体影响力、贸易和债务状况要弱于大萧条前，新兴经济体经济实力明显上升。美国在“一战”前已成为世界头号工业大国，1930 年美国工业生产总值占到了世界总产值的 40%，超过英、法、德、日和苏联五国之和（如图 7 所示），在国际贸易和投资等领域也逐步取代了英国的地位，“一战”后到 1929 年，美国持续处于贸易顺差，是世界的主要债权国。本次危机爆发前，美国虽然仍是世界第一大经济体，但优势有所减弱，GDP 全球占比（按购买力平价计算）不到 1/4，呈逐年下降趋势，存在巨额经常项目逆差，政府债务逐年攀升，2007 年经常项目赤字、政府总债务占 GDP 比例分别高达 5.1% 和 62.2%。新兴经济体和发展中国家占全球 GDP 的比重不断上升，由 2000 年的 37.16% 上升至 2007 年的 43.89%，而同期 G7 的全球 GDP 占比则由 48.92% 降至 42.74%（如表 2 所示）。

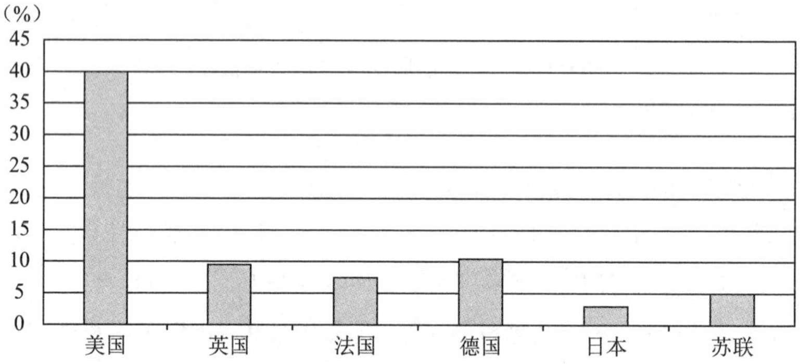

图 7　各国在世界工业生产中的比重（1930 年）

数据来源：宋则行：《资本主义国家发展不平衡问题》，人民出版社 1957 年版。

表 2　2007 年 G7 和金砖国家部分经济指标　%

国家		GDP 全球占比	财政盈余/GDP	经常项目差额/GDP
G7	加拿大	1.896	1.584	0.835
	法国	3.121	-2.732	-0.998
	德国	4.249	0.261	7.611
	意大利	2.696	-1.498	-2.439
	日本	6.447	-2.389	4.819
	英国	3.251	-2.674	-2.597
	美国	21.084	-2.738	-5.107

续表

国家		GDP 全球占比	财政盈余/GDP	经常项目差额/GDP
金砖国家	巴西	2.785	-2.693	0.113
	中国	11.002	0.901	10.641
	印度	4.675	-4.015	-0.701
	俄罗斯	3.174	6.752	5.925
	南非	0.72	1.463	-6.971

2. 国际货币体系比较

(1) 大萧条爆发前的金本位体系。“一战”期间，主要国家先后被迫放弃金本位制度，但均认为金本位是正常国际经济秩序必要的组成部分。“一战”后，在英国带领下，约60余个国家在1925—1929年间相继恢复了金本位制度。与“古典”金本位相比，当时各国使用可兑换的外汇储备（主要是美元与英镑）和黄金共同支持国内货币供给，因此也被称作“金汇兑本位制”，具有以下特征：一是使经济具有潜在的通货紧缩倾向。在金本位制下，黄金流入国中央银行应扩张国内货币供给，实现通货膨胀；而黄金流出国应削减货币供给，引起通货紧缩，通过价格—铸币流动机制，实现黄金国际流动的再平衡。然而在实践中，为了避免储备完全损失和可兑换性的终结，黄金流出国被迫服从这一规则，而为避免本国通货膨胀，黄金盈余国往往会冲销黄金流入，积累黄金储备。这种调整的不对称性使得贸易盈余国不断吸引黄金流入，而赤字国丧失货币政策的灵活性，发生持续的通货紧缩。二是各国货币政策灵活性较低。由于汇率固定、资本自由流动，金本位国家必须采取相似的货币政策。特别是当外国利率上升，而本国黄金储备不多时，本国央行为避免黄金储备流失，只能被动跟随加息，这也使得一国的经济问题更容易扩散到其他国家。三是“一战”后的金本位体系稳定性大不如前。“一战”前的金本位是以英国为中心的霸权体系，而战后英国相对衰落，无力协调各国央行调剂黄金储备余缺。美国实力大增，1919—1929年其官方黄金储备增长了11.49亿美元，持有的货币性黄金占全球40%左右，而美国作为潜在霸主的经验不足，出于自身狭隘的眼前利益考虑，不愿承担国际责任。加上各国中央银行之间缺乏有效合作，这一体系基本处于群龙无首状态。另外，各国的经济体系在战争中受到严重破坏，多国政府债务水平大幅增加，银行体系清偿能力严重受损，也使金本位的信誉大大减弱。公众对各国央行是否能长期坚持金本位的怀疑增加，持有纸币的意愿下降，银行也易受储户挤兑的冲击，对货币的投机攻击行为时有发生。此时，美元储备货币的地位正在慢慢超过英镑。

（2）当前的牙买加体系。1973 年，以美元为核心的布雷顿森林体系解体后，国际货币体系进入了当前的牙买加体系，也被称为“无体系的体系”，主要具有以下特点：一是储备货币多元化，但美元仍处于主导地位（如图 8 所示），美国国内经济政策的失误容易放大为全球性、系统性影响。国际货币体系过于依赖美元，一旦美国经济政策出现失误并引起美元币值大幅波动时，就会引发国际经济和金融体系的剧烈动荡。二是汇率安排多元化，浮动汇率与固定汇率并存，但以信用货币作为储备货币缺乏定值基础，导致汇率无序波动。布雷顿森林体系崩溃以后，所有货币发行均失去了固定的基准，成为纯粹的信用发行，由于发行国自身政策和金融体系中的不确定性和风险，使国际贸易、投资面临巨大的不确定性风险，造成国际货币体系内在的不稳定。三是有多种渠道调节国际收支，但全球失衡仍然存在。在牙买加体系下，调节国际收支失衡的渠道包括运用国内经济政策、汇率政策、国际融资及加强国际协调等。但当一国主权信用货币成为全世界初级产品定价货币、贸易结算货币和储备货币后，该国对经济失衡的汇率调整是无效的，因为多数国家货币都以该国货币为参照。美元的“特里芬困境”依然存在，美国作为最主要的储备货币发行国，难以兼顾国内政策目标与全球经济金融发展对美元的要求，长期处于贸易逆差，美国货币政策总倾向于宽松，利用美元储备货币地位为其债务融资。

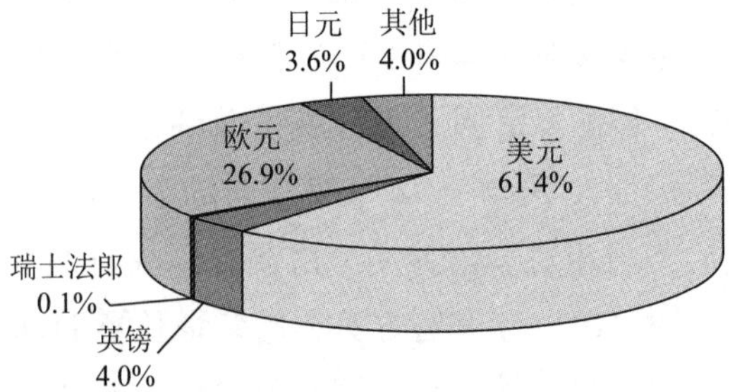

图 8　各币种在全球储备货币中占比（2009 年末）

数据来源：Bloomberg。

与大萧条前的金本位相比，当前的汇率机制增强了各国经济政策的灵活性，各国可以通过灵活的汇率调整防范外部冲击；但同时，由于对储备货币发行和定值缺乏有效约束，增加了国际经济运行的不稳定性。

3. 全球金融体系概况

大萧条爆发前，全球主要发达经济体的金融机构以银行为主，金融产品以存贷款、信托为主，金融衍生产品较少。世界金融中心依然在伦敦而非纽约，英国依靠广阔的殖民地和几个世纪以来积累的财富、经验和制度维持英镑的主导地位。主要国家金融业实行的基本上是混业经营、混业监管，以奥地利信贷银行为例，1931 年 5 月破产时，奥地利信贷银行更像是一家大型控股公司，拥有 64 家企业，占奥地利名义资本的 65%。此时，各国中央银行货币政策操作工具有限，并不真正具备最后贷款人职能，存款保险制度尚未建立。主要经济体股票市场发展较快，纽约证券交易所挂牌的股票从 1925 年 1 月 25 日的 4. 43 亿股增加到 1929 年 10 月的 10 亿股以上。

本次金融危机爆发前，全球金融机构复杂多样，以商业银行、投资银行、保险公司、基金公司等为主体，不少金融机构跨境经营且具有“大而不能倒”特征，对冲基金、私募股权基金等“影子”银行体系游离于监管之外。金融衍生产品复杂且规模庞大，许多银行的资金来源不再以传统的存款为主，而是以股票、债券等直接和批发融资为主。美国金融市场是全球核心，与其他主要国际金融中心的联系更加紧密。金融机构虽然实行综合经营，但仍沿袭分业监管的模式，监管缺失与监管松弛并存，一些具有系统重要性的金融机构、产品和市场未被纳入监管范围。各国中央银行具备最后贷款人等现代职能，大部分国家建立了相对成熟的存款保险制度。

表 3 比较了两次危机前美国金融体系的概况，这是全球金融体系的一个缩影。

表 3　美国金融体系概况比较

项目	大萧条前	本次危机前
金融市场	信贷市场缺乏有效的管理和约束。股票市场发展迅猛，内幕交易与操纵市场现象严重，美国金融市场尚未成为全球的核心	股票市场进入现代投资阶段，衍生品市场发展迅速，市场透明度低。美国金融市场是全球的核心，与其他国家金融市场联系更加紧密

续表

项目	大萧条前	本次危机前
金融机构	实行单一银行制，以银行为主体，规模小且分散；商业银行在金融体系中发挥核心作用，其中小银行占主导地位	以商业银行、投资银行、保险公司、基金等为主体，存在多家大型跨境金融机构和“大而不能倒”问题
金融产品	以存贷款、信托为主，金融衍生产品少	金融衍生产品复杂且规模庞大，发起—配售模式下的证券化产品快速发展，风险与收益不对称
融资方式	以信贷形式的间接融资为主	以股票、债券等直接和批发式融资为主
经营方式	混业经营	混业经营
监管模式	混业监管，对银行的地域扩张进行严格控制，但鲜有对证券公司的监管制度	实行银行控股公司制，取消对银行经营地域范围的限制。分业监管，但影子银行体系游离于监管之外
中央银行体系	美联储不真正具有最后贷款人职能，联邦储备制度处于新旧转变中，对银行和货币的控制制度仍不完善	美联储具有最后贷款人职能，货币政策操作和最后贷款人职能相对成熟
存款保险制度	尚未建立	已经建立

4. 全球经济治理机制比较

大萧条时期并没有正式和固定的全球经济治理机制，西方发达国家主要通过国际会议来协调经济问题，英国发挥着主导作用。但“一战”后，英国经济受到重创，在全球经济治理中的作用和地位明显下降。美国虽然在世界经济中发挥着越来越重要的作用，但其对外经济政策与国际经济地位并不相称，没有主动承担协调国际经济关系和建立国际经济新秩序的责任，而是以“自顾”为主，更多的是采取各种措施来保护自己。全球基本上处于“群龙无首”的状态。

本次金融危机爆发前，就已存在由 IMF、世界银行、WTO 三大支柱等组成的全球经济治理机制，以欧美为首的七国集团（G7）在其中发挥主导作用。危机爆发后，诞生了二十国集团（G20）领导人峰会，替代了 G7 在全球经济治理中发挥领导作用，新兴市场和发展中国家的地位和作用得到提升。

（二）危机演变过程比较

大萧条始于美国股市的暴跌。股市暴跌前，美国经济特别是农业部门已出现疲弱迹象，股票市场也出现过几轮短时下跌。1929 年 10 月 24 日，美国股市出现抛售潮，造成市场恐慌。1929 年 10 月 29 日（美国股市的“黑色星期二”），道琼斯工业平均指数单日跌幅高达 11.7%，此后股市继续连续下跌。股市崩溃引发了美国一系列国内冲击，大量投资者破产，银行信贷冻结、出现挤提，居民收入和消费大幅下降，物价持续下跌，产出下滑，工厂大量倒闭，工人大批失业（如表 4 所示），美国经济陷入长达四年之久的衰退期。1930 年 10 月至 1933 年 3 月间的银行倒闭浪潮，再次加重了实体经济的萧条。美国的危机迅速蔓延到其他工业化国家，为维护本国经济利益，各国纷纷出台贸易保护措施，使世界经济形势进一步恶化。

表 4　1929—1933 年主要资本主义国家经济危机情况一览表

国家	工业生产下降（%）	国际贸易下降（%）	物价下跌（%）	工厂倒闭家数（万）	失业人数（万）	工资下降（%）	工业倒退年份
美国	46.23	70	32.60	14	1300	35	1905
英国	23.80	40	33.60	3.2	300	15	1897
法国	39.90	67	45.10	5.7	150	—	1911
德国	40.60	76	33.40	6.0	600	67	1896

数据来源：《中国大百科全书·经济学》。

本次金融危机起源于美国次贷市场。2001 年以来，在流动性过剩、房价上涨及低利率的背景下，次级住房抵押贷款（对信用记录不佳或资金不足的贷款人提供的房屋贷款品种）及相关证券化衍生产品在美国飞速发展。随着美联储提高联邦基金基准利率，美国房价在 2006 年开始下跌，次贷借款人违约率上升。2007 年 7 月，评级公司下调了 1000 多只按揭贷款抵押债券的评级，动摇了投资者对信用衍生产品评级和定价的信心，大量按揭贷款抵押债券无法出售，对冲基金面临巨额损失和投资者赎回压力，全球主要金融市场陷入恐慌和波动，并进一步导致金融机构出现巨额亏损和市场信贷紧缩，形成恶性循环。以贝尔斯登和雷曼兄弟为代表的金融机构先后陷入困境，加剧了全球市场的恐慌情绪。以 2008 年 9 月 15 日雷曼兄弟破产为标志，国际金融危机爆发，全球金融市场持续动荡，并通过流动性紧缩、企业融资困难、社会总需求下降、失业率上升、全球贸易下滑等渠道拖累实体经济，引发全球经济危机。

比较两次危机的演变过程，相同点包括：一是两次危机均发源于美国金融市场，并由美国向其他国家蔓延，由金融部门向实体经济蔓延，金融部门的动荡和不能正常运作，导致实体经济陷入衰退。二是在危机传播过程中，市场恐慌是导致大量金融机构陷入困境的重要因素。一方面是存款人和投资者对金融机构的信心被动摇，导致银行出现挤兑，金融机构融资困难，股票被抛售；另一方面是金融资产质量受到质疑，流动性下降，价格暴跌，金融机构资产缩水，风险上升。三是金融市场和国际贸易是危机传导的两个主要渠道。美国的金融市场动荡引起全球主要金融市场下滑，最终导致全球金融体系难以正常运作、经济信心大幅下降。国际贸易萎缩，使一国经济紧缩传导至其他国家。

不同点包括：一是危机演变和传导的具体路径不同。大萧条主要沿着“美国股票市场价格猛跌—资本主义国家—殖民地半殖民地国家”“工业生产急剧下降—农副产品价格大幅下降—国际贸易严重萎缩—货币信用危机—金本位制废除”这两个路径进行演变。本次危机的演变路径是“美国次贷危机—美国金融危机—全球金融危机—全球经济危机”，体现了金融部门对实体经济的冲击。由于全球化程度加深，本次危机传播途径更加多元化，受到影响的区域更广，波及了世界上大部分国家。同时，由于金融市场更复杂、不透明，本次危机在金融部门内部的传播链条更长、不确定性和破坏性增大。二是金融市场和实体经济受到的影响程度不一样。如果仅从美国工业产出下降幅度来看，本次危机的影响小于大萧条（如图 9 所示）；但从全球范围看，在危机爆发后的一段时期内，本次危机爆发后全球工业产出、股票市值和全球贸易的下降幅度甚至超过了大萧条（如图 10、图 11、图 12 所示）。三是国际货币体系在危机传导过程中作用不同。大萧条期间，金本位是危机传播的重要途径，美国货币政策的紧缩通过金本位迅速演变为全球性的货币紧缩；本次危机期间，主要储备货币的汇率大幅波动加剧了国际金融市场和大宗商品价格动荡，增加了实体经济运行中的不确定性，但由于中心国货币发行不受约束，全球货币扩张使得通货紧缩程度相对较轻。

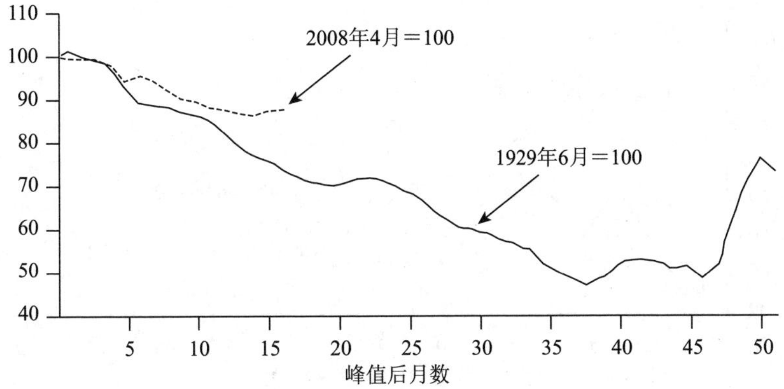

图9　大萧条和本次危机期间工业产出情况——美国

数据来源：http：//research. stlouisfed. org/fred2/series/INDPRO/downloaddata？rid =13。

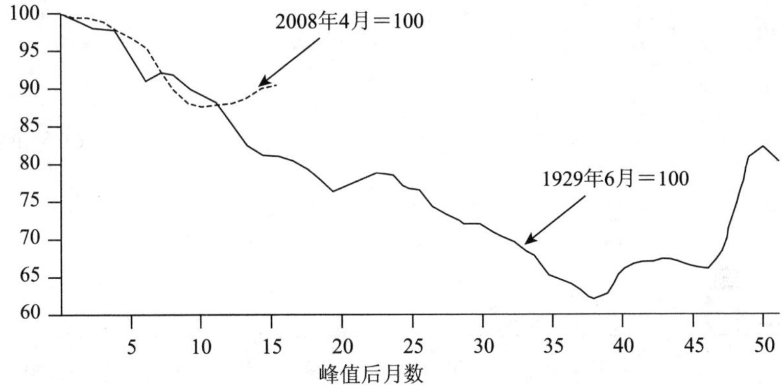

图10　大萧条和本次危机期间工业产出情况——世界

数据来源：Wagenfuhr（1933），Vierteljahrshefie zur Konjunknaforshung（variousissues）. Statistic des In – und Auslands（various issues）。

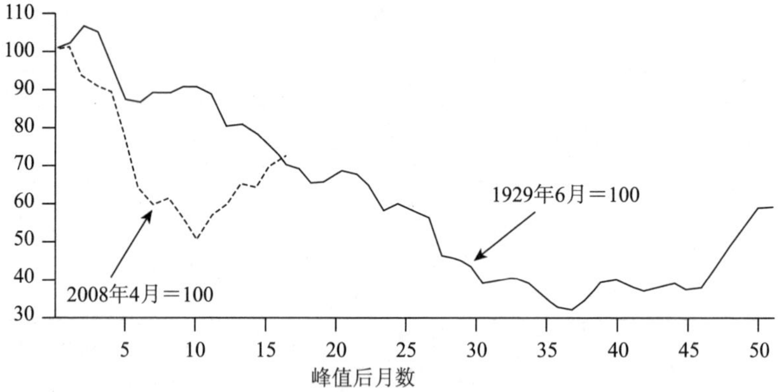

图 11　大萧条和本次危机期间全球股票市场表现

数据来源：Global Financial Database。

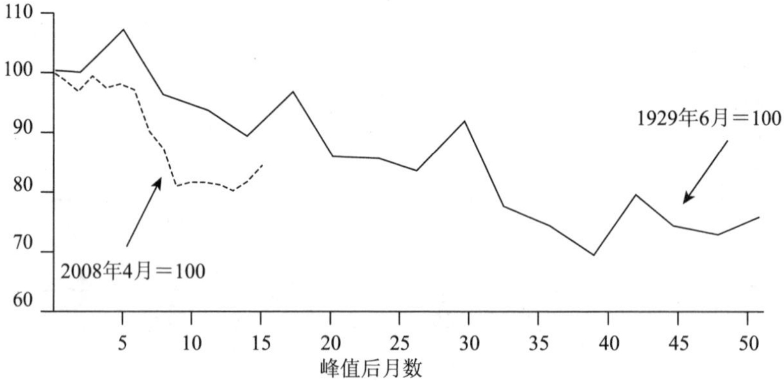

图 12　大萧条和本次危机期间全球贸易总量

数据来源：League of Nations Monthly Bulletin of Statistics. http：//www. cpb. nl/eng/research/sector2/data/trademonitor. html。

二、 危机爆发原因比较

两次金融危机的爆发既有货币政策、国际货币体系、金融监管等货币金融方面的原因，也有实体经济方面的原因。

（一）货币政策方面的原因

1. 宽松货币政策引发资产泡沫是两次危机爆发的相同原因

1921—1929 年，黄金大量流入美国，造成基础货币的增长。而此时的美联储仍处于发展完善阶段，政策目标是维护国内价格稳定和金本位，对货币存量的干预手段包括调节贴现率和公开市场业务。1921—1927 年，美联储的政策取向以宽松为主，一方面将贴现率逐步由 7% 下调至 3.5%，另一方面在公开市场交易中净卖出 10.13 亿美元。据统计，1921 年 7 月至 1929 年 8 月，美国货币存量增长了 45%。宽松的货币供给在促进经济迅速增长的同时，股市泡沫也开始滋生。银行以较低的利率从美联储贴现窗口借出资金，贷给经纪人，经纪人再以更高的利率转借给投资者。1929 年 10 月 4 日，美国经纪人贷款达 85.3 亿美元，比 1923 年底的 15.8 亿美元增长了 439.9%。在资金和杠杆的推动下，股票价格出现非理性上涨（如图 13 所示）。

同样，过度宽松的货币政策也催生美国房地产泡沫，最终引发本次金融危机。2001 年互联网泡沫破灭及“9·11”事件后，美联储采取扩张性货币政策以刺激经济增长，2001—2004 年期间连续 13 次降息，将联邦基金目标利率从 6.5% 降低到 1%，并在 2003 年 6 月至 2004 年 6 月期间保持 1% 的超低利率长达一年之久（如图 14 所示）。在低利率环境和金融创新的共同推动下，大量金融机构呈现同方向盲动并相互增强，使资金流向房地产和股票市场。2002 年起，美国房价以每年超过 10% 的幅度上涨，房地产抵押价值持续攀升（如图 15 所示），居民借贷能力增强，消费和投资增

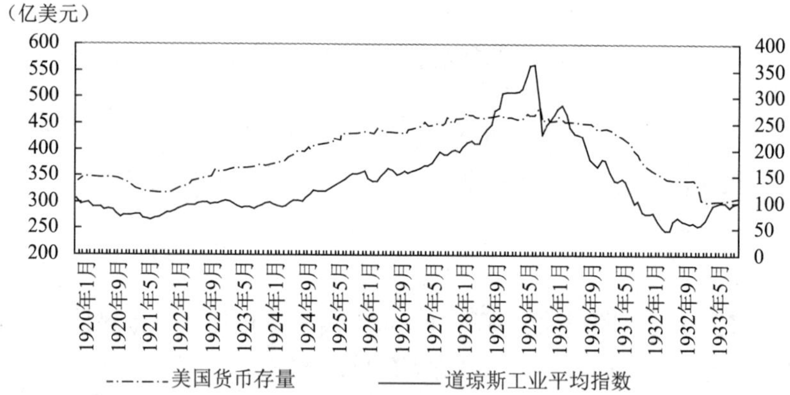

图 13　美国货币存量和道琼斯工业平均指数

数据来源：NBER。

加，进一步推动房价上升。同时，金融机构为了追求商业利益纷纷降低贷款标准和审查条件，推动了房地产商和消费者大举借贷。2002—2006 年美国金融机构发放了大量次级抵押住房贷款，逐渐积累起偏离基本面的金融泡沫（如图 16 所示）。

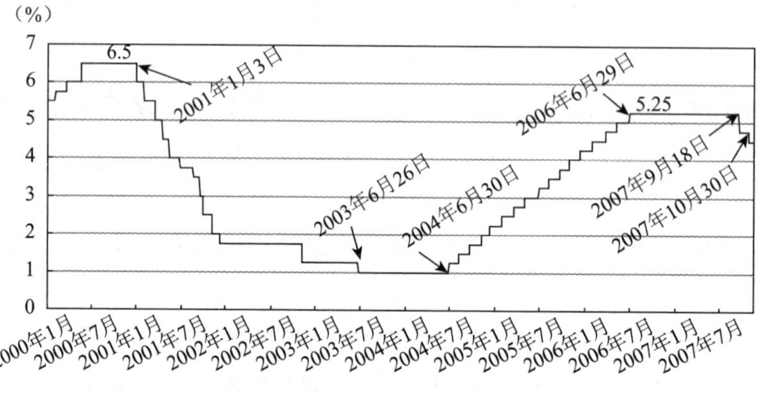

图 14　美国联邦基金利率（2000—2007 年）

数据来源：CEIC。

2. 两次危机爆发前，美联储都未能有效地应对资产价格泡沫，最终刺破泡沫，引发金融危机

1924—1928 年的 5 年中，美国道琼斯工业平均指数年均涨幅为 39.2%，而 1928 年第二季度之前美联储一直维持着较低的贴现率，采取宽

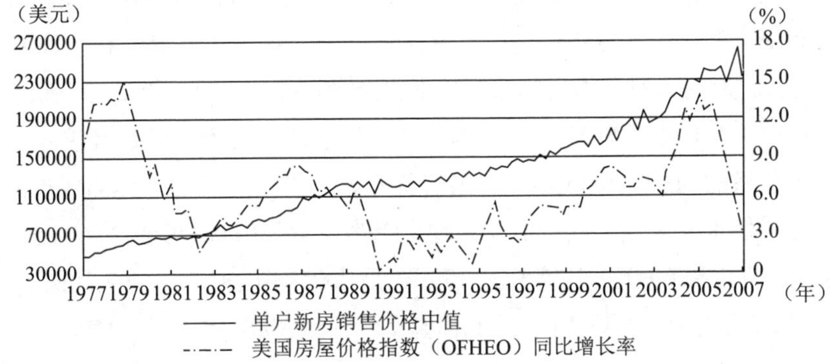

图 15 美国单户新房销售价格中值和房屋价格指数同比增长率（1977—2007 年）

数据来源：CEIC。

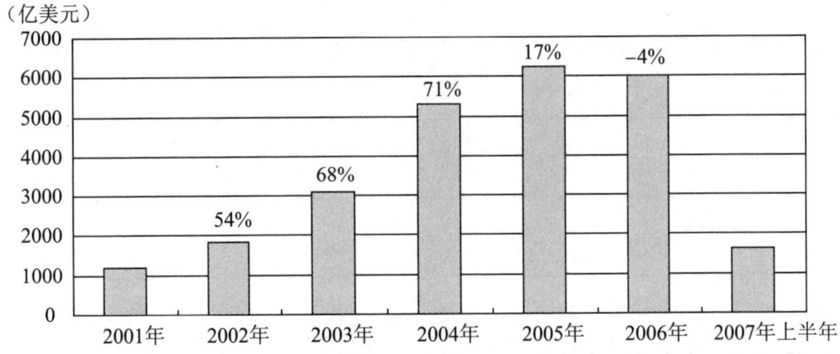

图 16 美国新增次级抵押贷款额（2001 年至 2007 年 6 月）

数据来源：FDIC。

松的货币政策，甚至在 1925 年和 1926 年几乎没有任何政策举动。1928 年以后，为抑制股票市场的投机行为，同时避免黄金流入法国，美联储开始收紧货币政策，1928—1929 年期间 7 次上调贴现率，由 3.5% 提高至 6% 。美联储在加息过程中的犹豫不决使资产价格进一步上涨，1929 年 3 月，在股票市场投机迹象已十分明显的情况下，联邦储备理事会拒绝了纽联储将贴现率由 5% 提高到 6% 的提议，直到 8 月 9 日才允许纽联储加息。而此时经济已显现出疲弱的迹象，银根收紧导致货币供应量增幅下降、信贷紧缩，投资和消费需求下滑，成为诱发 1929 年经济衰退的原因之一。

本次危机前，美联储货币政策方向的调整，也造成刺激次贷飞速发展的低利率、高房价等宏观经济因素发生逆转，并爆发了金融危机。2004年6月之后，美国为对抗通货膨胀，17次提高利率，至2006年7月，联邦基金利率由1%上升至5.25%。持续降息、升息造成的宏观经济环境不稳定埋下了危机的隐患。2006年，美国房价开始下降。利率的升高、房价的下跌，使资信状况欠佳的次贷借款人越来越难以承受房贷的负担。至2007年7月，次贷拖欠60天的比率超过15%，是2005年同期的3倍（如图17所示）。次贷衍生产品的风险也因此而显著上升。2007年4月，美国次贷行业的第二大公司，新世纪金融（New Century Financial Corp.）宣布倒闭，拉开了次贷危机的序幕。两次危机中，货币政策的收紧没有充分考虑到对经济金融的宏观影响。

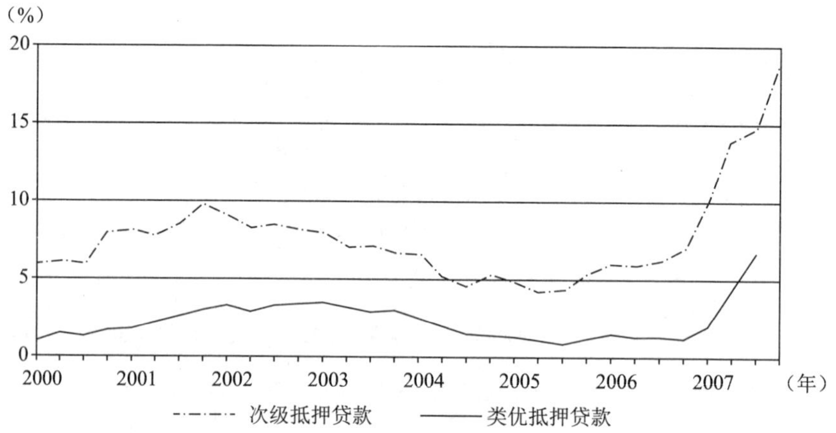

图17　次贷和类优贷款60天违约率

注：到期还款日60天后仍无法偿付的贷款量占次级房贷总量的比例，其中包括60天后未偿还以及60天后未偿还并达到银行通知取消房产赎回权、进入破产程序的贷款。

数据来源：瑞士银行。

3. 货币政策不当是大萧条期间经济长期恶化的重要原因

大萧条爆发后，银行危机和经济衰退同时出现时，美联储既想通过扩张性政策挽救经济，又想通过紧缩银根来清洗银行坏账，导致货币政策左右摇摆。1928年中期到1931年期间，美联储拒绝将流入美国的大量黄金货币化，把储备净流入转换成了M1货币存量的负增长，货币主义认为，这是酿成大萧条的真正原因。1929 年 10 月至 1931 年 10 月，美联储将贴现率从 6% 逐步下调至 3%，但没能阻止货币存量的下滑。1931 年 10 月英国脱离金本位制后，为防止黄金外流，美联储将贴现率提高至 4%，暂时抑制了黄金外流，却加剧了国内金融困境，银行倒闭和挤兑大幅增加，货币供应持续下降，经济危机进一步加重。黄金流入国法国拒绝扩大对外贷款规模，德国在“杨格计划”要求下采取的持续紧缩政策，也在一定程度上导致大萧条期间全球货币供应量的持续下降。

（二）国际货币体系方面的原因

1. 大萧条时期的金本位

金本位限制了货币政策空间，使通货紧缩在主要工业化国蔓延，影响了经济秩序的稳定，抑制了消费、需求和产出的恢复。

金本位下，黄金流入国和流出国对货币存量调整的不对称性，使世界货币供给总量下降。1928 年，美联储开始收紧货币政策。同一时期，另外两个主要黄金盈余国——德国和法国也实施了紧缩的货币政策：德国国家银行对黄金流入进行积极冲销，法兰西银行将外汇储备兑换成黄金储备，使总国际储备量保持不变。黄金持续流入美国、法国和德国，意味着英国和日本等其他国家黄金的大量流失，使它们也被迫收紧货币政策。这造成了 20 世纪 30 年代，货币性黄金总存量持续增长，而货币供给急剧下降。

金本位限制了各国的货币政策空间，难以通过货币政策扭转通缩趋势。在中央银行承诺维持金本位的前提下，一旦通货紧缩过程开始，各国中央银行就陷入了竞争性的通货紧缩和对黄金的争夺，任何单个中央银行进行通货再膨胀的努力都会使黄金立即流出，即使是拥有大量黄金储备的美国也面临这种约束，无法通过放松银根刺激经济，否则将会被解读为放弃金本位并导致黄金外流。

在发生经济和金融危机的特殊情况下，金本位会使这种通货紧缩趋势自我强化。一方面，发生危机时，黄金受到追捧，价格上升，而其他商品以黄金标示的价格下降；另一方面，挤兑风潮和银行偿付能力下降形成恶性循环，导致大量货币退出流通，进一步加剧了通货紧缩。

金本位最终导致需求持续萎缩，经济难以复苏。1929—1932 年，金本位国家的物价大幅下跌了30%至40%。严重的通缩抑制了总体消费和需求，加剧了经济萧条的程度，没有一个国家在坚持金本位的时候表现出明显的复苏。与此形成鲜明对比的是20世纪30年代初的中国，实行的是银本位制，可视为相对于金本位的浮动汇率制度。不同的货币制度将中国国内的经济环境与全球性萧条隔离开来，使中国没有受到其他国家通货紧缩的冲击。

2. **本次危机中的牙买加体系**

当前的牙买加体系是本次危机前全球流动性泛滥的货币根源，也是全球经济金融不稳定的制度性原因之一。

牙买加体系对储备货币发行缺少约束，容易导致全球流动性过剩。作为最主要的储备货币发行国，美国享有铸币税特权，可以通过发行美元为其经常项目逆差和政府债务赤字（“双赤字”）融资。美元的储备货币地位导致美国的货币政策总是倾向于过度宽松，美元在全球范围内“泛滥”，造成全球流动过剩，这必然导致有关国家资产价格膨胀、过度消费、过度借贷，最后引发金融危机。

信用货币缺乏定值基础，美元等主要储备货币币值不稳，影响全球贸易和投资。牙买加体系由于缺乏定值基础，主要储备货币汇率经常大幅波动，这导致全球货币和资金价格信号功能紊乱，增加了国际贸易和投资中的不确定性，冲击市场信心，严重影响国际资本合理有序流动和实体经济活动，也是本次危机中国际贸易大幅下滑和国际金融市场动荡的重要原因之一。

储备货币发行国经济政策失误引发了国际金融体系的系统性风险，放大了国际经济运行中存在的问题。在此次危机中，美国等国际货币体系“核心国”经济政策出现问题，导致国内金融市场动荡，大量资本从新兴市场国家撤回美国“救火”，国际跨境资本流动逆转，主要货币汇率大幅波动，最终演变成国际金融市场动荡不已。国际货币体系的“外围国家”，金融体系相对脆弱的新兴市场和发展中国家因此受到严重冲击，过度依赖出口和外商直接投资等国内问题暴露并被放大，引发实体经济危机。

（三）金融市场和金融监管方面的原因

两次危机都爆发于金融市场快速发展和膨胀时期，新型金融机构和金融业务不断涌现，市场规模不断扩张，而金融监管和法律相对滞后，使得金融部门风险不断累积。

大萧条爆发前，美国金融业快速发展，但金融管理混乱。1921 年，银行数目达到顶峰 29788 家。信用卡和分期付款业务迅速发展，家庭和非法人企业等小借款人的债务快速增长，城市房地产抵押债券的未清偿价值从 1920 年的 110 亿美元增加到 1929 年的 279 亿美元。纽约证券交易所成为世界上最大、最有影响力的交易市场，1923—1929 年，美国发行新股总值从 43.04 亿美元增加到 101 亿美元，公开发行的公司债券和票据从 1920 年的 261 亿美元增长到 1928 年的 471 亿美元，非联邦公开证券的发行量从 118 亿美元增加到了 336 亿美元。与此同时，信贷公司、投资银行、券商等金融中介机构快速发展，专门的信托投资公司也开始出现。但由于政府“守夜人”的信念和自由市场的原教旨主义深入人心，此时的金融监管和相关法律法规严重滞后，直到危机爆发后的 1934 年才出台第一部《证券法》并成立了证券监管机构。这种立法和监管滞后的状况使银行混业经营盛行，摩根等金融财团用商业银行贷款同时开展商业银行业务和证券业务。信贷机制缺少严格的审核程序，对贷款额度没有合理的限制，对从事信贷业务的机构没有有效管理和约束，众多非银行机构参与信贷。宽松的信贷制度为投机提供了资金。证券市场的价格操纵、欺诈和内幕交易也缺乏监管的制约。金融体系风险和整体脆弱性不断累积，引发股市崩溃、银行危机和偿付危机。

以自由为核心的监管理念、监管制度的漏洞和监管手段不足是导致本次危机的重要原因。金融市场决策者与监管当局没能充分评估并消除金融市场不断累积的风险，未能及时跟上金融创新的步伐而采取有效的监管行动。一是长期以来，美国奉行自由市场经济，过于相信市场的自我约束和自我调整能力，主观上造成了金融监管的缺失和松懈。2005 年 5 月，面对质疑衍生品泛滥、要求美联储介入次贷监管的舆论，时任美联储主席的格林斯潘认为金融市场自我监管比政府监管更为有效，坚决反对政府加强金融监管。二是美国金融监管体系存在漏洞，导致监管的错位和滞后。1999 年 11 月 4 日《金融服务现代化法案》通过以来，美国金融业进入了创新迭出的混业经营阶段，但金融监管仍沿袭旧有的体制，没能跟上金融创新的步伐。在金融危机爆发前，美国金融业的一些领域存在重复监管，但另一些领域却存在监管真空，监管机构很难实现有效协调。例如，有多个部门负责银行业的监管，但对冲基金、私募股权投资基金却处于监管真空区。三是监管技能和监管手段不足且存在很大的缺陷，宏观审慎管理缺失。金融创新导致风险分布日益不透明，对风险集中程度的识别、分类、评估日趋复杂，风险测量越来越难。大量金融衍生品场外交易导致金融机构表外业务不断增加，金融机构会计报表的透明度和各项数据的准确性大打折扣。金融机构的资本金、杠杆率、流动性和拨备以及信用评级和盯市会计准则等普遍存在顺周期性，加剧了金融体系在经济繁荣期的泡沫积累。相关部门缺乏逆周期调控的手段和工具，未能对系统性金融风险进行正确的判断和有效的管理。

（四）实体经济方面的原因

从实体经济看，内部的结构失衡和外部的经济竞争力下降是导致危机爆发的根本原因。两次危机中，美国都存在“过度消费”、储蓄率低的问题。而本次危机中，美国持续的“双赤字”也是危机爆发的重要原因。

美国经济发展不平衡是大萧条的根本原因。从美国经济发展史来看，1923—1928 年，各种经济发展平均指标超过以往，曾被美国人当作“永恒繁荣”时期。但其中经济发展的不平衡性成了后来危机的隐患。一是部分传统产业出现衰落，产业结构调整不及时。主要表现为，农业的不景气和农场债务及破产率的上升，以及煤炭、纺织、制鞋、皮革、造船和铁路运输等传统行业的逐步衰落。产业发展不平衡是美国从农业国向工业国转变中必然会面临的问题，但由于国内资源并未跟随产业调整实现有效的流动和再配置，造成经济中的一系列问题。1919 年时农场主的收入占全部国民收入的 16%，而在 1929 年只占全部国民收入的 8.8%，农场主纷纷破产。农民的人均收入只有全国平均收入的 1/3 左右。二是社会财富分配不均。1929 年，近 80% 的美国家庭没有任何储蓄，而 0.1% 最富有家庭拥有 34% 的社会储蓄总额。在当时相对滞后的社会保障体系下，财富分配不均导致生产能力与消费能力之间的差距日益扩大，影响了经济的持续发展。三是信贷推动的消费非理性增长。大萧条前，美国消费社会开始出现，现代消费制度规模化发展，大量分期付款的商业广告促进了消费信贷的普及，导致超前消费的过度膨胀。1919—1929 年，美国消费占 GNP 的比重从

67.3%上升至73.2%；1933年美国个人储蓄率降至历史最低点-1.5%（如图18所示），债务率快速攀升。消费推动了经济增长，但也增加了经济运行中的不稳定性。由于人们对消费信贷缺乏科学的认识，表现出无节制的非理性借贷，使经济在一定时期内呈现过度繁荣。不成熟的消费扭曲了人们的预期以及企业的投资和生产决策。股票价格开始下跌后，信贷公司、银行纷纷倒闭，美国人的信心也因此崩溃，信贷消费数量急剧下降，美国经济陷入了恶性循环，金融危机变成了经济衰退，进而演化成了旷日持久的大萧条。

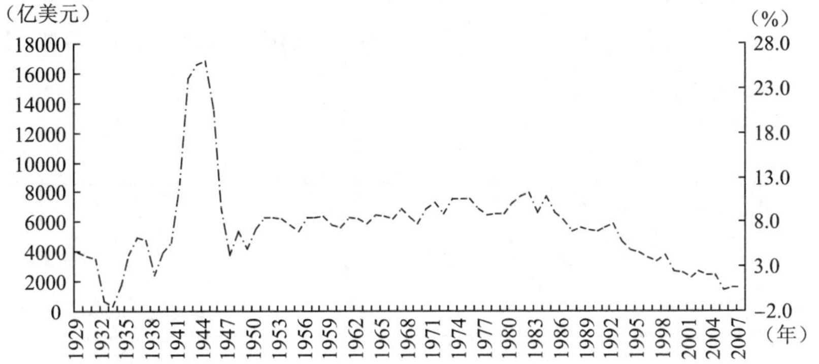

图18　美国居民储蓄率

注：美国个人储蓄率为美国商务部2008年12月23日公布的最新数据，对最近几年的数据略有调整。根据其2007年2月1日公布的数据，2004—2006年美国个人储蓄率分别为2.0%、-0.4%、-1%，而调整后的数据分别为2.1%、0.4%、0.7%。

美国过度消费、对外竞争力相对下降和“双赤字”是本次金融危机的根本原因。危机爆发前，美国建筑业等行业的劳动生产率持续下降。由于受到来自新兴市场国家的激烈竞争，美国制造业不断萎缩，缺少新的经济增长动力。同时，美国居民的过度消费，导致了长期的“双赤字”，即财政赤字和贸易赤字。2005—2007年，美国个人储蓄率接近于零，分别为0.4%、0.7%和0.6%，为大萧条以来历史最低点。美国抵押贷款银行家协会的数据显示：2002—2007年，美国家庭债务从8.5万亿美元增长到14万亿美元，相当于家庭可支配年收入的133%。美国贸易赤字自20世纪80年代出现以来，已历经近30年，规模不断扩大；财政收支除1998—2000年以外也均为赤字，政府负债率不断提高。“双赤字”使全球经济出现失衡，大量流动性为追求高收益涌入金融市场，为金融体系不稳定埋下隐患。

欧元区内部失衡加剧、部分成员国劳动生产率下降是导致危机的根本原因。有学者研究认为，欧洲劳动生产率2006年以来一直低迷不振。同时，欧元区成立后，成员内部的国际收支发展不平衡并没有如预期那样收敛，反而趋于扩散，区内经济不平衡状况加剧：德国等“核心”国家经常项目持续顺差，经济竞争力增强，而希腊等“外围”国家经常项目逆差不断扩大，经济竞争力不断下降（如图19所示）。加上各国通胀水平不一致所导致的实际利率差异（如图20所示），最终导致一些国家出现过度投资和消费，债务水平上升较快，资产价格泡沫涌现，经济脆弱性不断累积，成为危机的隐患。

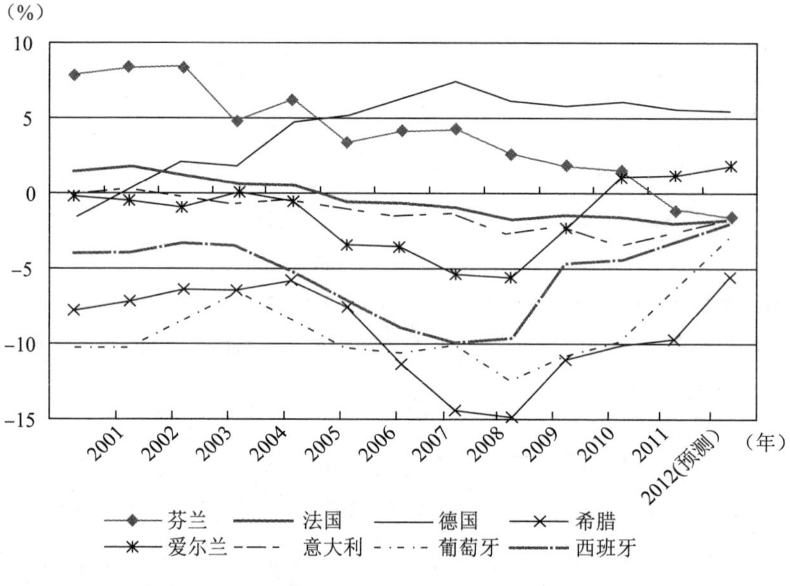

图19　部分欧元区国家经常项目差额占GDP比重

数据来源：IMF，WEO数据库。

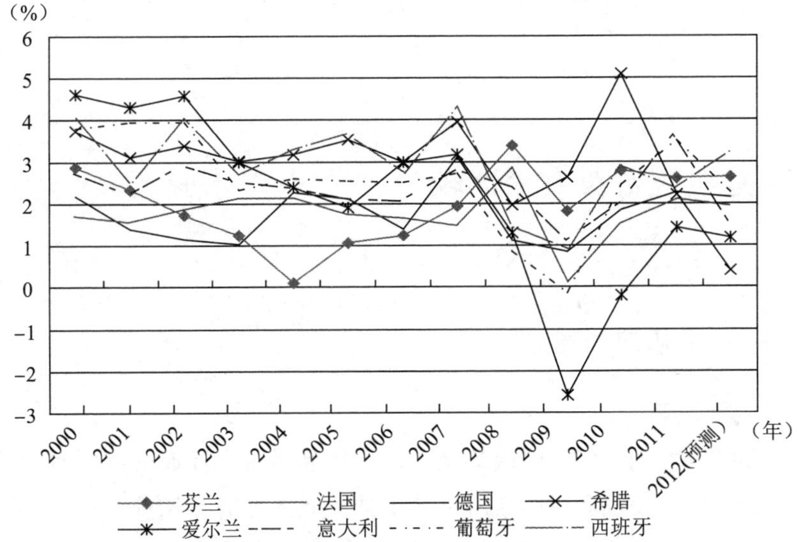

图 20　部分欧元区国家通胀率

数据来源：IMF，WEO 数据库。

三、 危机应对及效果比较

（一）危机应对措施

1. 财政政策

大萧条开始前三年，财政政策并没有引起重视，反而受到财政预算平衡思想的影响，美国和法国政府采取了加税和缩减开支措施，抵消了财政自动稳定器功能的作用，使总需求进一步下降。美国直到罗斯福新政时才竭力推行扩张的财政政策，但是在议会压力下仍然存在摇摆。大萧条时期的主要财政政策手段是减税和扩大财政支出，但没有救助金融机构的措施。

与大萧条时期不同，各国政府在本次危机期间采取了大规模的刺激性财政政策。据 IMF 估计，G20 国家 2008—2010 年财政刺激规模（不包括对金融体系的支持）分别占 2007 年 GDP 的 0.5%、2.0%、1.5%（如表 5 所示）。主要的财政政策措施包括减税、扩大政府支出、救助问题金融机构等。在危机中，部分系统重要性金融机构由于融资结构、资产结构等原因，出现了资金短缺等问题，各国政府采取了向问题金融机构提供贷款（或流动性支持）、债务担保、注资等多方面支持措施。根据 IMF 统计，美国向金融机构注资金额相当于其 2008 年 GDP 的 2.2%，通过贷款或其他形式提供流动性支持的总金额为 GDP 的 4.2%。欧元区向金融机构注资总额为 GDP 的 1.82%，政府担保的债务总额占 GDP 的比重达到 15.79%，购买资产金额为 GDP 的 1.08%。英国担保的债务总金额更是超过 GDP 的 38%。

表5　G20财政刺激占GDP比例　%

国家	2008年	2009年	2010年
阿根廷	0	1.5	—
澳大利亚	0.7	2.1	1.7
巴西	0	0.6	0.8
加拿大	0	1.9	1.7
中国	0.4	3.1	2.7
法国	0	0.7	0.8
德国	0	1.6	2
印度	0.6	0.6	0.6
印度尼西亚	0	1.3	0.6
意大利	0	0.2	0.1
日本	0.3	2.4	1.8
韩国	1.1	3.9	1.2
墨西哥	0	1.5	—
俄罗斯	0	4.1	1.3
沙特阿拉伯	2.4	3.3	3.5
南非	1.7	1.8	-0.6
土耳其	0	0.8	0.3
英国	0.2	1.4	-0.1
美国	1.1	2.2	1.8
G20平均	0.5	2.0	1.5
（以基于购买力平价的GDP加权）			

数据来源：IMF。

2. 货币政策

大萧条时期，主要国家先后放弃金本位，使本国货币贬值，实施扩张性货币政策。1929年10月，美国股票市场开始下跌后，美联储在扩大公开市场活动的同时，于11月1日将贴现率由6%下调至5%，11月15日再次下调至4.5%。从10月29日至年底，英格兰银行先后三次降低贴现率，荷兰和挪威两次，奥地利、比利时、丹麦、德国、匈牙利和瑞典一次。但由于受到金本位制度的束缚，货币政策不但不能化解危机冲击，各国货币供应量仍不断下降（如图 21 所示），经济萎缩更加严重。大多数国家在 1931 年以后开始放弃金本位制（如表 6 所示），实施宽松的货币政策。较早放弃金本位制，实施扩张性货币政策的国家经济复苏较快。

表 6　金本位政策的变动日期

国家	“一战”后重返金本位时间	脱离金本位时间	外汇管制日期	贬值日期
澳大利亚	1925 年 4 月	1929 年 2 月	/	1930 年 3 月
奥地利	1925 年 4 月	1933 年 4 月	1931 年 10 月	1931 年 9 月
比利时	1926 年 10 月		/	1935 年 3 月
加拿大	1926 年 7 月	1931 年 10 月	/	1931 年 9 月
捷克斯洛伐克	1926 年 4 月		1931 年 9 月	1934 年 2 月
丹麦	1927 年 1 月	1931 年 9 月	1931 年 11 月	1931 年 9 月
爱沙尼亚	1928 年 1 月	1933 年 6 月	1931 年 11 月	1933 年 6 月
芬兰	1926 年 1 月	1931 年 10 月	/	1931 年 10 月
法国	1926 年 8 月至 1928 年 6 月	/	/	1936 年 10 月
德国	1924 年 9 月	/	1931 年 7 月	/
希腊	1928 年 5 月	1932 年 4 月	1931 年 9 月	1932 年 4 月
匈牙利	1925 年 4 月	/	1931 年 7 月	/
意大利	1927 年 12 月	/	1934 年 5 月	1936 年 10 月
日本	1930 年 12 月	1931 年 12 月	1932 年 7 月	1931 年 12 月
拉脱维亚	1922 年 8 月	/	1931 年 10 月	/
荷兰	1925 年 4 月	/	/	1936 年 10 月
挪威	1928 年 5 月	1931 年 9 月	/	1931 年 9 月
新西兰	1925 年 4 月	1931 年 9 月	/	1930 年 4 月
波兰	1927 年 10 月	/	1936 年 4 月	1936 年 10 月
罗马尼亚	1927 年 3 月至 1929 年 2 月	/	1932 年 5 月	/
瑞典	1924 年 4 月	1931 年 9 月	/	1931 年 9 月
西班牙	/	/	1931 年 5 月	/
英国	1925 年 5 月	1931 年 9 月	/	1931 年 9 月
美国	1919 年 6 月	1933 年 3 月	1933 年 3 月	1933 年 4 月

数据来源：国际联盟（League of Nations），各年《年鉴》，以及其他各种补充来源。

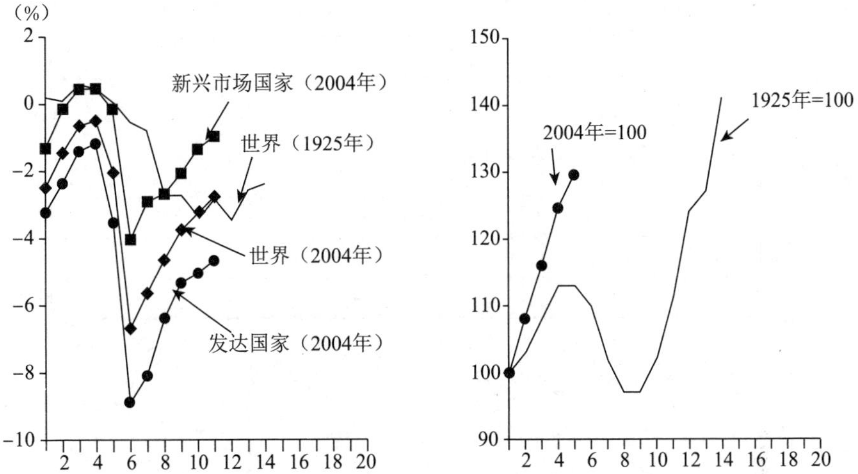

两次危机中政府财政赤字状况
（注：括号中年份表示起止年份）

两次危机中各国货币供应量状况
（注：统计口径为OECD17个国家）

图 21　两次金融危机中财政货币政策状况

数据来源：Miguel Almunia Barry Eichengreen 等（2009）。

本次危机中，发达国家中央银行联合运用常规和非常规货币政策，在短时间内稳定了金融市场。危机爆发初期，以美联储为代表的主要国家央行及时启动了各项常规货币政策工具，采取了大幅降低基准利率（联邦基金目标利率）、加大公开市场投放流动性的力度、缩小贴现窗口贷款利率与基准利率的利差等传统政策手段。从 2007 年 8 月起，美联储先后 10 次大规模降息，联邦基金目标利率由 5.25% 降至 0 ~ 0.25% 的目标区间，12 次降低贴现率累计 575 个基点至 0.5%；欧央行先后 7 次降低其政策利率——主要再融资利率累计 325 个基点至 1.00%，在 2011 年 4 月和 6 月两次上调后，随着欧债危机的恶化，3 次下调主要再融资利率至 0.75%；日本央行两度降息累计 40 个基点至 0.1% 后，开始执行“零利率”政策，将其政策利率（无担保隔夜拆借利率）维持在 0 ~ 0.1% 的水平；英格兰央行则 9 次下调基准利率（英格兰银行基准贷款利率）累计 525 个基点至历史最低水平 0.5%（如图 22 所示）。

在利率水平已近零的情况下，为防止经济陷入通货紧缩，主要发达经济体央行相继宣布实施非常规货币政策，在赋予常规货币政策非常规性职能的同时，还创新了一系列非常规货币政策工具来促进金融市场及实体经

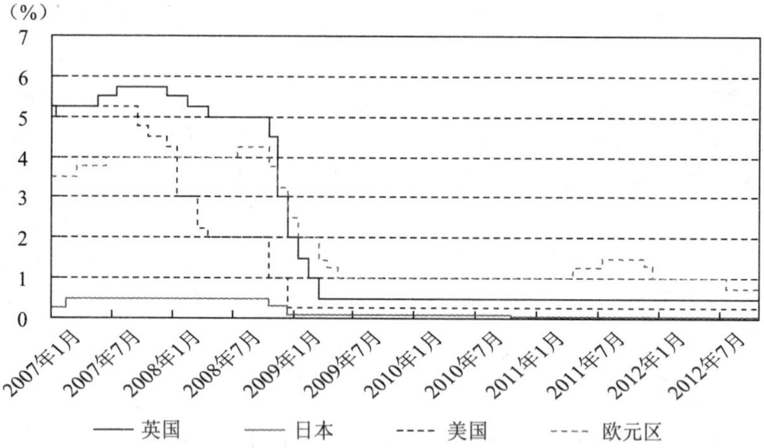

图 22　主要发达国家基准利率变动情况（2007 年初至 2012 年 7 月）

数据来源：CEIC。

济的恢复。根据 IMF 的研究，这些非常规货币政策措施主要分为三类：一是流动性宽松措施。与常规政策框架下中央银行主要在货币市场行使最后贷款人的职能有所不同，非常规政策框架下，央行对整个金融市场提供流动性支持，一方面央行可通过扩大交易对手范围、延长融资期限、降低抵押品要求、出借高信用等级债券等方式向国内金融市场注入流动性和提供高等级债券，另一方面央行还可通过双边货币互换方式提供外汇流动性支持。二是信贷宽松措施。主要通过向特定借款人提供直接或间接的信贷支持，来促进信贷市场复苏，美联储倾向于运用多种政策工具扩大资产规模来实施信贷宽松政策，欧央行则通过买入商业票据、企业债券及资产支持债券来降低信贷市场利差的方式作为实施信贷宽松政策的主要手段。三是量化宽松措施。央行通过购买金融资产（扩张资产负债表）向本国经济体注入定量流动性，用于在常规货币政策失效的情况下对本国经济进行刺激，促进实体经济复苏。自本次危机爆发以来，美联储、欧央行、日本银行和英格兰银行已分别采取了一轮或多轮量化宽松政策。其中，美联储已先后实施三轮：第一轮为 2008 年 12 月至 2010 年 3 月，规模 1.7 万亿美元，第二轮为 2010 年 11 月至 2011 年 6 月，规模 6000 亿美元，第三轮于 2012 年 9 月推出，将按照每个月 400 亿美元的速度增加对机构抵押贷款支持证券（MBS）的购买，并将所持机构债和机构 MBS 的到期本金收入再次投资于机构 MBS。同时，美联储将继续执行计划于年底前到期的 6670 亿美元“扭转操作”。这一轮量化宽松无明确的总体时间和规模限制，将根据实际情况灵活调整，直至劳动市场实质性改善。英格兰银行于 2009 年 3 月宣布在 2010 年 2 月前购买以英国国债为主的 2000 亿英镑资产，启动了本次危机后的首轮量化宽松政策，其后先后 3 次增加资产购买规模，至 2012 年 7 月已扩大到 3750 亿英镑。日本银行于 2010 年 5 月起，开始实施危机后的新一轮量化宽松政策（此前，日本银行于 2001 年 3 月至 2006 年 3 月执行了其首轮量化宽松政策），截至 2012 年 9 月资产购买计划总额逐步上调至 80 万亿日元。欧洲中央银行于 2010 年 5 月启动了证券市场计划（SMP）对公共及私人债券市场进行干预，并分别于 2011 年 12 月和 2012 年 2 月启动两轮三年长期再融资操作（LTRO），向市场注入超过 1 万亿欧元流动性，2012 年 9 月，欧央行宣布推出买断式货币交易计划（OMT），适时在二级市场购买主权债券，以改善区内货币政策传导，使部分重债国过高的主权债收益率回归基本面，消除市场对欧元“可逆”的担忧。

比较来看，本次金融危机中货币当局的应对更为妥当和及时。在大萧条初期，各国央行受金本位制的约束，扩张性的货币政策实施空间有限，美联储一度还实施了紧缩性的货币政策。对于危机救助的不及时，使大萧条经历了经济衰退程度不断加深的过程，前后历时四年。而在本次国际金融危机时期，各国央行在危机爆发初期就密切关注事态的发展。随着危机的升级，各央行采取了积极的货币政策救助措施，通过向金融体系大量注入流动性、降低基准利率、扩展货币政策空间等措施迅速地稳定了金融市场，推动实体经济逐步复苏。但主要储备货币发行国长期宽松的货币政策并非没有成本。虽然央行理论上具有无限的货币创造能力，但持续的宽松政策无疑将增加未来的通胀风险，损害币值稳定和央行信誉，并导致汇率和资本流动过度波动，造成国际货币体系不稳定。货币当局对经济的长期、大规模干预也会改变投资者预期和行为，扭曲金融市场的资源配置。与此同时，发达经济体持续大规模释放流动性，也会对新兴市场经济体造成影响，导致其汇率不稳定，加大其输入性通胀和跨境资本流动波动风险。

3. 贸易政策

大萧条期间，各国竞相采取贸易保护主义措施。1922 年，美国通过福德尼—麦克坎贝尔关税法案后，贸易保护已相当严重。1930 年 6 月又通过了斯姆特—霍利关税法案，贸易保护度进一步提高。1932 年 7 月的《渥太华协定》在英帝国范围内确立了特惠关税制度。由于坚持金本位制，拒绝法郎贬值，使法郎汇价偏高，法国便提高关税和实行大规模的进口配额制度。德国则以“登记马克”形式实行外汇管制。“一战”后重建的国际金融和贸易体系基本处于分割和断裂状态，“以邻为壑”的贸易政策导致全球贸易额大幅缩减，并很快伤及当时最大的出口国——美国自身。全球贸易总额从 1929 年的 360 亿美元缩小到 1932 年的 120 亿美元，美国出口总额也从 1929 年的 52 亿美元左右缩减到 1932 年的 12 亿美元。世界贸易和资本流动占 GDP 的比例出现了较大幅度下降，1914—1929 年，全球贸易占全球 GDP 总量的比重由 22% 下降到 16%，资本流动占比由 20% 下降至不到 8%。

本次危机爆发后，主要国家承诺共同抵制贸易保护主义，但有迹象表明贸易保护主义重新升温。2009 年 11 月召开的首次 G20 领导人峰会上，各国领导人就做出表态反对贸易保护主义。G20 多伦多峰会还为反对贸易保护主义等问题制定了具体时间表：承诺在 2013 年底，不提高投资和贸易壁垒，不设置新壁垒，不设置新的出口限制，不施行违反世界贸易组织规则的出口刺激措施，并承诺纠正任何此类措施。与大萧条时期相比，由于 WTO 规则的制约和 G20 的协调，“显性”的贸易保护主义措施相对较少，保护措施多以“隐性”方式存在。但近段时间，保护主义有抬头趋势。全球贸易警讯组织（the Global Trade Alert，GTA）2011 年 7 月 28 日公布的报告显示：各国政府对抗贸易保护主义的决心正在弱化，贸易保护主义情绪在各国间不断升温。2010 年 11 月以来，463 项贸易政策措施被各国采用，其中 194 项贸易保护主义措施已颁布实施，G20 成员国政府出台的占 80%。中国的外贸商业利益受到多达 91 项措施的冲击，金砖四国遭到 116 例类似措施的影响，德国 54 例，美国 61 例。

4. 国际协调

大萧条处于两次世界大战之间，世界政治格局动荡，各国政府矛盾尖锐、各自为政。危机爆发后，面临国内经济萧条和高失业率压力的各国政府相继采取货币贬值和贸易保护政策，国际经济和金融秩序陷入混乱。在这种情况下，1932 年 7 月国际联盟洛桑会议决定 1933 年 6 月在伦敦召开世界经济会议，讨论货币信贷政策、汇率稳定和贸易等问题。但由于美、英、法三国经济利益冲突，缺乏国际合作愿望和政策行动，三方货币合作失败，此次世界经济会议没有取得任何成果。随后，以英国为首的英镑区正式形成，以法国为主的黄金集团国家实施更严格的贸易保护措施，它们与美元集团之间的货币战加剧了国际金融局势动荡和国际关系紧张。直到1936年美英两国国内经济逐步恢复，特别是希特勒进军莱茵非军事区恶化了国际局势后，美、英、法才在《三方货币稳定协议》框架下实现了有限的货币合作。

本次危机爆发后，在G20领导人峰会以及IMF、世界银行、WTO、金融稳定理事会（FSB）等国际组织的协调下，各国在财政、货币、贸易、危机救助、金融监管等政策上都有比较好的协调。G20峰会在国际协调中发挥了至关重要的领导作用，具体政策协调体现在：一是全球性的联合降息行动，不仅体现出货币政策的同向性，而且调整时间非常接近，几乎同步实行；二是主要国家和地区央行为挽救金融市场和机构，联手向金融市场注入流动性资金；三是各国央行在货币互换和紧急贷款方面积极开展国际合作，特别是新兴市场国家间的货币合作有所加强；四是国际货币基金组织、世界银行等国际金融组织通过贷款安排创新、增加救援资金规模等途径实施救援，充当国际“最后贷款人”；五是反对贸易和金融保护主义，促进贸易融资发展，向国际社会发出积极信号。

（二）政策效果比较

1. 金融体系

本次危机后金融体系恢复稳定似乎要快于大萧条时期，但多数金融机构仍处在“疗伤”过程中，欧洲债务危机走向仍存在较大不确定性。

从金融机构来看，由于没有存款保险制度和“最后贷款人”，政府没有对金融机构实施救助，众多金融机构在大萧条期间倒闭，银行“挤兑”风潮此起彼伏。根据美国著名的经济史学家Eichengreen的统计，1930年1月至1933年3月，美国共有9096家银行机构倒闭，占银行总数的50%。本次危机中，存款保险制度缓解了“挤兑”的恐慌，各国政府首先重点救助问题金融机构，有效遏制了机构倒闭的“多米诺骨牌”效应，2007年12月至2009年5月美国仅有59家银行机构倒闭，占比仅为0.6%。

从金融市场来看，1929 年大萧条爆发，金融市场 1936 年才见底稳定，历时 6 年之久，道琼斯工业平均指数也只恢复到 1929 年的一半水平。并且由于政策摇摆不定，1938 年金融市场再次下挫，出现“二次探底”。本次金融危机从 2007 年开始，2009 年各主要金融市场就恢复稳定，全球股指出现了比较明显的回升，美国道琼斯工业平均股票指数、标准普尔 500 指数、纳斯达克综合指数全年涨幅分别为 18.82%、23.45% 和 43.89%；德国 DAX 指数、英国 FTSE100 指数、法国 CAC40 指数、日经 225 指数也分别上涨了 23.85%、22.07%、22.32% 和 19.04%（如图 23、图 24、图 25 所示）。

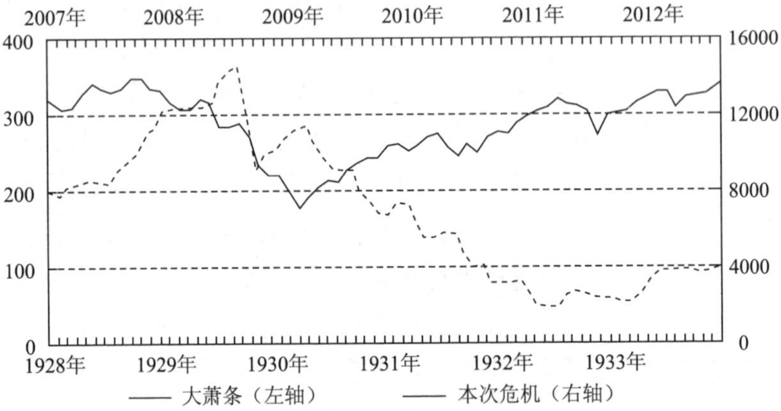

图 23　两次危机期间美国道琼斯股票指数运行情况

数据来源：NBER，CEIC。

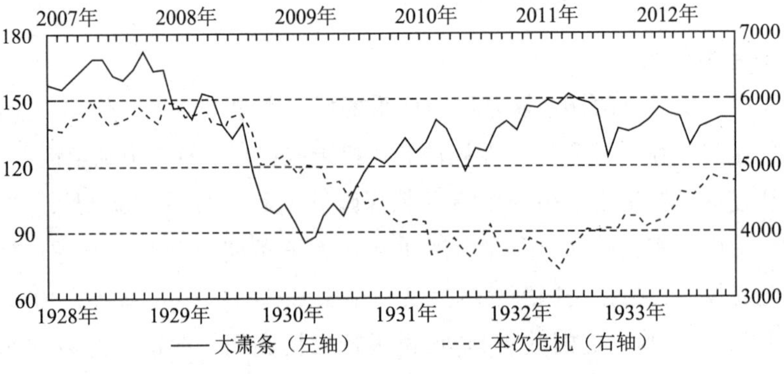

图 24　两次危机期间英国股票指数运行情况

数据来源：NBER，CEIC。

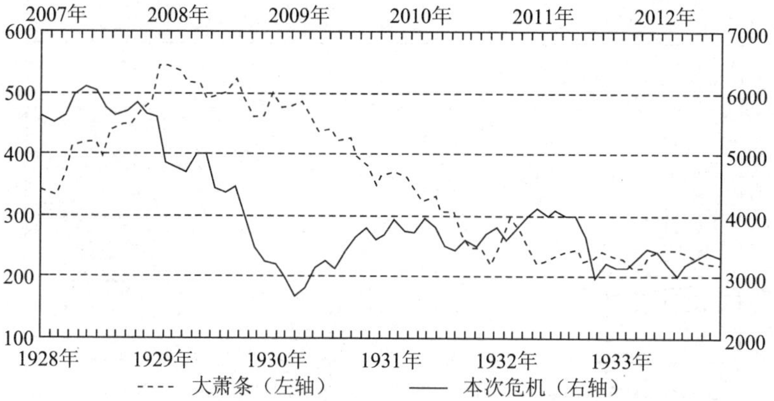

图 25 两次危机期间法国股票指数运行情况

数据来源：NBER，CEIC。

但是要清醒地看到，巨额的财政刺激和金融救助措施，使得欧、美、日等发达经济体债务攀升，欧、美主权债务危机给金融市场增加新的不稳定因素，金融市场动荡不时加剧。另外，主要发达经济体的多数金融机构仍处在去杠杆化过程中，抗冲击能力弱。全球金融市场仍然比较脆弱，而发达经济体的政策空间和手段已非常有限，若欧债危机失控和发生一些较大意外冲击，不排除金融市场像大萧条时期那样出现“二次探底”。

2. 实体经济

从整体上看，本次危机经济恢复增长快于大萧条时期，但日本、欧元区、英国出现了“二次衰退”，发达经济体结构性问题突出，经济复苏后劲不足，可能进入较长的低速增长期。一方面，发达国家失业率在危机爆发后不断攀升并长期未得到改善，抑制私人部门消费和投资的恢复（如图 26 所示）；另一方面，主权债务危机、大宗商品价格波动等不确定因素也对世界经济稳定造成较大负面影响。尽管各国通过多种手段刺激经济，但危机爆发以来，美国经济复苏缓慢，日本、英国和欧元区再次陷入衰退，新兴市场国家也出现分化（如图 27、图 28 所示）。

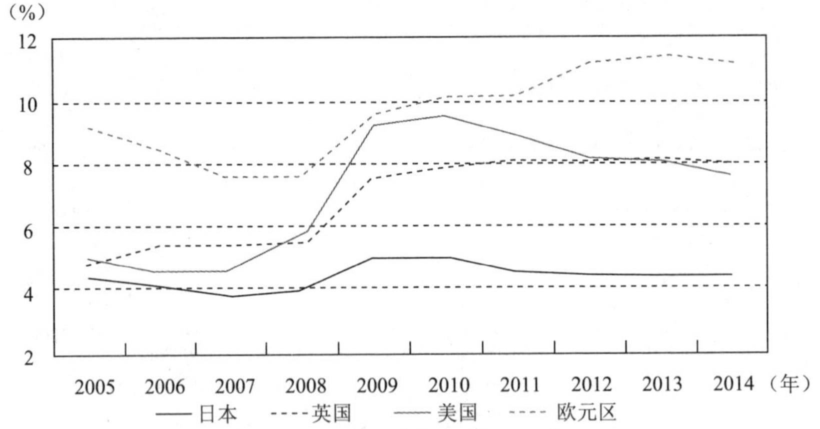

图 26　主要发达经济体失业率

数据来源：IMF（2012—2014 年为 IMF 工作人员预测），WEO 数据库。

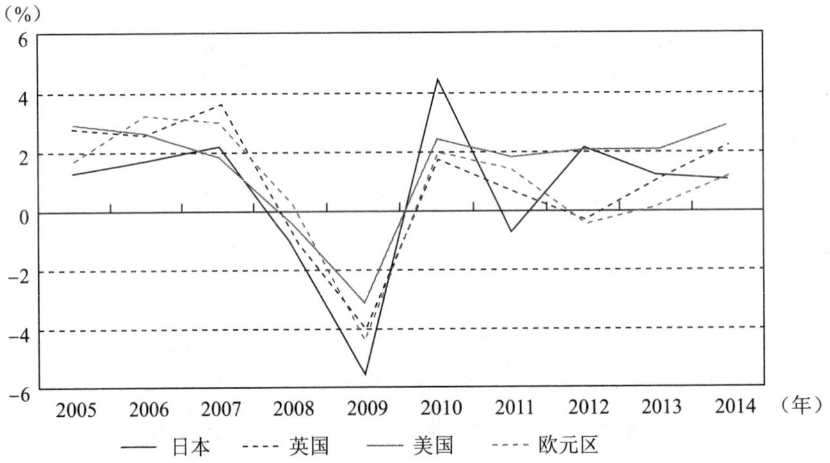

图 27　主要发达国家 GDP 增长率

数据来源：IMF（2012—2014 年为 IMF 工作人员预测），WEO 数据库。

本次危机经济恢复增长经历的时间比大萧条时期少约三年。本次危机爆发后，各国的大规模的经济刺激计划和政策措施在较短时间内遏制住经济下滑势头，多数经济体只用了一年左右的时间就恢复了增长，而大萧条爆发约四年后经济才复苏。以美国为例，大萧条 1929 年爆发，1934 年美

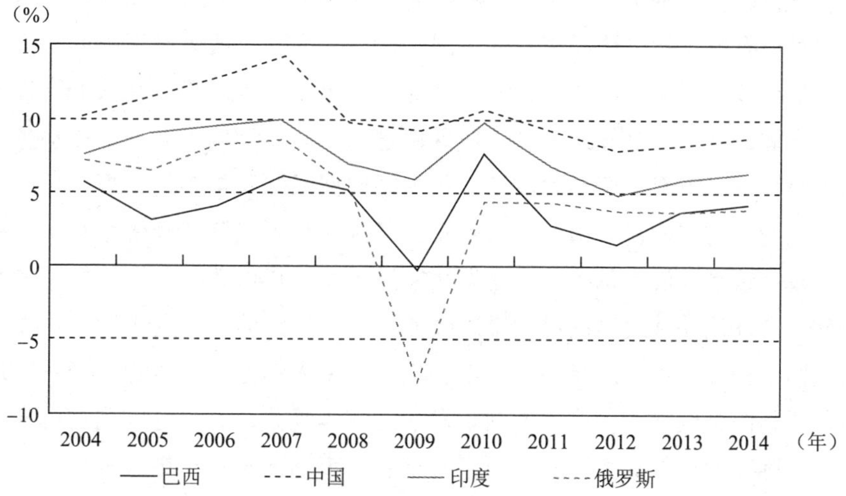

图 28 金砖国家 GDP 增长率

数据来源：IMF（2012—2014 年为 IMF 工作人员预测），WEO 数据库。

国 GDP 才开始恢复增长；而本次危机中，美国经济只在 2009 年出现了负增长，2010 年开始 GDP 增长率就由负转正。尽管 2011 年，日本 GDP 增长率再次转为负值，并且根据 IMF 的预测，欧元区和英国 GDP 也将于 2012 年出现 0.4% 左右的负增长，但总体表现已较 2009 年明显改善。

两次危机中世界经济都呈现“双轨复苏”的特征。大萧条期间，先放弃金本位制的国家先复苏，如英国等较早放弃金本位的国家于 1933 年恢复经济增长，而较晚放弃金本位的国家要晚 2 ~3 年；本次金融危机中，新兴市场国家率先复苏，而发达国家复苏较晚。2009 年发达国家 GDP 增长率仍然为负值，而新兴市场国家 GDP 增长率超过了 2%。

需要注意的是，应对本次危机带来的“后遗症”与发达经济体的结构性问题交织在一起，导致经济难以实现持续较快复苏，缓慢增长可能常态化。大萧条时期，美国过早退出了宽松的货币政策，造成经济“二次探底”。为了降低潜在的通货膨胀风险，美联储从 1936 年 8 月到 1937 年 5 月的 9 个月内连续 3 次调高法定准备金率，将法定准备金率提高了一倍。市场上流动性被急剧抽回，民众预期由通货膨胀转为通货紧缩，导致了 1937　1938 年的经济衰退。当前，尽管发达经济体政策未出现“过早退出”，但以下因素导致复苏艰难：一是发达经济体应对金融危机带来主权债务危机的“后遗症”，加剧金融市场动荡和金融体系的不稳定，使金融部门难以有效支持实体经济复苏，同时这些国家财政政策已无空间，只能指望货币政策推动经济复苏，但从目前看量化宽松货币政策并未能有效地刺激实体经济；二是发达经济体债务率过高、产业结构不合理、劳动生产率国际竞争力下降、劳动力市场僵化等结构性问题积重难返，短期难以解决，制约总需求的自主增长；三是发达经济体尚未找到新经济增长点，经济实现持续复苏没有基础；四是发达经济体宽松货币政策预计将维持较长时间，全球流动性过多的局面难以改变，新兴经济体和发展中国家可能将持续面临跨境资本无序流动的冲击和本币汇率大幅波动的压力，经济实现稳定增长的难度加大，这也不利于发达经济体复苏；五是各方利益诉求分化，国际协调难度加大，发达国家要求新兴市场国家承担更大责任，并出台各种措施保护本国贸易，G20 机制面临考验，国际经济秩序不稳定可能给复苏带来不利影响。在上述因素的综合作用下，全球经济难以依靠新兴经济体实现增长，可能进入低速增长期。

四、危机对金融改革影响的比较

（一）对国际金融体系和治理改革的影响

1. 国际货币体系

金本位在大萧条期间瓦解，布雷顿森林体系建立。大萧条及随后爆发的“二战”推动了国际货币体系的改革和重建，大国综合实力的对比在很大程度上决定了改革的取向。“二战”后确立的新国际货币体系——布雷顿森林体系，由于美国政治、经济、军事等综合实力远超过英国，美元取代英镑成为国际货币体系的核心，“美元与黄金挂钩、其他货币与美元挂钩”的双挂钩体系建立，美元霸权确立。

本次危机引发对当前国际货币体系的反思，国际社会对美元的信心下降。由于本次危机后，全球综合实力对比并未发生根本性变化，虽然美元信心受到冲击，但尚没有哪国货币能与美元匹敌，目前对国际货币体系的改革还仅限于讨论，虽然多数国家认为应改革现有国际货币体系、提升新兴经济体的地位，要求储备货币多元化的呼声也高涨，但美元主导地位短期不会改变，国际货币体系改革道路漫长且存在较多不确定性。

2. 国际经济治理

“二战”后，在布雷顿森林体系下，产生了三大国际机构——国际复兴开发银行（世界银行的前身）、国际货币基金组织及关贸总协定（GATT，世界贸易组织的前身），成为了国际经济治理的三大支柱，由欧美主导。此后成立的G7在国际经济治理中发挥领导作用。

本次危机爆发后，国际社会认为G7以及IMF等“布雷顿森林组织”已不适应当前的国际经济格局，国际经济治理急需改革。G20领导人峰会应运而生，取代G7在国际经济治理改革中发挥主导作用，新兴市场国家在国际金融组织的发言权和代表性有所提升，但欧美主导的格局没有改变。

本次危机后，国际货币基金组织的改革主要涉及治理结构、监督和危机救助职能等方面，以提高其代表性、合法性和有效性，更好实现维护全球经济金融稳定的宗旨。一是通过了关于份额和治理改革的决议，发达国家向新兴市场和发展中国家转移了6个百分点的份额，欧洲国家让出两个执董会席位，其中，我国份额排名上升至第三位。二是完善了监督职能，加强了对金融部门和溢出风险的监督。三是提高危机救助能力和贷款工具，创建了灵活信贷额度和预防性信贷额度两项贷款工具，并将新借款安排的规模扩大至近6000亿美元。

在此同时，为改革国际金融监管体制、重建全球金融体系、防止危机蔓延及重现，各国领导人决定将金融稳定论坛扩员至G20成员国，并改组为金融稳定理事会（FSB），FSB成为化解金融风险、促进金融监管及相关政策的制定与执行的重要国际机构，是二十国集团领导人倚重和国际公认的推动全球金融标准制定与执行的核心机构。

3. 国际收支调节

大萧条后建立的布雷顿森林体系下，国际收支调节主要通过IMF实现。如果会员国出现国际收支逆差，可向国际货币基金组织申请贷款来进行调节，但贷款是有条件的，贷款的资金来源是会员国向国际货币基金组织交纳的份额，贷款的数量也与份额的大小有联系。出现国际收支不平衡时，经IMF批准还可以进行汇率调整，而不必紧缩或膨胀国内经济。

本次危机前后，以贸易失衡为代表的全球失衡是世界经济体系的重要特征之一，通过汇率的浮动和调整难以实现全球经济再平衡。目前，相关国家和国际组织在G20的“强劲、均衡、可持续增长”框架下研究制定“一揽子参考性指南”，督促各主要国家加快结构调整，恢复经济再平衡。衡量失衡的指标包括衡量内部失衡的财政赤字和公共债务、私人储蓄率和私人债务指标，以及衡量外部失衡的贸易账户、净投资收益与转移账户指标。上述指标的量化标准通过采用结构法以及时间序列、分组、分位数等统计法测算得出，通过与2013—2015年的预测平均值进行比较，用来甄别存在过度失衡的国家，并就失衡的本质和原因进行深入评估。

（二）对货币政策的影响

两次危机后，货币政策理念均有一定变化。大萧条引发了人们对市场全能观点的反思，诞生了凯恩斯主义，为货币政策成为需求管理的主要工具奠定了理论基础。凯恩斯理论认为政府可以通过相机抉择的财政和货币政策对宏观经济进行调控，弥补市场失灵。同时，大萧条也加快了主要经济体摆脱金本位、通过调控信用货币来刺激经济增长的步伐，从而产生了真正意义上的现代货币政策。

本次危机对货币政策框架的影响主要体现在对规则性的货币政策以及金融宏观调控框架的反思方面。本次金融危机后，各方面开始意识到基于规则的单一目标（CPI 稳定）和单一工具（短期利率）的货币政策框架存在的问题。认为需要进一步完善货币政策目标和手段，在考虑货币信贷总量及 CPI 变动的同时，有必要更加关注整体价格水平稳定，考虑更为长期、更为广泛的金融稳定和宏观总量风险问题。同时，也要进一步完善金融宏观调控框架，加强宏观审慎政策框架的构建，以弥补现有货币政策和微观审慎监管之间的政策管理空白，更好地促进金融稳定和经济发展。

从货币政策框架的演进历史来看，货币政策框架呈现螺旋式上升的趋势。大萧条后，货币政策更加强调灵活性和相机抉择，更多被赋予追求多元目标的职责，相应也强调运用多元化的手段来实现这些目标。20 世纪 80 年代以来，货币政策开始向透明性和规则性发展，将稳定物价作为单一和明确目标的理念得到强化，货币政策工具也逐步集中到对政策利率的调控上。而本次危机后，各方面认为货币政策应更具弹性，在维护物价稳定的同时，更多关注金融稳定，并通过实施宏观审慎政策等丰富和补充金融宏观调控的工具和手段。

两次危机后，中央银行的调控工具都得到了丰富。大萧条前的股市泡沫调控中，美联储对抑制股市投机感到力不从心，这促使了新的货币政策调控工具的诞生。《1934 年证券交易法》和《1935 年银行法》赋予联储两项永久权力：证券交易保证金要求的控制权，以及提高或降低成员银行的准备金要求的权力，可使准备要求在 1933 年之前的法定水平和两倍于这一水平的区间里变动。

本次危机应对中，各央行创造性地使用了多种非常规的货币政策工具，对于及时稳定金融市场起到了积极作用。危机后，构建逆周期的宏观审慎管理框架的要求在客观上创新了货币政策工具，丰富了调控手段。近年来，一些中央银行已使用一些宏观审慎工具进行逆周期调控并防范系统性风险，作为货币政策的补充，例如对贷款价值比设定上限、评估借款人债务偿还能力、限制贷款集中度以及实施动态拨备等；有关国际组织积极尝试设计宏观审慎政策工具，包括建立逆周期资本缓冲、实施更具前瞻性的信贷损失拨备、引入杠杆率、提高金融体系内对手方风险敞口的资本要求以及对系统重要性金融机构实施更高的资本要求，并对国际活跃银行实行新的最低流动性标准等。

（三）对金融监管改革的影响

大萧条导致了美国金融监管体制的重大变革，分业经营、分业监管的模式确立。1933 年颁布的《格拉斯—斯蒂格尔法案》建立了联邦存款保险制度，并将商业银行业务和投资银行业务严格分离，确立了金融体系分业经营和分业监管的模式。1933 年颁布的《证券法》对信息披露的完全性和公平性做出了明确规定，防止证券发行中的欺诈行为。以上法案对美国当时的金融监管体制进行了改革，确立了以后半个多世纪金融体系发展与变革的框架和基础。

本次危机极大地推动了全球金融监管改革与合作。针对危机暴露出的金融监管框架存在的弊端和缺陷，二十国集团（G20）、金融稳定理事会（FSB）、巴塞尔银行监管委员会（BCBS）、国际证监会组织（IOSCO）、国际保险监督官协会（IAIS）、国际存款保险协会（IADI）等国际组织和标准制定机构以及主要发达经济体相继提出金融监管改革的建议和方案。此轮国际金融监管改革突破了原有的监管制度框架，全面反思现有的监管理念，调整了金融监管目标，注重防范系统性风险，扩大了监管范围，加强了跨境监管合作，旨在构建更加完善的金融监管体系。

本次危机凸显出加强系统性金融风险监管的重要性，央行在金融系统性风险监管的地位增强。发达国家纷纷推出提升央行金融监管职能的措施。美国扩大美联储监管权限，授权监管大型复杂的金融企业、国内大型对冲基金和私募基金等机构，并负责制定金融企业的薪金规则，抑制金融企业管理层对高风险经营活动的过度追求。另外在美联储内部成立金融消费者保护局，切实保护金融消费者的利益。欧洲建立了欧洲系统性风险管理委员会（ESRB），由欧央行负责日常运作，欧央行行长任主席，监测和预防欧盟金融市场的系统性风险。英国公布《金融监管的新方法：判断、关注和稳定》，对英格兰银行、财政部和金融服务局构成的三方金融监管体制进行了根本性改革，确立了英格兰银行全面负责宏观审慎管理和微观审慎监管的地位。

在加强系统重要性金融机构监管方面，国际货币基金组织（IMF）、国际清算银行（BIS）和FSB共同制定《系统重要性金融机构、市场和工具的评估指引》，提出从规模、关联性和可替代性三方面评估金融机构、市场和工具的系统重要性。BCBS成立宏观审慎工作组，研究定量指标和定性判断相结合的系统重要性银行评估方法，建立针对系统重要性银行的额外资本和流动性要求。

在强化存款保险制度方面，IADI与BCBS在总结各国存款保险制度应对金融危机经验的基础上联合发布了《有效存款保险体系核心原则》，提出建立有效存款保险制度的18条原则，明确存款保险制度的政策目标，强调通过合理的制度设计减少道德风险，并提出存款保险机构应参与对有问题银行的早期监测、及时干预和处置。

（四）对外汇管制的影响

大萧条时期，为避免黄金流失，包括美国、德国、日本、西班牙、意大利在内的许多国家采取了外汇管制措施，限制本国黄金流出。布雷顿森林体系建立后，国际货币基金组织提倡各国取消经常项目下的外汇管制，同时对资本项目下的外汇管制也持负面态度。

本次危机中，跨境资本流动成为危机传播的途径之一，许多发展中国家的实体经济受到了资本撤离的冲击（如图29所示）。在经济率先复苏后，资本流入激增又给新兴市场经济带来严峻挑战，许多国家采取了临时性的资本管制措施以应对资产价格泡沫和通货膨胀高企的风险。在这种背景下，以IMF为代表的国际社会对资本管制的传统看法也有所改变，认可新兴市场国家通过管制措施管理激增的资本流动，但也指出，在采取资本管制前，各国应优先对宏观经济和汇率政策进行调整。

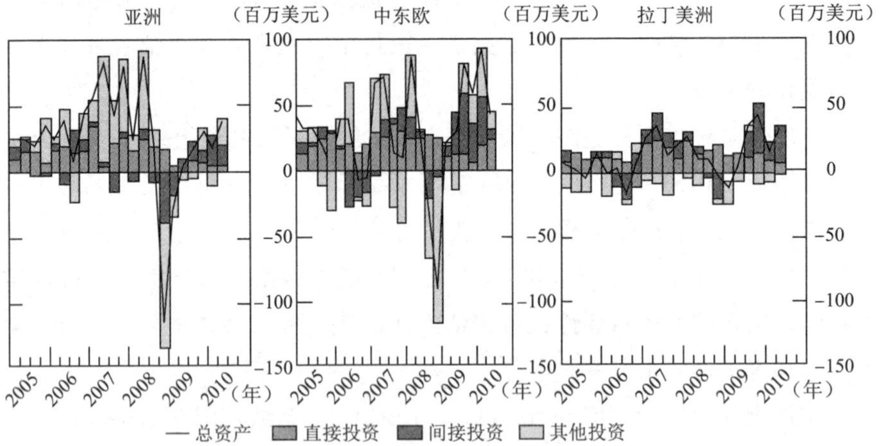

图 29　流入新兴市场国家的净资本

数据来源：CEIC，IMF，各国官方。

五、几点启示

（一）妥善处理金融与实体经济的关系

一方面，经济决定金融，实体经济发展水平和质量从根本上决定着金融发展水平和质量，实体经济发展不好，风险最终会集中反映在金融体系中。两次危机爆发前，实体经济都存在较严重的结构性问题，最终实体经济的风险转变成了金融部门的风险。因此，要想从根本上防范和化解金融风险，必须保证经济结构健康合理，增长方式可持续。

另一方面，金融反作用于经济，金融的健康发展可以促进经济增长，但如果金融部门存在缺陷，金融发展严重脱离实体经济，则会加大经济运行风险，甚至以爆发金融危机的形式重创实体经济。大萧条和本次危机都发源于资产泡沫，货币信贷过度扩张导致股市、房市泡沫，金融运行脱离了实体经济，最终导致危机并蔓延至实体经济。金融脱离实体经济的“自循环”运行必然导致巨大的金融风险，金融改革和金融市场发展应当以服务实体经济为宗旨，特别要关注货币信贷增长与资产价格过快上涨之间的关系，切实防范资产泡沫。

总之，要协调好经济增长与金融改革发展、经济增长与金融风险防范的关系。为保证经济的平稳运行和可持续发展，一方面要不断提高金融市场发展的活力和动力，另一方面也要避免金融脱离实体经济的过快发展带来过高风险，冲击实体经济。在两次危机爆发前，美国的金融市场都存在发展过快而监管能力和手段相对滞后的问题，最终导致系统性风险不断累积。这就要求处理好金融发展和金融监管的关系，金融监管必须与时俱进，关注金融创新和监管领域出现的空白，保证监管资源的充足和监管手段的灵活，防止缺乏监管的过度炒作和投机。

（二）重视和发挥中央银行和货币政策在防范系统性金融风险中的重要作用

两次危机救助及其效果的比较说明，在现代经济金融发展中，货币政策、金融稳定和金融监管之间的关系进一步深化，中央银行在防范和化解系统性风险中应当发挥重要作用。本次危机前，主要中央银行政策目标紧盯价格稳定，一定程度上忽视了金融体系稳定，政策手段上也比较单一，难以兼顾价格稳定和金融市场稳定，在货币政策和微观审慎监管之间存在政策管理上的空白。宏观审慎政策采取宏观的、逆周期的视角，并以防范系统性风险为主要目标，是弥补现有货币政策框架和微观审慎监管空白的一个重要方向，也是对金融宏观调控手段的重要补充和完善。

（三）经济结构失衡将导致经济发展不可持续，最终可能引致经济金融危机

两次危机虽然都爆发于金融领域，但从本质上看，金融领域的扭曲在很大程度上反映了实体经济的结构性失衡，包括过度负债、过度消费、劳动生产率下降等。实体经济的失衡将导致金融领域的资源错配和金融风险的过度累积，而当实体经济的失衡无法持续时，必然会爆发金融危机。美联储“后萧条”时期的货币政策实践说明，货币政策在短期内能够对实体经济起到刺激的作用，但如果经济结构性问题未解决，需求持续增长会缺乏动力，货币政策刺激下的需求恢复将显得非常脆弱和不可持续。

（四）存款保险制度和最后贷款人制度有助于缓解危机冲击

本次危机与大萧条的区别之一是，此次危机爆发前，大部分国家已经建立了存款保险制度。实际情况也说明，美国等存款保险制度较完善的国家，单家银行倒闭的传染效应较低。本次危机中，主要发达国家中央银行纷纷突破最后贷款人职能的传统范围。主要表现在，增加救助机构类型，拓宽抵押品范围，而且还通过融资便利帮助企业融资，甚至直接购买政府债券。从这个意义上说，中央银行不仅充当了最后贷款人，有时候还直接向经济实体融资、直接购买政府债券，以国家信用取代市场信用，成为“唯一的贷款人”，这也是本次危机中金融市场较快稳定的原因之一。

（五）新兴经济体必须防范当前国际货币体系的负面效应，提升政策空间和自主性

随着世界经济一体化程度加深，各国货币和金融政策的相互影响和制约程度不断加深，难以在世界性的经济金融危机中“独善其身”。特别是在当前国际货币体系下，新兴经济体货币政策独立性受影响。在“中心—外围”的国际货币体系下，“中心国”——美国为首的发达经济体量化宽松货币政策将持续较长一段时间，进一步提供流动性，导致全球流动性“结构性”膨胀，特别是大宗商品价格上涨，这无疑会加大相关国家“输入型”通胀的压力，强化其国内的通胀预期。同时，“外围国”——新兴经济体资本流入的趋势还将持续，这会增加流动性，带来通胀压力，并可能推升资产价格，形成资产泡沫。重要的是，这将挤压新兴经济体货币政策的操作空间，影响政策独立性。

（六）国际货币体系变革是一个长期过程，大国综合实力对比起决定性作用

国际货币体系的重建，根本上取决于大国经济、政治、军事等综合实力对比的变化。由于转换成本巨大，国际货币体系结构的变迁通常滞后于大国综合实力的变迁，是一个长期、渐进、增量式变化的调整过程。比如美元取代英镑成为国际货币体系的核心货币，用了几乎一个世纪的时间，而美国综合实力早在此前几十年就已超过英国。同时，在大变迁的过程当中，核心货币国家卷入世界性战争，或者是长期实施以自我为中心的财政与货币政策，通常使其他外围国家最终决定脱离其货币体系，成为引发货币体系变革的触发点。

六、 政策建议

（一）完善金融宏观调控体系，促进经济平稳较快发展

1. 构建逆周期的宏观审慎管理框架

两次危机说明，宏观管理政策体系在维护金融稳定、防范系统性风险方面应发挥重要作用。构建宏观审慎政策框架，加强货币政策与宏观审慎政策之间的有效协调和配合，是反思本次危机教训、进一步完善金融宏观调控体系最为重要的内容。危机前，在货币政策和微观审慎监管之间存在政策管理上的空白，中央银行的目标和手段受到限制，难以兼顾价格稳定和金融市场稳定；金融监管的核心是微观审慎监管，主要关注个体机构的稳健和合规，可能产生宏观上的顺周期性甚至系统性风险。宏观审慎政策采取宏观的、逆周期的视角，是弥补现有货币政策框架和微观审慎监管空白的一个重要方向，也是对金融宏观调控手段的重要补充和完善。2011 年中国人民银行开始探索运用差别准备金动态调整制度，通过把信贷增长与逆周期资本要求联系起来，体现了加强宏观审慎管理的政策意图。未来应进一步建立和完善宏观审慎管理和微观审慎监管协调配合、互为补充的体制机制，发挥中央银行在加强逆周期宏观审慎管理中的主导作用，加强中央银行与监管部门的信息交流和共享机制。

2. 优化货币政策目标体系

无论是在大萧条时期还是本次国际金融危机时期，在资产泡沫的初期，中央银行都没有及时应对。大萧条时期，美联储在经济稳定增长的目标下，对股市初期的泡沫没有采取措施；而在本次危机发生前，美联储等中央银行的货币政策目标只集中控制一般意义上的通货膨胀，而没有充分意识到资产价格的危害。两次危机的教训告诉我们，应该对传统的货币政策目标进行审视。中央银行除了要控制一般意义上的通货膨胀，还应扩展

货币政策调控视野，关注资产价格膨胀、资本流动、影子银行衍生的流动性等因素对传统货币政策目标的潜在影响，以适应金融市场结构的发展变化。

3. **完善货币政策传导机制**

无论是在正常经济环境下，还是在危机时期，只有当中央银行货币政策得到充分有效的传导，政策意图作用于金融系统和实体经济的路径才会通畅，才能实现微观利益与宏观、整体利益的相互协调。当前完善货币政策传导机制的首要任务是完善信贷传导渠道。同时，应增强中央银行货币政策操作的连续性、前瞻性和稳定性。推进利率市场化的改革，使利率真正反映资金供求价格，实现金融机构存贷款利率由市场决定的市场利率体系及形成机制。

4. **促进国际收支基本平衡**

本次危机爆发前，在全球失衡的大背景下，我国的贸易顺差不断扩大（如图 30 所示），外汇储备的快速增长在一定程度上制约了我国的货币政策。调整经济结构，实现国际收支基本均衡，既有利于提高我国货币政策的自主

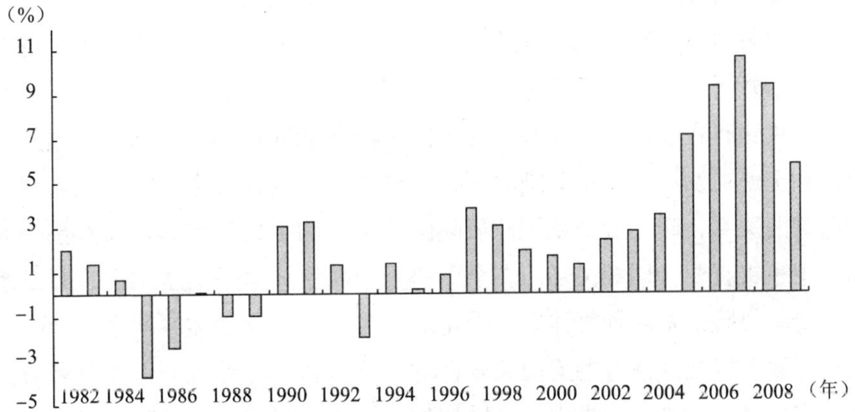

图 30 中国经常项目顺差占 GDP 之比

数据来源：根据 CEIC 数据整理。

性和有效性、实现经济的健康可持续发展，也有助于缓解我国在 G20 等国际平台面临的外部压力。下一步，应按照我国“十二五”规划的部署，继续加大结构性政策调整力度，全面改进和落实扩大消费的政策，促进经济增长由主要依靠投资和出口拉动向消费、投资和出口、内需和外需协调拉动转变。

同时，进一步完善人民币汇率形成机制，发挥市场供求在汇率形成中的基础作用，参考一篮子货币进行调节，增强汇率弹性，保持人民币汇率在合理均衡水平上的基本稳定。在风险可控的前提下，有序拓宽对外投资渠道，完善资本流出入均衡管理，逐步实现资本项目可兑换。

（二）完善金融安全网，防范系统性金融风险

1. 完善对系统重要性金融机构的监管制度

本次危机期间，系统重要性金融机构在风险传导中发挥了关键作用。近年来，我国金融机构规模迅速扩大，金融体系内不同行业的关联性不断提高，大型商业银行、保险公司以及组织复杂、业务多元的金融控股公司的系统重要性特征日益突出。应明确系统重要性金融机构认定标准和方法，健全系统重要性金融机构的监管制度，在额外资本要求、杠杆率、流动性、大额风险暴露和风险拨备等方面建立更严格的监管要求和标准，建立有序的风险处置和清算安排，强化股东和债权人的风险承担责任，从事前预防和事后处置两方面防范系统重要性金融机构的风险。

2. 完善中央银行的系统性风险管理和最后贷款人职能

本次危机后，部分国家和地区的金融监管改革重新强调了现代经济金融发展中货币政策、金融稳定和金融监管之间关系的深化和协调统一，突出了中央银行在防范和化解系统性风险中的职能和作用。目前，我国金融改革和金融业发展正处于关键时期，更要处理好金融稳定与货币政策和金融监管的关系，建立健全系统性风险防范预警和处置机制。在风险预警方面，中央银行要会同相关部门在全面提升金融统计水平的基础上，开发系统性金融风险识别和预警体系，强化对宏观经济与金融体系联系、金融体系内部联系以及经济金融跨国关联性的监测分析。在处置方面，可参考其他国家的经验，丰富中央银行最后贷款人职能，完善金融风险处置中的成本分担机制，保持中央银行资产负债表的健康性。

3. 加快建立存款保险制度

两次危机的经验表明，设计良好的存款保险制度可以增强市场信心，减少挤兑和银行危机的相互传染，降低系统性风险发生的可能性。目前，在我国显性存款保险制度缺失的情况下，存在依赖政府和国家信用的道德风险。应尽快建立功能完善、权责统一、运行有效的存款保险制度，并赋

予其补充监管、早期干预和纠正、风险处置和救助等多项职能，在保护存款人利益、维护公众信心和金融稳定、完善市场化的金融机构退出机制等方面发挥积极作用。

4. 加强金融消费者保护

金融危机不仅令各国的金融机构遭受重创，也令从事各类金融消费的社会公众损失惨重。本次教训表明，消费者保护与金融监管职能集于一体，可能导致监管目标冲突。我国要从体制机制上处理好行业发展、金融监管与消费者保护之间的关系，避免为促进行业发展而偏离对消费者的保护。在金融消费者保护的具体措施方面，金融机构应认真评估消费者风险偏好、风险认知和承受能力，强化金融产品信息披露和风险揭示，提高金融产品的透明度，加强金融消费者风险教育，杜绝销售误导，公平保护金融消费者。

（三）深度参与国际金融治理改革，提升我国在国际金融体系中的地位

1. 加强我国与新兴市场和发展中国家的合作，推动国际金融组织改革

长期以来，作为最重要的国际金融组织，IMF 和世界银行均由欧美控制。特别是，美国在 IMF 中具有一票否决权，而 IMF 的总裁历来均由欧洲人担任。虽然金融危机后，新兴市场国家在国际金融组织的发言权和代表性有所提升，但与其经济实力仍不相称（如表 7 所示）。下一步，我国应当加强与新兴市场和发展中国家的金融合作，推动国际金融组织改革，从治理结构、人员选派、资本构成、决策过程等方面提升国际组织的公平性，提高国际金融组织对新兴市场和发展中国家的代表性。

表 7　主要发展中国家在 IMF、世界银行投票权占比　%

国家	IMF 份额占比（改革完成后）	IMF 投票权占比（改革完成后）	世行投票权占比（改革完成后）	2010 年 GDP 占比（购买力平价）
中　国	6.39	6.07	4.42	13.56
俄罗斯	2.73	2.59	2.77	3.00
印　度	2.75	2.63	2.91	5.43
巴　西	2.32	2.22	2.24	2.93

续表

国家	IMF 份额占比（改革完成后）	IMF 投票权占比（改革完成后）	世行投票权占比（改革完成后）	2010 年 GDP 占比（购买力平价）
南　非	0.64	0.634	0.76	0.71
合　计	14.83	14.14	13.1	25.62

数据来源：国际货币基金组织和世界银行网站。

2. 完善国际货币体系改革，促进国际货币体系多元化

本次危机暴露了当前货币体系的不稳定性，但也说明美元的国际货币中心地位仍不可能在短期内发生根本性变化。因此，维护美元稳定对于当前全球经济、金融稳定仍至关重要。不过，未来应提高包括新兴市场国家货币在内的其他货币在国际储备货币中的比重，提高国际货币的竞争程度。健全储备货币发行调控机制，保持主要储备货币汇率相对稳定，促进国际货币体系多元化、合理化。

3. 积极参与国际合作，深度参与国际标准制订

国际监管合作和国际标准的趋同对我国具有利弊两方面的影响。我国应积极参与，同时在具体规则的实施和采纳中，根据所涉及的领域和实际情况进行谨慎的分析。国际监管合作和监管、会计和审计标准的统一是大势所趋，随着我国对外开放程度的不断扩大，我国的金融机构和企业也将受到更国际化的监管和标准要求。应及时跟踪并评估国际准则统一的进展，分析其对我国的影响，并适时采纳对我国经济体系适用的国际准则，以便于我国金融机构和企业"走出去"，并提高世界对我国经济和金融市场的认同度。

第四篇

从金融监管视角看两次危机[①]

① 本研究由中国银监会课题组承担。课题组组长刘春航，副组长张晓朴，成员虞云、陈璐、熊利平、蔡幸、刘丽娜、赵玥芃。

每次金融危机的背后都少不了金融监管失效的影子。1929 年的美国"大萧条"和2008 年发端于美国的"国际金融危机"是西方经济金融史中极其惨烈的两次灾难。两次危机中，金融机构大规模破产，金融体系几近崩溃，全球经济都陷入深度衰退，失业率大幅攀升，教训惨痛而深刻。本篇主要基于金融监管以及金融体系视角，对两次危机的金融体系、演变机制、危机原因、政策应对等进行了较为系统的比较分析，除非不得已本文将尽量不涉及宏观经济、货币、财政、贸易等方面内容，很显然这些因素对理解两次危机同样重要甚或更加重要。

尽管两次危机前后相距80 年，但两次危机发生的根本原因惊人相似，甚至连应对措施也十分相近。本篇研究显示，危机的爆发都是由于金融体系的脆弱性积聚到一定程度所致，归根结底都是因为金融体系的脆弱性超过了其微观和宏观层面的风险管理能力。在市场失灵时，金融监管应该担当起责任，前瞻性地予以纠正。

一、 金融体系和危机演变机制比较

与20 世纪30 年代的大萧条相比，本次金融危机所处的政治、经济背景和技术环境（尤其是信息技术）都有所不同，这些深层次的因素无疑会对危机施加不同影响。与此同时，两次危机产生的背景也有很多相似之处。与许多人宣称当前经济全球化程度更高的偏见不同，国际经济金融在两次危机期间都紧密相连①，两次危机前夕都伴随着较长时期的经济金融繁荣，危机都源起于第一经济强国的美国等。本文重点从金融体系角度比较了两次危机发生的背景和演变机理。

① Bordo 和 Murshid（2001）的分析认为，没有证据表明现代金融危机之后的跨国联系比大萧条时期，甚至1880—1913 年的跨国联系更紧密。

（一）金融体系比较

1. 金融结构

虽然20世纪30年代大萧条和本次危机爆发时美国都是以市场为主导的金融体系，但是近30年美国的金融创新层出不穷，多样化的证券化资产、金融期货期权以及其他衍生产品迅速发展，进一步强化了金融系统的市场导向（Allen & Gale，2000）。从金融机构资产份额的角度来看，商业银行地位的弱化更趋明显（如图1所示）。1929年，存款类机构①资产占全部金融中介的56.9%，保险和养老机构②资产占全部金融中介的30.3%，其他金融机构③资产占全部金融中介的12.8%。2007年第二季度末，存款类金融机构资产占比不到1/4，金融体系内的大量资产被非银行金融机构所有。

值得指出的是，美国20世纪80年代后资产证券化市场快速发展，并导致了“发起—分销”（OTD，Originate To Distribute）模式的盛行，金融机构从传统的“发起—持有”转变为“发起—分销”，将贷款“证券化”，打包上市，卖给投资者，从而赚取手续费。美国次贷危机充分暴露了新模式在激励、透明度、风险管理等方面的内在缺陷（刘春航，2011）。“发起—分销”模式下，市场参与者众多、风险交易链条拉长、风险持有期限缩短、委托代理关系复杂等特征，导致了发起方、组织方、管理方、担保方、分销方、信用评级机构、投资者等严重的风险漠视和激励失当（Incentive Misalignment）问题。金融机构、市场参与者和监管当局对“发

---

① 包括商业银行（Commercial Banking）、储蓄机构（Savings Institutions）以及信用社（Credit Unions）。

② 包括财产保险公司（Property – Casualty Insurance Companies）、人寿保险公司（Life Insurance Companies）、私人养老金（Private Pension Funds）、地方政府员工退休基金（State and Local Government Employee Retirement Funds）以及联邦政府退休基金（Federal Government Retirement Funds）。

③ 包括货币市场共同基金（Money Market Mutual Funds）、共同基金（Mutual Funds）、封闭式和交易所挂牌基金（Closed – End and Exchange – Traded Funds）、政府资助企业（Government – Sponsored Enterprises，GSE，主要是包括“两房”在内的为特定对象提供金融支持的机构）、机构或GSE支持的抵押资产池（Agency – and GSE – backed Mortgage Pools）、资产支持证券发行者（Issuers of Asset – Backed Securities）、财务公司（Finance Companies）、房地产信托投资公司（Real Estate Investment Trusts）、证券经纪商（Security Brokers and Dealers）以及融资公司（Funding Corporations）（注：1929年的金融机构种类少于上述列举的种类）。

起—分销”模式给风险管理和监管带来的挑战，缺乏充分的认识和应对。在一定程度上可以说，2008 年美国的金融危机是“发起—分销”模式的危机，在这种模式下商业银行的资产和负债都与资本市场相互依存，从而导致美国的次贷危机从资本市场危机演变为商业银行危机和金融危机。

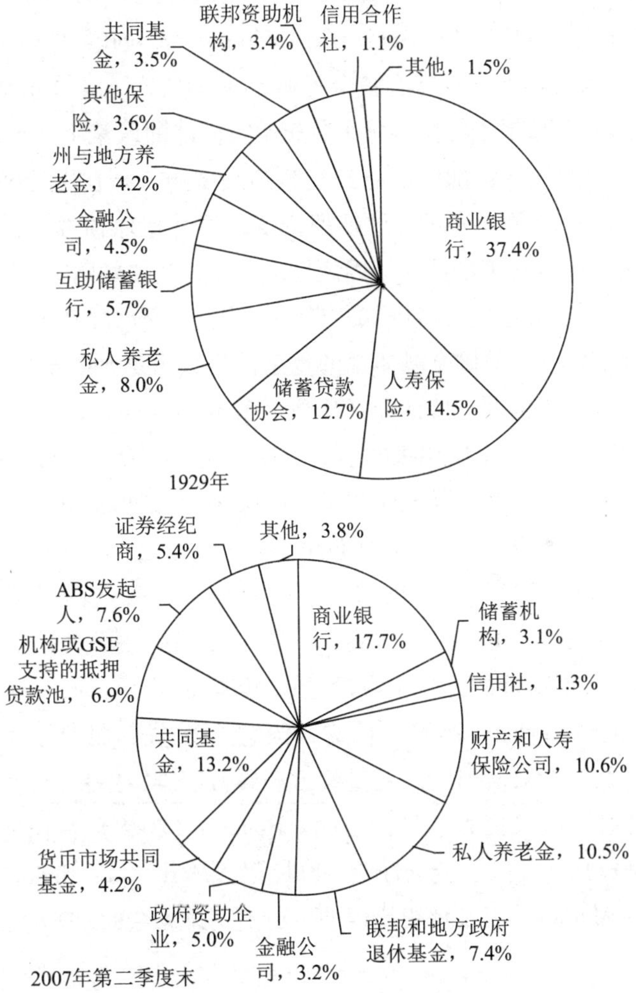

图 1　两次危机期间美国金融中介的资产份额

数据来源：Raymond W. Goldsmith，“Financial Intermediaries in the American Economy since 1900”，U. S. Bureau of the Census，Historical Statistics of the United States，Colonial Times to 1970 and Flow of Funds Accounts of U. S. 。

2. 金融机构的规模和复杂程度

大萧条时期美国金融机构的规模普遍较小，业务模式也相对简单。相比之下，本次危机中金融机构的规模和复杂程度都大幅增加，金融机构已经“大而不能管”（Too Big to Manage）。1996—2006 年，全球金融行业的并购总规模增长超过 11 倍，从 790 亿美元增长到 9020 亿美元（IMF，2007）。根据美国 FCIC（Financial Crises Inquiry Report）报告①，2005 年，美国 10 家最大的商业银行持有整个行业 55% 的资产，这一水平是 1990 年的两倍以上。FCIC 报告特别揭示了花旗银行内部的政策不一致性，2005—2007 年，其资产证券化部门注意到贷款违约率由 2% 上升至 6% 后，减少了贷款购买，并选择购买高质量抵押贷款；但其担保债券部门（the CDO Desk）却错误地认为市场低迷，因此增加了抵押贷款的购买。FCIC 报告认为，很显然，花旗内部不同部门的有效沟通已经十分欠缺。

除了规模以外，美国金融体系的复杂性也大大增加。金融机构将数千笔抵押贷款打包成抵押支持证券（MBS，Mortgage Backed Securities），然后将上百支 MBS 合成为不同层级的债务担保凭证（CDOs，Collateral Debt Obligations），在此基础上又开发了以 CDOs 层级为抵押的 $CDOs^2$，以及包含信用违约互换（CDS，Credit Default Swap）的合成 CDOs（Syndicated CDOs）（Crotty，2009）。危机前夕，这些复杂金融产品呈爆炸式增长，2008 年第一季度，MBS 余额达到 7.4 万亿美元，是 2001 年的两倍多；2006 年、2007 年发行的 CDOs 均超过了 5000 亿美元，而 2004 年还只有 1570 亿美元。② Taylor（2009）认为，当包含次贷的抵押贷款被包装成 MBS 时，评级机构对其风险的度量就已经异常困难，不良抵押贷款到底由哪家银行持有已经没有人能说清道明。Roubini（2008）在描述 CDO 产品时，称其是疯狂、复杂、流动性差、盯模型（Mark - to - Model）而非盯市（Mark - to - Market）以及评级错误的，更不用说复杂的 $CDOs^2$ 及其他衍生品了。

在这种规模扩张和创造“复杂性”的过程中，由于在关键领域的过度集中、不同产品和不同交易之间的关联度增加，金融体系内的相互依存度

---

① 由美国金融危机调查委员会（Financial Crises Inquiry Commission）于 2011 年 1 月 27 日发布。

② 数据来源于 SIFMA 网站。

相应上升，其脆弱性也迅速增加（刘春航，2011）。

3. **风险评估计量**

虽然风险管理的历史由来已久，但 McNeil、Frey 和 Embrechts（2005）在对量化风险管理方法的历史进行梳理时指出，20 世纪 50 年代以前①，以量化方法度量风险的管理模式尚未形成。近 60 年来，金融机构的风险量化分析方法迅猛发展，基本形成了以复杂数学模型刻画风险价值（VaR，Value at Risk）为代表的量化分析方法。

针对本次危机中金融机构以“头寸”为基础的风险评估计量方法所暴露出的缺陷，Jorion（2009）进行了梳理和分析。他认为当前风险计量方法的缺陷源于两个方面：一是“已知的未知”（Known Unknowns），如模型风险（即在确立风险因素、引入有关波动性和相关性的分布以及对风险暴露进行映射过程中出现偏差所导致的模型不准确的风险）、流动性风险等管理层已经认识到的“盲点”；二是“未知的未知”（Unknown Unknowns），如监管政策的突然转向、交易对手传染风险②等处于绝大多数情境范围之外的风险类别。

评级机构对 CDOs 产品的评级失误，是本次危机中模型风险的一个典型例子，由于前期房地产市场的持续繁荣，导致 CDOs 基础资产（尤其是次贷资产）违约率、不同层级③间违约的相关性都被评级机构大大低估，结果许多最初由模型得出的相当于美国国债安全等级（AAA）的 CDOs 纷纷出现损失。Barnett－Hart（2009）从另一个侧面展示了评级模型的不准确，他通过对 735 只 1999 年至 2007 年发行的资产支持型 CDO 进行研究，发现 2007 年初始评级为 AAA 的 CDOs 产品平均被下调了 16 个等级（Notches），也即 AAA 产品平均被下调到了 CCC＋，初始评级失误的严重性可见一斑。

---

① 1952 年 Markowitz 发布的《投资组合选择》（*Portfolio Selection*）一文改变了之前的风险管理局面。

② 现代金融体系具有极大的网络外部性（Network Externalities），金融机构难以足够了解其交易对手，更不用说了解交易对手的交易对手了，在这种环境的传染效应下传统风险被转化成了一种不可度量的“奈特不确定性”（Jorion，2009）。

③ CDOs 产品通常被分为高级层（Senior Trench）、中间层（Mezzanine Trench）以及权益层（Equity Trench）三个层级，出现损失时，先由权益层持有者承担损失，再由中间层承担损失，最后才由高级层承担损失，因此高级层相对最为安全，所获评级级别也最高。

次贷危机表明，风险管理上未知的领域远远大于已有的技术，现代风险管理发展目前所取得的成果还只是探索性的，远不够成熟[①]。风险管理要完全适应新的业务模式，还要有一个漫长的过程。

4. 融资模式

和大萧条时期相比，本次危机爆发时金融体系的另一个显著区别就是商业银行的融资模式。大萧条时期及其之后的45年中，银行主要利用存款来支持其以资金贷放为主的资产业务，20世纪70年代以后，这一传统模式发生了显著变化。

从居民角度看，由于20世纪70年代货币市场利率上升到高于银行定期存款的利率上限，美国家庭的储蓄模式也相应发生了变化。1978年，美国家庭持有1004亿美元的定期和储蓄存款，而这一数据在1979年底下降到712亿美元。同时，美国家庭在货币市场基金的份额从1978年的57亿美元上升到1979年底的305亿美元。家庭部门存款占其金融资产的比例从20世纪七八十年代的20%以上一直下降到了1999年的10%以下（如图2所示）。[②]

从商业银行资产负债看，1978—2005年间，美国FDIC所保银行的资产价值增长了近500%，而总的存款只增长了393%。

1978年，在美国的银行中，2/3左右的资产是由91%的核心存款支撑，而到2005年这一比例下降到59%。[③] 银行不仅面临着核心存款缩减，同时利息支出也不断增加，因为银行客户纷纷将他们的资金从低收益的银行账户转到存款证等其他高收益账户，银行从传统的零售融资发展到对批发融资的高度依赖（如图3所示），根据FDIC的统计，美国商业银行存款占总负债比率从20世纪30年代初的95%以上下降到了2008年的70%左右。

---

① 本次危机中一个悲哀的事实就是，危机爆发后没有机构说得清自己总的风险敞口究竟有多大，面临危机时，很多机构的最初反应竟是费尽周折汇总自己在担保抵押债券（CDOs）等结构化产品上的总体风险敞口（张晓朴，2010）。

② 数据来源于美联储发布的*Flow of Funds Accounts of United States*。

③ 数据来源于FDIC网站。

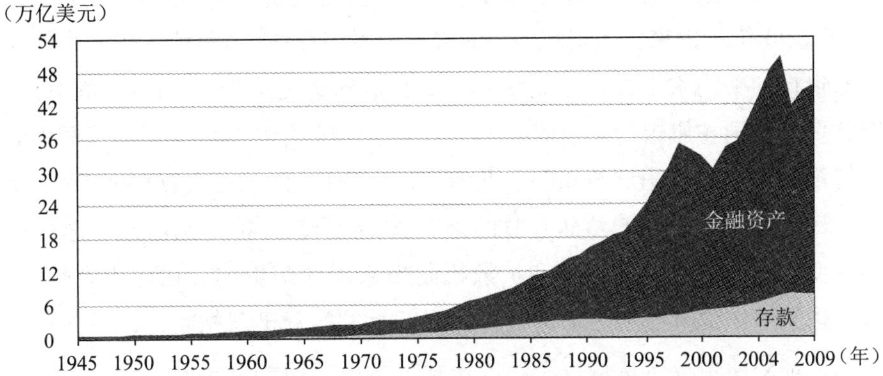

图 2　1945 年以来美国居民部门的存款与金融资产规模①

数据来源：Fed，*Flow of Funds Accounts of U. S.*。

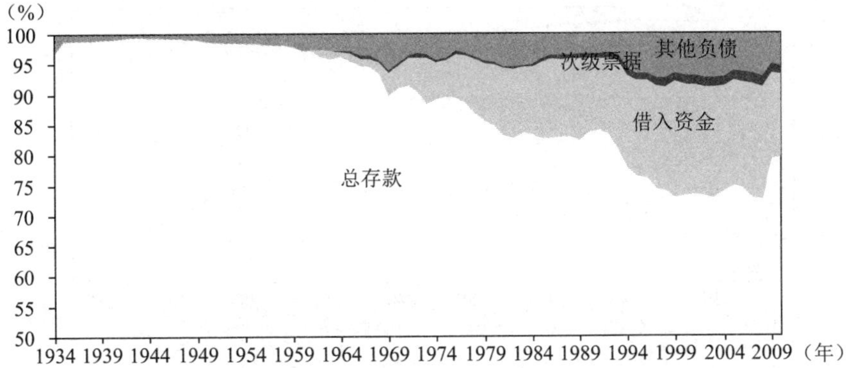

图 3　1934 年以来美国商业银行的负债结构

数据来源：FDIC 网站。

① 该统计包含农业部门和非营利组织。

在对批发融资的依赖中，大型银行①的问题更加严重（如图 4 所示）。20 世纪 90 年代以来，美国大型商业银行的零售存款②占负债比例始终低于全部银行的平均水平，并在 2007 年 12 月达到历史最低点 54%，危机前，存款仅占美国花旗银行总负债的 35% 左右。2007 年 9 月发生流动性危机而最终被国有化的英国北岩银行，仅有 22.4% 的资金来自存款，而 1997 年该比例为 62.7%，来自零售存款的比例 10 年下降了 40 个百分点。融资模式的变化给金融危机的形成和扩散机制带来了深刻影响。在危机来临时，银行体系中以证券资产为担保吸收的短期批发融资迅速枯竭，远不如存款稳定，最终使得危机从银行之外传递到银行体系内部。总体上看，以批发为主导的融资模式加大了金融市场风险侵蚀银行体系的可能性和银行机构流动性风险管理的难度。

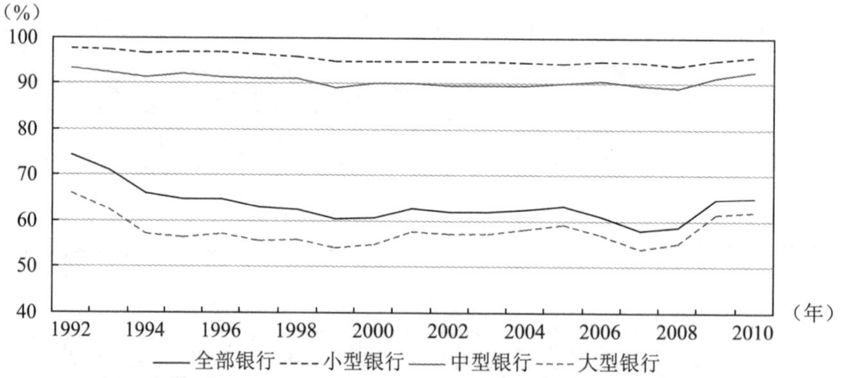

图 4　美国不同类型商业银行的零售存款与负债比例

数据来源：FDIC 网站。

---

① FDIC 将美国现有商业银行划分为三类：第一类是资产规模小于 1 亿美元的小型银行，第二类是资产规模介于 1 亿美元和 10 亿美元之间的中型银行，第三类是资产规模大于 10 亿美元的大型银行。

② 根据 FDIC 统一银行业绩报告（Uniform Bank Performance Report，UBPR）的定义，零售存款，也即核心存款，包括所有的活期存款、可转让提款单存款（NOW）、自动转账存款账户（ATS）、货币市场存款账户（MMDAs）、其他储蓄存款以及在 250000 美元以下的定期存款。传统上，核心存款倾向于被认为是稳定、低成本同时对市场利息变化不敏感的存款，这些存款主要来自与银行有借贷关系的本地客户。然而，在一些情况下，核心存款（如定期存款）也会表现得利率敏感，相反，那些通常被认为是波动较大的存款账户（如 CDs）相对来说则更加稳定。

5. 审慎监管制度

审慎监管的实质就是以审慎会计原则为基础，真实、客观、全面地反映金融机构的资产价值和资产风险、负债价值和负债成本、财务盈亏和资产净值以及资本重组情况，从而真实、客观、全面地判断和评估金融机构的实际风险，及时监测、预警和控制金融机构的风险（王兆星，2000）。两次危机时期所涉及的金融审慎监管制度是有区别的，尤其是审慎监管标准差异较大。

美国历史上，虽然州银行监管部门和联邦监管机构共同构成的双重多头监管体系一直延续至今，但银行监管制度经历了许多变化，审慎监管的主体已经由州银行监管部门逐步转移到联邦监管机构。大萧条时期货币监理署、联邦储备体系和州银行监管机构并存，但审慎监管主要体现在州政府层面。各州监管制度差异较大，这也在一定程度上导致危机期间不同区域的银行运营困境差别也较大。在1929—1933年五年间，美国中西部银行的年均停业率（12.4%）明显高于东北部地区的年均停业率（4.0%）。实证分析表明，各州审慎监管制度的不同是造成这种差异的重要原因（Mitchener，2004），具体地，对银行的资本要求、准备金要求、监管质量（通过监管资源即银行检查人员的数量等量化指标表示）以及监管者的权力范围都对银行停业情况有较大影响。本次危机发生之时，美国联邦储备体系的监管职能已经大大加强，负责监管成员银行以及自愿成为成员银行的州银行，还是银行控股公司和金融控股公司的监管者，并执行货币政策职能。联邦存款保险公司在大萧条之后成立，也具有广泛的执行权力来落实银行监管和存款保险职责。全球其他国家也结合本国国情不断完善金融监管制度，多种监管模式并存，同时功能监管的作用和地位愈益突出。

时至今日，大萧条时期以资本充足率为核心的审慎监管标准也已发生了很大的变化，不断得到丰富。1997年，巴塞尔银行监管委员会公布《有效银行监管的核心原则》[①]，成为实施审慎监管最重要的国际性文件。随着1988年《巴塞尔资本协议》以及2001年《新巴塞尔协议》的推动实施，

---

① 《有效银行监管的核心原则》共有25条，其中包括有效监管的先决条件、银行业风险和持续性监管安排、审慎法规和要求的制定与实施、持续监管的主要手段与方法、会计准则和信息披露要求、监管当局的正当权力和纠正措施等，从不同方面体现了审慎监管的要求（王兆星，2000）。

以资本监管为主的全球审慎监管方法体系已经基本确立。除此之外，包括美国、欧洲以及新兴市场在内的多个国家或地区还建立了流动性、拨备、大额风险暴露等监管指标，并表监管审慎要求也逐步完善，监管标准覆盖到银行面临的信用风险、市场风险以及操作风险等，并不断扩展。由美国联邦储备委员会创建，在审慎监管过程中对银行进行综合评价的“CAMEL”① 评级体系也已被很多国家所采用。现场、非现场监管及其具体手段不断完善，成为日益成熟的监管方式。

除了监管标准和方法之外，全球银行审慎监管的理念和模式也发生了较大转变。以美国、英国为先驱，全球多数银行监管机构都摒弃了过去以合规、资本为本②的监管模式，“风险为本”（Risk - focused Approach）已成为银行监管部门的共识。即跳出静态的合规框架，对银行的风险状况进行动态的、前瞻式的评估，重点关注银行的经营管理过程及其重大风险环节，并有针对性地提出监管措施。英国金融服务局前主席凯勒姆·麦卡锡（Callum McCarthy）认为，“风险为本的监管与金融机构的风险管理原理非常接近，从抽象的层面来看，两者同样都是一个对风险进行识别、量化、缓释、控制和监测的循环过程”。这种监管模式下监管目标与银行风险管理目标相一致，不仅有利于及早发现风险问题，也对被监管机构形成了正向激励，即低风险业务和低风险银行受到的监管强度也较低，从而推动被监管机构持续提高风险管理能力。

王兆星（2000）指出，实施审慎监管标准是防范金融风险，促进金融体系安全、稳健运行的重要基础。如果没有审慎监管制度的发展和进步，本次金融危机的负面影响可能更加严重。但是这场金融海啸仍然暴露出了监管中的重大缺陷，监管制度的进步仍然没有能够弥补监管中的不足，大量监管改革需求在危机发生后凸显出来。

6. 金融安全网

大萧条时期，在银行业危机爆发的1930—1933年间，美国存款人承担

---

① 即从资本充足程度（Capital Adequacy）、资产质量（Asset Quality）、管理（Management）、盈利（Earnings）以及流动性（Liquidity）等五个方面对银行进行评估，并采用五级评分制来评价银行经营和风险状况的体系。

② 早期的银行监管，主要是依赖“交易测试方法”（Transaction - testing Approach）的合规监管，即通过抽取一些有代表性的交易、贷款项目作样本，来推断银行是否遵守监管政策法规，是否按照它所制订的政策、路线、方法、程序进行操作，尤其是资本充足状况是否达到监管标准。

的损失分别为2.4亿美元、3.9亿美元、1.7亿美元和5.4亿美元。[①] 对银行业信心的崩溃导致存款人大量从银行取出存款换取现金，存款—现金比率在不到3年的时间里下跌了50%以上，在高能货币持续增长的情况下，全部货币存量直到1938年才恢复到1929年的水平[②]，这对经济、金融活动的破坏性极大。1933年银行业危机之后，存款保险制度正式建立，弗里德曼和施瓦茨（1963）对该制度予以了充分的肯定，认为其至少到1960年为止成功实现了防止银行业危机的目标：商业银行破产数量和破产银行储户所遭受的损失都发生了剧烈变化，1934年银行停业数量迅速从之前的三位数降至两位数，1943年到1960年所有破产银行还不到10家；而1933年之后的27年间，储户年均损失为70.6万美元，大大低于1921年到1933年的1.46亿美元。

到本次危机之前，包括存款保险制度在内的"金融安全网"（Financial Safety Net）体制在西方发达国家日趋完善，然而学术界对于金融安全网的构成要素仍没有一个统一的说法。Schich（2008）结合本次应对危机的有关措施，提出了包含存款保险制度、最后贷款人、审慎监管和问题机构处理在内的广义金融安全网概念，然而，学术界和政策界仍普遍接受狭义的仅包含存款保险制度和最后贷款人概念的金融安全网（FSF，2001；Demirguc - Kunt & Huizinga，1999）。本研究仍采用狭义的"金融安全网"的定义。

谢平、邹传伟（2010）认为，本次危机中主要发达国家对金融安全网措施的使用达到了极致，除了常规的存款保险、最后借款人等负债方措施外，超常规的资产方（包括购买金融机构有毒资产、担保金融机构问题资产等，如美国的公私合营投机计划[③]）和股权方（包括优先股、普通股、认股权证甚至国有化等，如美国政府通过提供贷款换取了AIG 80%的股权）措施也纷纷浮出水面。虽然目前对这些措施的短期和中长期成本仍存在争议，但金融安全网在防范风险扩大、避免金融恐慌和社会不稳定方面的成果是显著的。2008年10月，欧盟7国将存款保险的上限较危机前提

---

① 数据来源于FDIC网站。

② Friedman和Schwartz（1963）。

③ 即Pulic - Private Investment Program（PPIP）。股权资金由美国财政部和私人部门投资者共同提供，同时获得美国财政部的优先次级抵押贷款，以购买问题资产，提高其流动性。

高3万欧元，爱尔兰、荷兰、意大利、比利时、希腊等国也将保险上限提高至10万欧元；美国的FDIC[①]宣布将存款保险限额临时从10万美元提高到25万美元，对于未受保存款，FDIC还采取预先赔付50%的机制，最大限度地保护了存款人权益，直接增强了存款人信心，有效防范了支付体系的崩溃，较好地维护了金融稳定。此后紧张的银行间市场迅速得到缓解，美元隔夜LIBOR利率很快就从最高的6%以上恢复到1%左右的正常水平（如图5所示）。

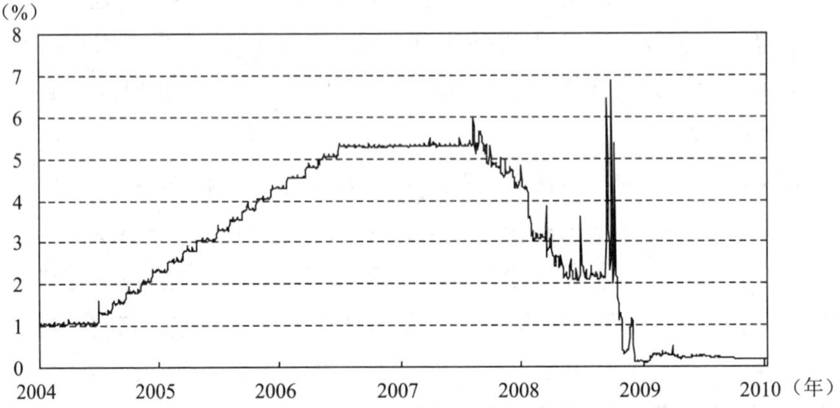

图5　本次金融危机期间美元隔夜LIBOR走势图

数据来源：伦敦同业拆借市场。

尽管在既要保护金融消费者，又要降低对银行从事风险活动激励的两难面前，“金融安全网”所导致的道德风险问题十分突出（Demirguc - Kunt & Huizinga，1999），但从两次危机正反两方面的对比看，良好的制度设计（包括救助条件、时机、覆盖范围、费用等）可避免对市场纪律和监管产生损害，有效缓解负面冲击的影响。

（二）演变机理

金融危机的发展演变过程往往是负面冲击通过经济金融体系的脆弱环节不断传导和放大的过程，在大萧条和本轮金融危机中，银行都是危机深化、蔓延过程中至关重要的一环。伯南克（1983）通过考察金融危机对信

① 即Federal Deposit Insurance Corporation（联邦存款保险公司）。

用中介效率的影响，认为1929—1930年金融市场动荡和经济下滑尽管严重，但其后的银行危机导致的金融市场恐慌和信贷紧缩对总需求的影响才使其最终变成了一次长期、深度的大萧条。瞿强（2005）也认为普通的经济衰退与经济危机的重要区别在于银行体系是否出现危机①。针对银行体系危机对经济的破坏作用，弗里德曼和施瓦茨（1963）认为，银行危机直接影响了货币供给，货币存量的急剧下降所产生的冲击极其严重②；伯南克和格特勒（1990）则通过提出一个理论模型，详细说明了借贷双方的信息不对称以及金融市场不完美产生的货币政策冲击的放大效应。下面我们试图从银行危机的触发机制、传导路径、国际扩散以及冲击的承压主体等角度对两次危机的演进机制进行分析。

1. 触发机制

大萧条并非在一夜之间突然降临的。20世纪20年代，美国经济进入“一战”之后的繁荣期，其主要推动力是家庭部门、企业、和金融机构的快速信用膨胀，其巨大的隐忧则是农产品、工业品、消费品的产能过剩③和贫富分化的加剧。20年代初，由于欧洲对战争物资需求的退潮，美国农产品、煤炭、木材和纺织品的价格就开始呈现回落态势，此后，随着欧洲产能的逐渐恢复，再加之苏联和加拿大等生产国的竞争，农产品和初级工业品的价格在1928年前后出现快速下跌。这一冲击形成两方面的直接后果：一是美国的失业率上升。农业和制造业的不景气导致大量工人失业。1926年至1929年，美国失业者人数从15万人上升到180万人。二是中小银行倒闭。农业和制造业贷款的坏账增加导致一些区域的中小银行陷入破

---

① 从第二次世界大战以来的经验来看，每当资本市场出现剧烈震荡时，人们总是担心类似1929年那样的经济萧条是否会重演，但是答案通常取决于资本市场的危机是否会造成银行体系的危机。只有当银行出现危机，银行减少对企业部门和家庭的贷款时，才会真正影响到投资与消费，从而影响总需求，造成实际经济波动。比较日本20世纪90年代初泡沫经济崩溃与美国90年代末高科技泡沫破灭的经济后果，可以清楚地说明这一点，前者引发了严重的银行体系问题，出现长期的经济萧条，而后者只是资本市场本身的问题，经济经过短暂调整，很快得以恢复（瞿强，2005）。

② 货币存量在经济发展中发挥着重要的作用，1930—1933年，银行倒闭给银行股东、储户和其他债权人造成了总额大约25亿美元的损失；而1929—1933年，商业银行存款减少了180亿美元，规模远高于损失金额（Friedman & Schwartz，1963）。

③ 到1929年10月大崩盘前夕，美国至少有20%的资源没有得到利用，导致国家收入损失了约150亿美元，占其正在生产的商品和服务的1/4（Wector，1948）。

产倒闭。1929 年 10 月大崩盘之前的 6 年时间里，银行破产以每天将近两家的速度发生。以上负面因素被习惯性地忽略和长期积聚，最终表现为纽约股市大崩盘以及随之而来的市场恐慌（Wector，1948）。

触发本次危机的一个显著因素是大型金融机构的共同风险敞口（Common Exposure）问题。Borio（2003）在阐述引发金融危机的系统性风险问题时将系统性风险分为两类：一类是以常规的支付结算和银行间市场敞口传导为主线，通过金融体系的契约、信息和心理网络联系形成的系统性风险；另一类则是宏观风险因子直接通过共同风险敞口影响整个金融体系。他认为后一类系统性风险往往引发程度深、持续时间长的金融困境，也是多数全球性金融危机的共有特征。

Allenspach 和 Monnin（2006）通过分析 1993—2006 年间国际大型银行的资产负债比率，发现 2000 年以后银行的共同风险敞口迅猛增加。由于当时市场情绪依然乐观、银行表现良好，他们得出了共同风险敞口对系统性风险而言并不重要的结论。但仅仅一年多之后的金融危机表明，正是共同风险敞口引发了危机在整个金融体系内的迅速扩散蔓延，国际大型金融机构无一例外地遭受到了严重打击。刘春航（2011）指出，由于金融体系同质化问题严重，几乎所有的市场参与者都选择卖出同样的资产，导致市场流动性瞬间枯竭，随着市场信心的逐步瓦解，流动性问题迅速由一个市场向另一个市场蔓延，最后酿成了整个体系的流动性危机，拉开了全球金融危机的序幕。

2. 传导路径

学术界对大萧条的传导过程尚存在争论，但普遍认为股市崩溃是经济衰退加速放大为银行危机的重要推手。1929—1932 年，标准普尔普通股价指数跌幅达到 70% 以上，直接影响了当时过度涉入证券投资的商业银行的运行，商业银行经营的证券公司[①]和保证金贷款业务[②]的形势急转直下；同时，农矿产品价格的急剧下跌[③]使中小银行的信贷业务陷入困境。资产质量恶化引发的恐慌性挤兑使银行被迫实施快速的资产抛售（Fire Sale），进而导致银行持有的债券组合市值大幅下跌，加剧了银行的账面损失和资本短缺，最终导致了大规模的银行体系危机（Friedman & Schwartz，1963）。

金融危机的强大破坏性在于，金融体系的“去杠杆化”和实体经济的下滑会形成一个具有放大效应的负反馈循环（Vicious Circle），导致长时间和深程度的经济衰退（如图 6 所示）。金融机构清理资产负债表的过程将导致信贷紧缩和资产价格下跌，使家庭和企业部门的融资难度及成本不断提高，进而造成社会需求下滑和家庭部门的信用恶化。随着实体经济的下行，金融体系的坏账则会继续增加，从而使金融体系的“去杠杆”程度进一步加深（刘春航、刘丽娜，2009）。

大萧条和本次危机都无一例外地进入了负反馈的恶性循环，不同的是，本次危机的传导链条更加复杂、杠杆放大效应更加显著（如图 7 所示）。2006 年美国房地产价格走势掉头引发市场担忧，与次级住房抵押贷款相关的结构化产品，如住房抵押贷款证券（RMBS）和商用物业抵押贷款证券（CMBS）等遭受大规模抛售，进而扩展到各类、各种评级的资产支持证券（ABS）和抵押担保债券（CDO），金融机构账面因此出现巨额损失。2007 年 8 月，随着次级抵押贷款问题继续恶化和流言的传播，商业票据市场中的投资者开始担心结构化融资工具（SIVs）遭受损失。投资者开始大批撤离规模达 1.2 万亿美元的资产抵押商业票据市场（ABCP），该

---

① 20 世纪 20 年代股票市场的快速发展，对商业银行形成了很大的竞争压力，银行纷纷设立了全资附属的证券公司，这类机构 1922 年为 11 家，到 1931 年增加到 114 家，商业银行下属证券公司业务发展很快，到 30 年代末，占了纽约股票经纪业务收入的 1/4，国民银行的商业贷款占总营利资产的比重从 1920 年的 58% 下降到 1929 年的 37%（White，1990）。

② 保证金贷款，是指投资者用保证金购买股票时，差额由经纪人支付，经纪人则用股票担保从银行获得的贷款。20 世纪 20 年代美国证券市场上，保证金通常只要 20%，信誉好的投资者只需要 10%，这种贷款的规模在大萧条前期迅速增长，从 20 年代初的 10 亿 ~ 15 亿美元一路攀升到了 1928 年末前所未有的 60 亿美元（Galbraith，1955）。

③ 美国农业在“一战”期间十分繁荣，出口到急需食物和衣服的欧洲，很多农场主大量举债以利用农产品的高价格获取收益；当和平时期来临，农产品的军事需求下降，同时欧洲农产品也重新向市场供应，后果是 20 世纪 20 年代持续的农业灾难，需求下降随战后通货紧缩而更加严重，使得农场主负债累累、不堪重负（《剑桥美国经济史》）。

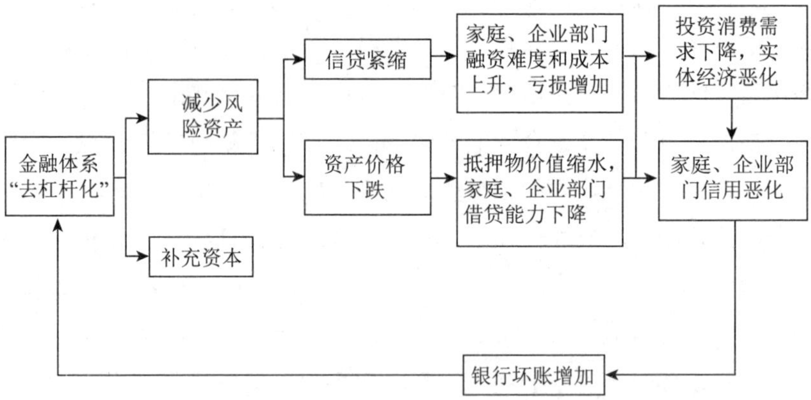

图6 金融体系去杠杆化和实体经济恶化的负反馈循环路径图

市场的流动性骤然紧张，ABCP 产品的息差从前期的 40 多个基点快速提升到 100 多个基点。失去了 ABCP 市场流动性的支持，商业银行本来会被证券化的资产只得留在表内，同时对表外资产 SIVs 做减值拨备，需要追加资本金。投资银行方面更为棘手，原本用于抵押的证券由于评级下调，面临归还贷款的巨大压力，只能大量抛售手中证券。抛售行为又加剧了市场恐慌，银行短期拆借市场息差大幅扩大，短期融资出现困难。金融机构开始收缩贷款，争相平仓风险敞口，导致互相逼债的连锁反应，金融机构全面的流动性紧张就此拉开序幕。在账面亏损和短期流动性枯竭的双重压力下，大批银行迅速滑向破产倒闭的深渊，金融系统性风险集中爆发。

3. 跨国传染

危机的跨国传染渠道包括贸易、跨境资本流动、金融市场以及心理预期等。贸易渠道是大萧条在全球蔓延的最直接途径。尤其是美国政府于 1930 年出台的霍利关税法案（Smoot - Hawley Act），将 20000 多种商品的进口关税提高到了前所未有的水平，引发其他国家争相采取报复性措施，结果美国商品和服务进出口总额在 1930—1932 年连续暴跌，降幅分别达到 26.1%、31.8% 和 32.8%。国际贸易量的快速萎缩给美国乃至全球经济造成了严重打击，美国超过 25% 的人口失业，英、德等国的失业率也大幅上升。本次危机的贸易传导效应也很明显。2009 年，不少国家实行了以邻为壑的保护主义措施，2009 年 9 月至 12 月初，全球共计实施 105 项贸易保护措施，贸易大国遭受的制裁大都在 20 项以上，但总体上看国际组织和多

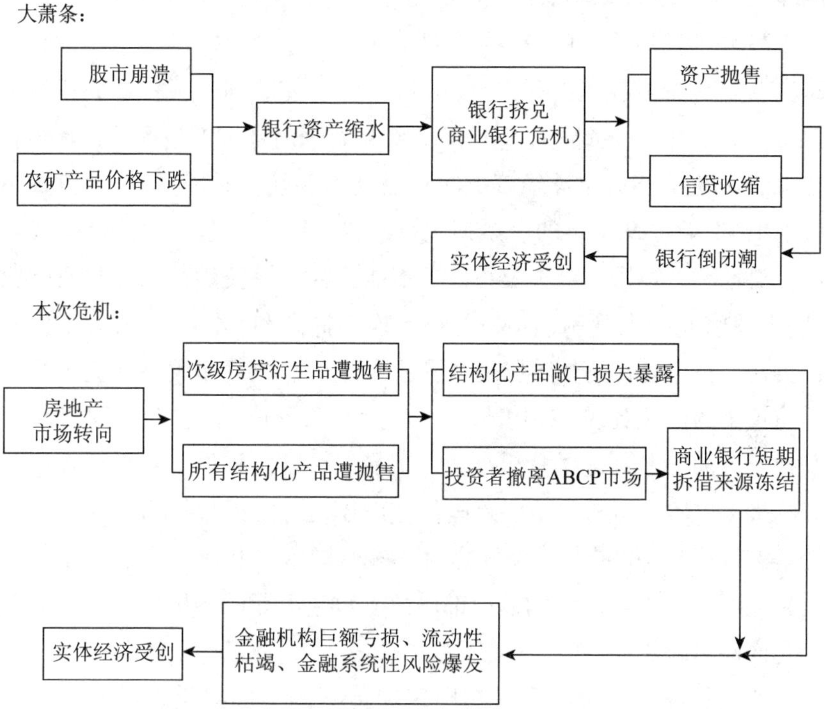

图7 大萧条与本次金融危机传导路径图比较

数国家吸取了大萧条的教训，G20较为及时地发出了反对贸易保护主义的声音，并没有出现全球性的贸易摩擦和贸易壁垒。需要注意的是，国际贸易迅速崩溃的另一个主因是金融市场流动性冻结导致信用证难以开立，[①]而现今大约80%～90%的国际贸易依赖于贸易融资，这给世界贸易的正常进行造成了很大的短期冲击。全球商品贸易占GDP比重从2008年的53.1%迅速下降至2009年的42.8%。[②]

金本位的货币体系是分析大萧条时期资本和金融市场跨国传染渠道不可忽略的背景。著名经济史学家Eichengreen将阻碍当时各国货币当局采取宽松货币政策的金本位制度称为“黄金镣铐”（Golden Fetters）；Bordo和

① 在金融危机之后，欧美政府动用大量资金为银行解困，也迫使银行大规模地撤离海外市场，以便将有限的资源集中在本国。此外，为了向国内企业继续放贷，银行也多以牺牲国际业务为代价（刘玮，2010）。

② IMF，*World Economic Outlook*，2010 Jan。

Murshid（1999）也认为金本位制度极大促进了危机的跨国传染。[①] 具体来看，1925 年英镑以高估的价格恢复金本位之后，英国国际收支急剧恶化；1928 年美国为抑制投机将利率上调到 5%，迫使欧洲各国相继提高利率以捍卫黄金储备（Scramble for Gold）[②]，结果在当时通缩的情况下，真实利率高达 10%，进一步将全球经济推向衰退（刘春航，2010）。由于美联储没能缓解 1930 年、1931 年的一系列银行恐慌，引发了全球性的价格和产出崩溃；奥地利、德国在金本位约束下不能注入足够流动性来拯救银行业危机[③]，分别宣布外汇管制；英格兰银行连续提升利率，仍无法阻止投机者卖出英镑，黄金外流迫使英国也放弃了金本位，此后多国追随英国放弃了货币与黄金的固定比价。[④] 1933 年，美元开始贬值[⑤]，引发外围国家（尤其是拉丁美洲）新一轮的货币贬值，贸易保护随之加剧，对全球经济的负面影响极大。本次危机的重要跨国传导途径是跨国大型机构（尤其是国际化经营的银行）。次贷危机爆发之时，多个国家（包括德国、日本等，甚至哈萨克斯坦）的金融机构表内都停留着数量不菲的美国次级房贷相关的结构化产品风险头寸。[⑥]

信心的崩溃也是两次危机在国家间传导的共同渠道，由此引发的恐慌和预期的自我实现（Self - fulfilling）更是大多数金融危机的重要诱因（Masson，1998）。金德尔伯格（1989）曾指出，“某一国金融市场上存在泡沫似乎也会刺激其他国家金融市场产生泡沫。同样，经济恐慌也通过心理行为不断传递”。大萧条之前，美国经济一派繁荣，欧洲经济从战后复苏，拉美国家经济也蓬勃发展，而美国出现股市崩溃和银行体系

---

① Bordo 和 Murshid 认为，金本位制度从两个方面推动了危机的跨国传染：一是黄金平价下的固定汇率制度使各国紧密相连，这意味着货物、资本的跨国流动没有大的阻碍；二是对黄金货币的过度需求造成了银根紧缩和金融困境的大环境，而国际性危机常爆发于通货紧缩时期。

② 1929 年 2 月英格兰银行将利率提高一个百分点到 5.5%；3 月，意大利、荷兰跟进；德国被迫将利率提高到 7.5%；奥地利和匈牙利提高到 8%；7 月，比利时跟进。

③ 此前，受资源型产品需求下降和境外投资大幅减少的双重打击，阿根廷、澳大利亚、巴西、加拿大等国已经宣布了贬值或停止兑换。

④ Eichengreen（1992）；Kindleberger（1986）；Friedman 和 Schwartz（1963）。

⑤ 1933 年 5 月颁布的农业调整法案《托马斯修正条款》，授予罗斯福总统实施美元兑黄金最多贬值 50% 的权力，至 1934 年 1 月，罗斯福政府将美元大幅贬值 40%（Bordo & Murshid，2001）。

⑥ 由于这些国家的很多金融机构资产负债表不透明，因此全部头寸规模还不清楚（Reinhart & Rogoff，2008）。

恐慌[①]之后，其他国家对未来的预期也迅速扭转。[②] 莱因哈特和罗格夫（2008）的研究指出，本次危机爆发前夕，包括美国在内的多个国家（包括英国、西班牙、新西兰、冰岛、保加利亚等）都面临着经常项目赤字和持续资本流入富矿（Capital Flows Diamond），更多的国家出现了信贷和资产价格泡沫，这使得全球市场在心理预期转向时都十分脆弱。2008 年 9 月 25 日至 10 月 10 日，美国、日本、德国、英国、西班牙、俄罗斯、巴西等的股票指数跌幅都在 20% 以上（如图 8 所示），全球金融市场的恐慌情绪达到极致。

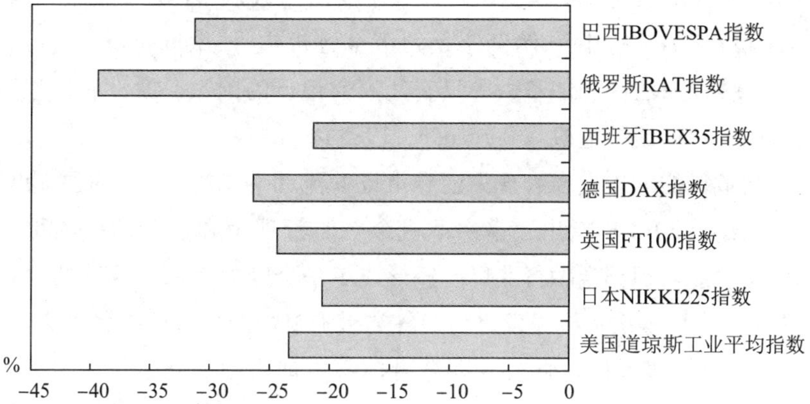

图 8　2008 年 9 月 25 日至 10 月 10 日股票指数跌幅

数据来源：WIND。

本次危机与大萧条相比，哪次跨国传染程度更深或者更为严重呢？这里很难给出一个确定的答案。关于两个时期国际联系孰强孰弱的问题，学术界尚有争论（Bordo & Murshid，2001），但我们仍可以从一些视角来发现各国经济对外依赖程度的巨大变化。1929 年，美国商品和服务进出口总额只占其 GDP 的 11%，而 2008 年这一比值已经上升到了 31%；1929 年国际贸易由欧美等大国主导，而截至 2008 年，有 153 个国家都加入了具有一

① 伯南克和詹姆斯（1991）对引起银行恐慌的原因进行了分析，他们认为通货紧缩和坚持金本位是银行恐慌的必要条件和内生机制，但脆弱的银行结构、银行对短期外国债务的依赖、银行资产方的国际联系以及尚不成熟的金融和经济历程都大大增加了银行业恐慌发生的概率。

② 各国的金融市场都于 1929 年 10 月 24 日爆发了价格下跌，其速度之快，已经不能用套利、收入变化、资本流动或货币流动等来进行解释（Kindleberger，1989）。

整套规范体系的 WTO 框架；更不用说信息技术进步背景下，包括股票、债券、期货及金融衍生品在内的资本市场的快速跨国发展。一旦某国（尤其是主要经济体）出现金融危机，其跨境传染的范围、深度和速度都不应被低估。

4. **承压主体**

大萧条时期的银行危机主要表现为银行破产倒闭和存款挤兑。① 1930 年，美国共有 1350 家银行倒闭，占银行总数的 5.29%；1931 年倒闭 2293 家，占银行总数的 9.87%；1933 年达到高峰，倒闭 4000 家，占银行总数的 20%。② 大萧条时期美国的银行体系主要由为数众多的小型银行③构成，危机期间停业的银行中约有 75% 是州级金融机构（Mitchener，2004）。相比而言，英国、法国和加拿大等只有几家大银行的国家，就没有发生过类似美国的大规模银行危机（Bernanke，1983）。

本次危机的冲击更多表现为证券市场的流动性枯竭，堪称资本市场挤兑。沈联涛（2011）指出，本次危机金融监管理论和实践的一项重大失误，就是没能认识到金融行业里已经形成了一个庞大而未受监管的“影子银行”体系。④ 本次危机爆发之前，各类影子银行的规模已扩张到 20 万亿美元（刘春航，2011）。此外，在金融体系更加集中的背景下，大型金融机构陷入困境问题更加难以应对。危机爆发后，美国第五、第四以及第三大投行贝尔斯登（Bear Stearns）、雷曼兄弟（Lehman Brothers）、美林（Merrill Lynch）先后被收购或破产清算，最大的储蓄银行华盛顿互惠银行（Washington Mutual）也宣布停业倒闭。由于现代金融机构之间存在互为交易对手、相互持有敞口的千丝万缕的联系，这些大型金融机构的崩溃迅速掀起了席卷整个市场的金融海啸。

---

① 根据货币变量（包括货币存量、商业银行储蓄总额、活期存款、商业银行定期存款以及公众持有的通货等）的走势不同，可以将大萧条时期划分为不同的阶段，其中 1930 年 10 月、1931 年 9 月以及 1933 年 1 月分别是三次银行业危机的起点（Friedman & Schwartz，1963）。

② 数据来源于 FDIC。

③ 美国小银行的主导地位很大程度上是由监管环境造成的，它反映了公众对大银行和“托拉斯”的担心，在各州和联邦，限制银行开设分支机构的法律多如牛毛，州银行和联邦银行系统争夺成员银行的竞争也会使进入银行业的法律门槛降得很低（Benjamin Klebaner，1974）。

④ 其他几项重大失误分别是：忽略了危机传染的系统性风险和道德风险；没有认识到金融部门已经大于实体部门，太强大而不能倒、太强大而不能变；针对风险积聚没能采取大胆的举措（沈联涛，2011）。

戈德史密斯（Raymond Goldsmith）曾说过，“金融危机就像是美女，很难明确定义，但遇到了就可以认出来”。相隔七十余载，两次危机所处的时空似乎已经截然不同，令我们很难进行定义式的、非此即彼的对比分析。然而，正如金德尔伯格（1989）的概括，“历史是个别的堆积，经济学是共性的总结”，在危机之路的时光重现中，我们总能够蓦然发现隐藏在不同历史事件背后的经济规律仍在始终如一地发挥作用。过度杠杆化、信用膨胀、过剩产能、贪婪、恐慌等关键词运用在两次危机的分析中都恰如其分。“这是一段令人无法忘怀的历史，这是一次想起来就会感到战栗的记忆，这是一个随时会变成噩梦，并让人从睡梦中惊醒的时代”，生于1906年的美国历史学家狄克逊·韦克特（Dixon Wecter）这样描述自己对大萧条时代的惨痛回忆，也许在某种程度上，本次危机也会让人拥有同样的感受。

二、 金融危机原因比较

金融危机一直与我们如影随形，每次危机的进程都惊人地相似（Kindleberger & Aliber，2005）。Reinhart 和 Rogoff（2009）在对 66 个国家和地区、800 多年金融历史数据研究的基础上，指出“无论最近的金融狂热或金融危机看起来多么与众不同，都与其他国家或过去时期所经历的危机存在极多共同之处”。作为两个世纪以来对全球经济金融影响最大的两次危机，大萧条和本次国际金融危机虽然所处的金融体系存在差异，危机演变过程不同，但危机发生的原因中共性因素仍然远多于个性因素。本课题尝试从金融视角构建一个由本源因素、市场因素和监管因素构成“三维”的危机原因分析框架①。这一框架不仅适用于两大危机比较，也可适用于其他危机。

（一）本源因素

明斯基认为，以商业银行为代表的信用创造机构和相关贷款人的内在特性使得金融体系具有天然的内在不稳定性，从而使得金融本身就是金融危机产生的一个重要原因（Minsky，1992）。刘春航（2011）指出：西方现代金融体系中的微观主体是以逐利为目标的金融机构，这种逐利行为所导致的金融体系的结构化趋势通常与金融体系稳定性的需求相反，因而成为现代金融体系脆弱性的根源。货币职能和银行期限转换职能所潜藏的内在脆弱性，以及信息不对称和市场主体非理性等市场机制的内生缺陷，是金融体系脆弱性的本源因素。

1. 信息不对称下的委托代理问题

金融体系的正常运转和功能实现是建立在市场有效性和信息完备的前

① 对于非金融视角以外的两次危机主要原因比较，本课题简略进行了归纳，请参见附表 1。

提假设之上的，但现实中信息往往无法穷尽，金融交易的一方总是比另一方拥有更多信息。Stiglitz 和 Weiss（1981）的研究表明：与产品市场和要素市场相比，金融市场更是一个信息不对称的市场。贷款交易的非市场化和非标准化，使得银行外部股东和存款人与银行之间信息不对称的程度较一般企业更为严重（Furfine，2001）。信息不对称既会产生逆向选择和道德风险，也会带来挤兑风险和传染效应，是形成金融体系风险的一个根源性因素（张晓朴，2011）。薪酬机制的设计本是为了防止委托—代理问题，但本次危机中不合理的薪酬制度下，作为代理人的经营层不顾风险追逐短期盈利和规模扩张，进一步放大了金融机构的内在治理缺陷。

2. 市场主体的非理性

羊群效应、价格超调等许多金融市场现象很难单纯用经济学中的理性假设解释，[①] 必须引入心理学、社会学的因素，将非理性的心理和行为纳入分析框架。凯恩斯（1933）将这种非理性的心理和行为定义为一种“动物精神”（Animal Spirit），并认为“动物精神”是导致宏观经济波动和经济危机的根本原因。他指出，由于对不确定的未来进行收益估计的知识基础没有意义，人们的投资决策只能“被看作是动物精神使然”，它们来自人们“想要采取行动的冲动”。阿克洛夫和希勒（2009）的研究表明，尽管人类大多数经济行为源自理性的经济动机，但也有许多经济行为受动物精神的支配，即人们总是有非经济方面的动机，并非总是理性的。产生非理性行为的原因主要包括从众心理（羊群行为）、不同群体的理性程度差异以及合成谬误（金德尔伯格，1989）。金德尔伯格（1989）将整个金融危机的过程分为疯狂、恐惧和崩溃三个阶段，形象刻画了投资者心理跌宕起伏的历程。很多专家认为，只要人性贪婪和恐惧的弱点不消除，系统性风险就无法避免[②]。

3. 期限转换机制的内在脆弱性

银行承担期限转换（Maturity Transformation）的职责，通过吸收短期存款来向企业发放期限较长的贷款。这种期限错配产生于银行提供服务的必然需要，但也是银行脆弱性的来源。当发生未预计到的大量提款要求而

---

① 1998 年，默顿和斯科尔斯这两位诺贝尔经济学奖获得者和顶级期权专家所执掌的美国长期资本管理公司（LTCM）轰然倒闭，从另一个侧面反映了金融市场的复杂性和不可尽知性。

② 索罗斯从反身性理论出发，认为金融市场很容易走向狂热或是绝望的极端。

贷款等资产又不能流动变现时，由于银行遵循先来先服务原则（First to Come，First to Serve），存款人必然对银行进行挤兑，从而将银行逼迫至流动性困境。Diamond 和 Dybvig（1983）的银行挤兑模型（DD 模型）清晰揭示了银行在进行流动性转换的同时，也产生了非流动性资产对应流动性负债这一内在缺陷。

（二）市场因素

银行等信用中介机构，通过提供信用工具、构建交易网络、发现市场价格，并基于信息公开等方式形成市场约束，将资金的需求者和供应者联系成整体，形成金融市场。在两次危机形成过程中，信用工具、交易网络、市场价格和信息公开等要素的负面因素积聚，呈现过度金融创新、资产泡沫冲击、国际风险传染加剧和信息透明度失效等特征，导致危机风险不断积累。

1. 脱离实体经济的金融创新蕴含极大风险

历史一次次验证，缺乏监管的金融自由化以及脱离实体经济的金融创新行为极具风险。金融创新在稳定时期使金融市场和经济增长更具有弹性，但是在衰退和危机期间，则带来了更大的波动性和脆弱性，甚至可能造成系统性风险（Dynan，2005）。BIS（2008）对信用风险转移工具创新的研究也认为，金融创新掩盖了信用衍生品的风险，一旦基础资产发生问题（比如次贷），金融创新就会将金融冲击的作用系统性地放大。

20 世纪 20 年代中后期，美国金融市场上最为“热门”的两大金融创新产品证券投资信托①和保证金融资后来成为股市崩盘的重要“推手”。1921 年之前，美国只有少数几家规模不大的投资信托公司，截至 1929 年

① 大萧条时期的证券投资信托与现在的共同基金运作原理基本相同。将众多小投资人的资金汇聚到一起，由信托管理人共同投资于一个大的证券组合。不同的是，当时的投资信托的资金募集、股权定价、内部管理、投资信息披露等问题处于“完全自由”的无监管状态。投资信托被认为是由掌握内幕信息和善于操纵的“金融天才”管理的赚钱机器，投资人往往需要以高于资产数倍的溢价才能买到信托的普通股。1929 年初，“高倍杠杆信托”问世。利用债务融资的杠杆效应，信托资产价值的增长速度能够迅速翻倍。在此基础上，又出现了通过杠杆融资“信托的信托”，其价值的增速更是呈现几何级数式的奇迹。

秋天，投资信托总资产已经超过80亿美元[①]。1929年的股灾中，投资信托的过度投机、高杠杆、内部欺诈等问题引发了灾难性的崩溃，成为加剧美国股市崩盘的重要原因之一。[②] 大萧条时期另一个具有代表性的金融创新是保证金贷款。[③] 纽约证券经纪人贷款规模从1926年的20亿美元，攀升到了1928年末的60亿美元。纽约银行的一种“创新”业务就是以5%的利率从联邦储备银行贷款，然后按照12%的利率把贷款投放到保证金的短期拆借市场上。[④] 这种脆弱的投机性借贷后来也成为加剧股市大崩盘的重要原因之一。

历史总是惊人地相似，在本次金融危机中，金融衍生产品链条的脆弱性和风险积聚表现得更加显著。在过去20年中，以资产证券化[⑤]、银行盈利和融资模式转型[⑥]为代表，金融体系发生了重大结构性变化。储蓄存款占美国银行业负债的比例从20世纪80年代初的68%下降到2008年的43%，而以批发融资为主体的各类“管理型负债”（Managed Liabilities）所占比例则上升到57%。[⑦] 信贷大规模、低价位的持续供给成为现实，也同时滋生了各种不审慎行为，最终发展成为本次危机爆发的“导火索”。

---

① 仅在1929年设立的投资信托就达到265家，募集资金规模达30亿美元，占当年证券市场全部募集资金总额1/3。

② 约翰·K. 加尔布雷斯：《1929年大崩盘》，上海财经大学出版社2006年版。

③ 在佛罗里达州的土地交易中，投资商只要支付相当于土地价值10%的定金就可以购买“土地期权”，博取未来地价上涨的差价收益；在证券交易所，银行向证券经纪人提供资金，证券经纪人再把贷款发放给自己的客户。表面上看，保证金贷款拥有可以随时变现的土地和股票抵押担保，似乎不存在任何风险，其贷款利率高达8%～10%，因此吸引了大量资金源源不断地流入，甚至伦敦、上海、香港、蒙特利尔等地的资金都闻风而来。

④ 约翰·K. 加尔布雷斯：《1929年大崩盘》，上海财经大学出版社2006年版，第12－14页。

⑤ 资产证券化市场的快速发展是美国金融体系的一大结构性变化。在过去的20多年中，美国的资产证券化市场规模保持着年均11.3%的高速增长。1985年，与国债等固定收益产品相比，资产证券化产品规模还显得微不足道，到1998年，其数量就一跃超过国债，成为规模最大的固定收益产品，2008年底存量高达11.6万亿美元，占美国固定收益市场规模的1/3。

⑥ 伴随着资产证券化市场繁荣的是银行盈利模式和负债结构的变化。在盈利模式方面，银行从传统的存贷款模式转变为低资本消耗型的“发起—分销”（Originate－to－Distribute）模式。作为结构化产品的发起人，银行将住房按揭、助学贷款、杠杆收购等信贷资产结构化处理并出售，从而源源不断地从货币市场和资本市场获取资金。在负债方面，以货币市场和资本市场金融创新为支撑的批发融资（Wholesale Funding）逐渐取代了储蓄存款，成为美欧银行体系最重要的负债来源。

⑦ 数据来源：IMF，*Global Financial Stability Report*，October 2008。

2. **资产价格泡沫破裂使得银行资产负债表严重受损**

大萧条爆发初期，美国房地产市场生产过剩，而且所有住宅中大约一半被抵押，1925后股市泡沫也迅速成长，标普综合指数不到四年时间上涨了3倍多。此后，大规模的违约造成美国房地产市场崩溃，[①] 同时股市泡沫也开始破裂，银行相关资产价格迅速下降。Friedman 和 Schwartz（1971）在大萧条的分析中指出：正是银行所持资产市场价值的下跌，尤其是债券组合市场价值的下跌，而不是特定借款或特定债券出现违约，成为导致资本受损最为重要的原因。

本轮金融危机的引爆点是住房次级抵押贷款和房地产泡沫破灭（何帆和张明，2007）。美联储持续降息和贷款标准的放松，迅速地在全国范围内催生了资产泡沫，尤其是房地产泡沫（如图9所示）。2001年美国次贷总额占抵押贷款市场总额的比率仅为5.6%，2006年上升到20%，同期无须或可较少提供财务资料的房贷从28.5%上升到50.8%。由于金融机构通常具有高于一般企业的高杠杆，货币金融资产价格波动将对其资产负债表产生巨大冲击。金融中介的功能之一是跨期分配购买力，对资产未来价值的预期以及金融合约中对未来现金流的承诺是金融功能实现的基础（Bandt & Hartmann，2000），当不确定性增加或金融合约的承诺出现问题时，预期就会在短时间内发生变化，导致资产价格也大幅度波动。正是由于持有的与房地产、股市相关的资产价值迅速下降，导致银行资产负债表严重受损，危机进一步加剧。

3. 市场透明度缺失是危机形成和扩大的重要因素

从两次危机发展过程来看，市场透明度的缺失都成为危机酝酿的重要原因。Kane（1994）认为恢复市场约束的核心任务是及时准确地向社会和监管者提供金融机构、存款保险机构、监管部门的信息。1929年以前，美国尚未建立统一的信息披露制度，内幕交易和欺诈行为盛行，这也直接促成了1934年美国证监会（SEC）建立。

与大萧条相比，虽然当前信息披露规则有了很大进步，但提供的也只是那些关于公开发行证券的一般信息，且也仅仅是针对特定类别的证券及

---

① 1934年1月美国《城市住宅金融调查》显示，在被调查的22个城市中，自有房屋抵押贷款的违约比例均超过21%，其中，超过一半的城市违约比例超过了38%，克里夫兰甚至高达62%（Bernanke，1983）。

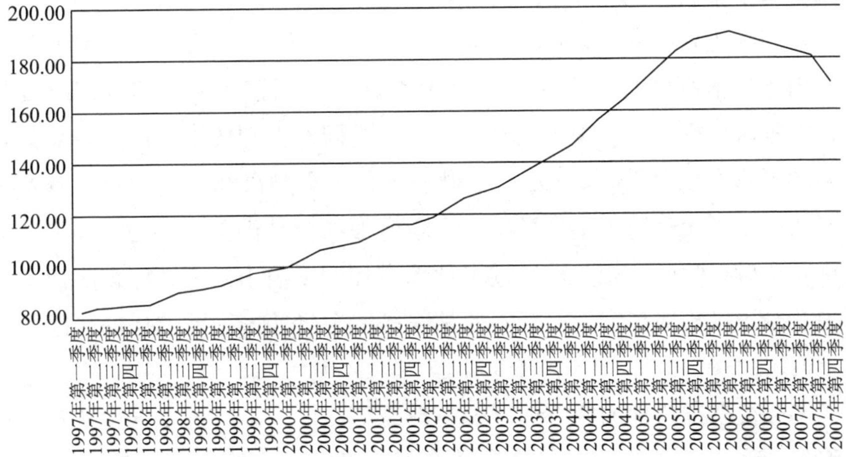

图 9　标准普尔 Case－Shiller 房价指数（1997—2007 年）

数据来源：标准普尔官方网站。

其所处的特定状况。近十年来，金融交易的发展呈现出两个重要趋势：一是场外化。到 2007 年底，全球 90% 以上的衍生品都是在场外进行交易的，场外交易衍生品规模大约是场内交易的 15 倍。二是复杂化。衍生品的基础产品无所不含，创设手段越来越复杂，衍生层次越来越多，其价值的确定也相应变得越来越困难。与此相伴的是市场透明度建设的滞后，严重削弱了市场的有效性，也放大了此次金融危机的范围和强度。那些购买了基于次级抵押贷款的 MBS 产品和 CDO、CDS 产品的投资者，在购买时得到的信息仅限于评级机构所提供报告的内容——只是评定出来的等级和附带的几句警示性话语，并不包括让其他人可以进行重新审核的支持性数据。大量衍生产品交易通过场外进行，风险到底转移到了哪里并没有公开的信息可供考究，以致次贷危机爆发后很多大型金融机构不知道自己的风险敞口到底多大，杠杆率到底多高。同时，资产负债表等报表的不透明性使得健康与不健康的机构难以区分，由此产生的逆向选择问题加快了银行间市场的冻结，进一步推动了金融危机的深化。

4. 全球经济金融一体化和虚拟化加剧了国际金融体系的脆弱性

两次危机时期国际经济金融都紧密相连。但相比大萧条时期，全球经济金融的一体化进程已不可同日而语，以金融资产超常增长为特征的虚拟经济也大幅发展。①

在国际传导渠道上，Friedman 和 Schwartz（1971）认为"金本位"的实际固定汇率制度是危机因素（货币因素）在国家间快速传导的主要原因，而本次危机更多体现了贸易、金融、共同冲击和传染等国际传导途径的共同影响（宗良等，2010）。金融一体化、金融市场的国际化和资本账户开放产生了大量跨境交易场所，不断增加的金融机构和金融市场的关联性以及金融风险的高相关性通过多种渠道加剧了溢出效应，体现为流动性压力、全球抛售股票和银行资本的枯竭等，金融冲击国际传播的风险也大幅上升。

国际金融危机前的西方国家中虚拟经济已成为经济的主导。从表 1 可以看出，实体经济创造的 GDP 占其全部 GDP 的比例从 1950 年的 41.25% 下降为 2007 年的 18.70%，虚拟经济创造的 GDP 占全部 GDP 的比例则从 1950 年的 8.63% 上升到 2007 年的 20.67%②。此外，据 BIS《2007 年外汇和衍生品市场报告》的统计，全球外汇市场的日均交易量达到了 3.2 万亿美元，比 2004 年快速上升 69%。其中，对冲基金、养老基金、共同基金和保险公司所涉及的外汇日均交易量达 1.235 万亿美元，占外汇交易量的 40%，交易与贸易背景和生产背景相脱离的趋势不断加强。刘俊民和王国忠（2004）有力证明了虚拟经济领域的资产价格对货币（价值系统）的影响是明显的。③ 虚拟经济与实体经济的背离加剧了金融体系的脆弱性，导致风险快速蔓延。

---

① 成思危（2003）论述了虚拟经济发展的五个阶段，其中金融国际化正是其中的第五阶段。成思危分析指出：从系统科学的角度看，虚拟经济是与实体经济相对应而在经济系统中存在的经济活动模式。虚拟经济的发展经历了闲置货币的资本化、生息资本的社会化、有价证券的市场化、金融市场的国际化和国际金融的集成化五个发展阶段。虚拟经济系统具有复杂性、介稳性、高风险性、寄生性和周期性的特性。

② 用制造业、建筑业和交通运输业表示美国的实体经济，用金融、保险服务业和房地产及租赁服务业表示美国的虚拟经济。

③ 以美国 1963 年至 2003 年 PPI、S&P500、房地产价格和 M3 数据为样本进行实证分析，发现在 1963 年到 1983 年期间，股票价格对货币供应量影响较小，而在此之后，即 1984 年到 2003 年期间变得很显著。

表1 美国实体经济与虚拟经济发展状况 单位：十亿美元

年份	1950	1960	1970	1980	1990	2000	2005	2006	2007
GDP	240	414.5	804.5	2708	5546	9817	12487	13195	13841
实体经济	99	164.8	290.3	819.9	1442	2164	2453	2565	2582
虚拟经济	20.7	45.9	91.8	418.4	982	1931	2575	2757	2861
实体经济占比（%）	41.25	39.76	36.09	30.28	26.00	22.04	19.64	19.64	18.7
虚拟经济占比（%）	8.63	11.07	11.41	15.45	17.71	19.67	20.62	20.9	20.67

数据来源：美国商务部经济分析局（BEA）。

（三）监管因素

银行体系的内在脆弱性以及银行破产的显著外部性，决定了金融监管必要且关键[①]。然而，监管放松、监管空缺和监管套利[②]却成为“大萧条”和本次危机前期的共同特征，使得金融体系风险和脆弱性的积聚未得到足够的约束。

1. 监管放松为危机的滋生提供了“土壤”

两次危机的前10年，都是自由主义占据主导地位的时期。1920—1932年是自由主义的盛行时期，并一直延续到20世纪40年代末期[③]。1913年联邦储备法正式颁布实施，但并未成为提升监管的推动力，相反降低存款准备金率、降低房地产贷款限制等成为吸引银行从州监管银行转为联邦储备体系成员的重要手段，各州当局也以竞争性降低存款准备金率相回应（White，1982）。1929年前的美国，虽然金融机构外部约束的主要力量是行业自律而非金融监管，但监管放松仍成为危机前的重要特征。在此次金融危机前同样出现了持续的监管放松，甚至“监管竞次”（Race to the Bottom），各监管主体竞相采取降低监管要求的方式以追求本国金融机构的相对竞争优势。1999年，人们奉行了66年的《格拉斯—斯蒂格尔法》被废

---

① 无论是通过存款人疑虑传染（Chen，1999）或通过银行体系内部、银行和金融市场间的各种联系以及支付体系（Allen & Gale，2000），单个银行的倒闭会产生连锁反应影响整个银行体系，并且银行倒闭造成的社会总成本超过私人成本（Goodhart，1998）。

② 除以上三方面外，“监管俘获”也是监管有效性的重大挑战。Mitchener（2004）对大萧条时不同州银行停业情况的研究表明，州银行监管官的任期越长，当地银行在大萧条时的停业水平越高。

③ 20世纪50年代政府管制的资本主义体制再度确立，直到1979年被新自由主义重新取代（科茨，2009）。

除，商业银行和资本市场之间的隔离被撤销；2000 年，对金融衍生品的监管被取消；2004 年，对投资银行的杠杆比率限制被美国证券交易委员会取消，为投资银行高杠杆经营扫清了障碍，为金融危机铺平了道路。

2. 监管空白和薄弱领域风险大量累积

两次危机都暴露出，不仅金融创新领域存在大量监管薄弱环节，金融体系的结构性变化也衍生出许多监管空白。在 1933 年 FDIC 成立之前，联邦储备委员会主要监督管理参加联储体系的会员银行，货币监理署主要监督管理国民银行。对那些既非联储体系成员银行，又非国民银行的商业银行，实质上没有监管。证券领域则是完全的市场自我管理，直至 1934 年成立证券交易委员会，美国才逐步建立了证券监管体系。2008 年危机显示，虽然美国已建立起覆盖银行、证券、保险的监管体系，但在复杂的金融业务、金融机构和金融市场中，监管并不到位，也缺乏宏观审慎视角的监管，导致在监管权限交叉重合的同时出现许多监管真空。这种真空不仅表现在单个影子银行机构上（大型投资银行、按揭经纪、金融公司、结构性投资工具、对冲基金和私人资产池等），还体现在更重要的“系统性风险”整体上。美联储理事 Tarullo（2009）在北卡罗来纳州银行家协会年会上发表讲话，明确指出：针对过去几十年来银行经营环境和经营范围的变化，监管当局虽然加强了风险管理，制定了更加具体的资本要求，但是，交易和资本市场活动对传统银行业务的影响以及由此引发的系统性风险却并未被纳入监管。IMF 在《全球金融危机的经验教训和政策启示》中指出，“影子银行系统”虽然提供了越来越重要的中介渠道，但因为没有对它进行足够的监管，导致了系统性风险。

3. 监管标准不一致导致监管套利和监管约束被削弱

正如 Donahoo 和 Shaffer（2009）所指出的，监管也是税收的一种形式，市场主体有动机避免或是最小化“监管税收”。市场主体从监管负担较高的业务策略向监管负担较低的策略转换，形成监管套利。20 世纪 20 年代美国联邦和各州监管标准存在显著差异①，至今美国多头监管体系下各类监管机构的目标和政策仍不尽相同。各国监管制度和要求也有内在区别。

① Kris James Mitchener, *Bank Supervision*, *Regulation*, *and Instability during the Great Depression*, NBER Working Paper 10475.

以资本充足率监管为例，虽然是最具有国际共识的监管标准，但在实际制度规定上却差异甚远。2010 年，巴塞尔委员会颁布了资本监管新标准并进行了定量测算，测算结果显示各国现有资本充足率标准存在重大差异。如统一至新监管标准，G20 中部分国家的资本充足率基本持平，而部分国家将下降超过 50%。监管制度差异和监管标准不一致为监管套利提供了空间，导致监管的约束作用被削弱。

金融体系的内在脆弱性是金融危机重复发生的根源，金融市场的根本性缺陷进一步促成了危机的再次发生，监管失效则导致了最重要的市场纠正力量的丧失。虽然每一次的表现形式可能有所不同，但这三方面因素在两次危机的形成中都共同起到了重要的推动作用。不可否认，对于两次危机的发生，金融因素以外还有众多经济社会因素。如大萧条的研究被伯南克誉为“宏观经济学圣杯”，宏观经济理论中凯恩斯主义和货币主义的争议仍在持续，美国学者辜朝明（2008）又提出大萧条实际是一场资产负债表衰退，驳斥了“通过美联储更有技巧的货币政策可以避免大萧条”的观点，① 认为量化宽松货币政策并不能解救危机，财政政策才是有效的选择。这些研究和争议正是我们对危机认识不断深化的必要过程，也在不断地提示我们金融危机是“一个永恒的现象”（Kindleberger，1989）。要避免危机的发生就要克服那些根源性的因素，同时还应警惕那些新近形成的风险隐患。

① 他对于 Irving Fisher 和 Bernanke 关于危机下通缩原因的机制分析进行了批判分析。

三、危机应对与金融监管改革

美国金融监管专家鲁萨基斯曾说过，金融监管的发展“与其说是源于政府对银行健康发展的期望，倒不如说是源于金融危机”。纵观美国百年金融监管史，可以发现重大金融监管改革法案的出台总是与危机的爆发紧密相连。无论大萧条或本次国际金融危机，都促使各国认识到金融体系稳定性对于经济发展的重要性，加强金融监管再度成为共识。建立风险隔离、提高审慎标准、强化监管权力和加强退出机制仍是金融监管改革的共同内容。在此次国际金融监管改革中，系统性风险防范超越其他内容成为了监管改革的核心重点，强化流动性监管、通过薪酬机制的改革等建立内在约束和问责机制、将影子银行纳入监管等都是此轮金融监管改革与以往相比更加突出强调的内容，危机救助的措施也更加具有敏感性和灵活性。

（一）危机应对政策概述

本次国际金融危机跟与大萧条相比存在很多相似之处，但影响程度却有不同，其中固然有经济社会发展和制度环境等诸多原因，但危机应对政策的差异仍然是重要因素之一。大萧条开始，胡佛政府仍采取货币、财政双紧政策以及贸易保护措施，同时美联储也未及时降低利率、注入流动性（刘春航，2009），导致危机深化。直到罗斯福上台，推行与前任政府截然相反的凯恩斯主义政策（New Deal），强调国家干预和创造需求对自由市场的重要性，才促进美国经济逐渐恢复。相比而言，2008 年以来美联储和美国政府的救市措施更为积极、主动。不同的政策应对导致了危机发展和扩散过程的巨大区别。

一是相比大萧条的紧缩型财政政策，本次危机中各国不仅加大了财政支出，并以政府担保、“国有化”等形式大量提供政府救助。

大萧条中，在“政府预算平衡思想”下，美国财政政策摇摆不定，缺乏连续性。“黑色星期五”股灾后的两年内，胡佛政府因萧条的蔓延和即将到来的总体选举，被迫采取了一些扩张型政策，但基本上仍未脱离自由放任原则，而且由于为时过晚，幅度太小，未能明显改变当时的经济形势。1931 年胡佛提出的复兴计划大纲中，就包括发展联邦公共工程、扩大联邦农业贷款银行的贷款能力、建立住宅贷款银行体系①和紧急复兴金融公司等措施②。联邦政府的财政支出占 GDP 比例从 1929 年的 2.5% 上升到 1932 年的 5.5%。然而胡佛政府又于 1932 年通过了美国历史上税收增幅最大的《增税法案》，使先前的财政扩张政策大打折扣，导致总需求进一步下降。罗斯福新政相继采取了一系列财政政策用于刺激经济，1933 年 3 月 9 日到 1936 年 6 月 16 日先后颁布了涉及整顿财政金融、调整工业生产、实行社会救济、举办公共工程等 700 多个新政法令，史称“百日新政”，但在总量和力度上与经济形势相比仍有不足。同时，联邦与州及地方政府分歧较大，部分地方背向而驰地采取了增加税收和压缩公共工程开支的手段，对联邦政府的财政政策的作用产生了冲销作用。

本次危机中各国普遍加大财政支出，大量采取了注资金融机构、扩大公共支出、减少税收等财政刺激手段。以美国政府为例：2008 年 2 月，布什政府推出了 1680 亿美元的减税方案，以刺激消费和投资；在雷曼危机时，布什政府又授权财政部推出了 7000 亿美元的救助方案，对问题机构进行救助；奥巴马政府上台伊始，便推出了总额高达 7870 亿美元的大规模的经济刺激方案，该方案 35% 用于减税，65% 用于投资，其内容几乎涉及美国经济的各个方面。20 世纪 30 年代初期，24 个主要国家的加权平均赤字不到国内生产总值（GDP）的 4%，而今这一比例要高得多，如美国政府的总预算赤字就已逼近 GDP 的 14%。

二是大萧条时期的货币政策先紧后松，而本次危机中美欧等国则大力

---

① 1932 年通过了两个重要法令：一个是为“联邦土地银行”增资 12500 万美元，以增强其发放农业贷款的实力；另一个是“住宅贷款令”，准许成立不少于 8 个、不超过 12 个的住宅贷款银行，对住宅所有人办理紧急放款，任何一个建筑或贷款协会、储蓄银行或类似的组织，只要认购该银行 1% 以上的股款就可以成为一个会员行。

② 1932 年 7 月通过的紧急救济与工程法使复兴金融公司的借贷能力增加到 33 亿美元，并且把职能扩大到借给各州救济失业的机构和自负盈亏的公共工程。复兴金融公司是胡佛任内对付萧条所做出的一项最有价值的努力，挽救了许多正在动摇的银行、铁路和保险公司，使它们不至于垮台，而且在一个萧条极为严重的时期减轻了经济紧迫的局面。

推行超常规的量化宽松政策，向市场投入巨额流动性。

胡佛政府为了维持金本位制，在危机初期，不但没有放松货币，反而使用了紧缩性的货币政策，如提高基准利率，弗里德曼和其他货币主义者认为这一行为导致了经济从衰退转向萧条①。1929—1933 年，美国基础货币存量下降 35%，M1 同期下降 25%。罗斯福上台后，将国家干预主义的、扩张性的货币政策作为其反危机的重点。黄金提取、流通和输出被禁止②，美联储高价买入黄金和白银，向市场投放货币。短期名义利率在随后几年内一直维持在零利率边界，将民众预期由通缩改善为通胀。货币供应在 1930 年至 1932 年的灾难性下滑中开始急剧膨胀，截至 1937 年美国货币供给与 1933 年相比增加了 42%。美元持续贬值，到 1934 年贬值幅度达到 60%。这些措施增强了信贷的可获得性，提升了消费信心和市场流动性，促进了美国经济复苏。

本次危机伊始，发达国家就吸取了大萧条的教训，普遍采取了降息、提供流动性支持、推行量化宽松政策等货币政策（如表 2 所示）：首先是大幅降息。如美联储不管在降息频率上还是在降息幅度上都做出了史无前例的举措，从 2007 年 8 月起 12 次累计下调贴现利率共 575 个基点，10 次大规模降低基准利率，由 5.33% 降低到 0% ~0.25%，欧洲央行也将利率降至 1%，而在大萧条期间 7 个主要经济体的加权平均贴现率从未跌至 3% 以下③。其次，通过各种信贷创新机制向金融机构提供流动性支持。包括针对存款类金融机构的期限拍卖贷款（TAF），针对商业票据发行者的商业票据贷款（CPFF），以及针对资产支持证券购买者的期限资产支持证券贷款（TALF）等。最后，推行定量宽松（Quantitative Easing）政策。美联储通过直接购买国债、企业债和 MBS 等证券的方式向金融市场大量注入流

① Milton Friedman and Anna Schwartz, *A Monetary History of the United States*, Princeton University Press, 1963.

② 罗斯福于 1933 年 4 月 5 日发布行政命令，所有金元、金条或黄金证券，均须交联邦储备银行，兑换成其他硬币或纸币。两周后财政部即宣布不再发黄金出口许可证。这就使美国在国内放弃了金本位制。鉴于美国全部黄金只相当于 30 亿~40 亿美元，而美国政府和私人企业曾同意用黄金偿还的债务和证券有 900 多亿美元，4 月 22 日，罗斯福宣布禁止黄金出口。5 月，又宣布减少美元黄金含量成分 50%。同时还发行了 30 亿美元的纸币。6 月 5 日，政府颁布了国会通过的《放弃金本位法令》。1934 年 1 月 31 日，联邦政府颁布了黄金储备法令，宣布美元贬值，把美元稳定在 35 美元兑换一盎司黄金，相当于 1900 年按黄金价值计算的 59.06%，即美元贬值了 41%。

③ 马丁·沃尔夫：《全球经济能否躲过大萧条》，（英）《金融时报》2009 年 6 月 23 日。

动性。

此外，由于同样面临着全球需求萎缩的困境，两次危机应对过程中政策制定者都非常关注如何获得更大份额的外国净需求。大萧条时期各主要经济体纷纷采取提高关税和贸易壁垒的方式进行贸易保护。如胡佛政府将应税商品平均关税提高到53.2%的高度，1930 年美国通过霍利—斯穆特关税法（Hawley - Smoot Tariff Act）将 2000 多种商品进口关税提高到前所未有的水平。[①] 在重振经济的过程中，美国和欧洲对于保护主义的依赖也日益增强，但是在 WTO 规则的制约和 G20 等机制的协调下，“显性”贸易保护措施少于大萧条时期，贸易摩擦也没有那么频繁。

表 2　此次国际金融危机中各国央行货币政策一览[②]

央行货币政策	目标	已经实施的中央银行
对常规货币政策的技术性修改		
放松对公开市场操作抵押物、交易对手资格以及条款方面的限制	确保央行能够在标准抵押物不足时，仍然能够持续向货币市场注入流动性	绝大多数发达国家和一些新兴市场国家央行
向银行间市场无限量供应流动性	解决银行间市场的流动性危机	大多数发达国家央行
流动性宽松（Liquidity Easing）		
通过信贷创新工具向市场提供流动性	针对存款类机构的期限拍卖贷款，针对商业票据发行者的商业票据贷款，针对资产支持证券购买者的期限资产支持证券贷款等	美联储
用央行的优质证券（如国债）置换银行持有的低流动性证券	支持证券回购等资产抵押交易	美联储、英格兰银行
央行间、央行与商业银行间签署货币互换协议	解决银行体系内的外汇流动性危机	美联储与 14 家央行、中国等一些新兴市场国家之间
国内市场的外汇供应	支持贸易等实体经济部门的用汇需求	一些新兴市场国家央行

① 查理斯·R. 吉斯特认为，它产生的示范效应是：一年之内，20 多个国家通过了针对外国商品的类似的提案，很快一场国际贸易战拉开了序幕。

② 刘春航、刘丽娜：《对于全球金融体系“去杠杆化”问题的一些思考》，《中国金融 40 人论坛》2009 年第 10 期。

续表

央行货币政策	目标	已经实施的中央银行
危机中的“非常规”货币政策（Unconventional Measures）		
信贷宽松（Credit Easing）		
直接购买私人部门证券	支持住房按揭和房地产市场，重新启动资产证券化市场的发行	美联储、英格兰银行、日本央行
向借贷双方直接提供流动性	对居民和企业部门提供信贷支持	美联储、日本央行
量化宽松（Quantitative Easing）		
直接购买政府发行或政府担保的证券	提供长期融资来源，降低长期收益曲线	美联储、英格兰银行、日本央行和一些新兴市场国家央行

（二）监管改革措施的相同之处

伯南克在总结金融危机教训时曾引用了马克·吐温的一句名言“历史不会重复自己，但会押着同样的韵脚”。近期的国际金融监管改革措施与大萧条之后的监管改革仍有着许多相似之处。需要指出的是，在“大的”相同方面，还存在一些“小的”不同之处。正如即使都是“水果”，也会有“苹果”与“橘子”的区别。

1. **实施结构性限制措施**

信贷市场与资本市场之间的风险隔离被认为是典型的结构性限制措施。为恢复银行体系的稳定，避免银行过度投机，《1933 年银行法》（即格拉斯—斯蒂格尔法，Glass - Steagall Act）将投资银行与商业银行业务严格划分，禁止商业银行包销和经营公司证券，只能购买由美联储批准的债券[1]，银行也不能设立从事证券投资的子公司。同时，投资银行不能经营吸收存款等商业银行业务。虽然彼此之间仍存在千丝万缕的关系，在法律所规定的截止日之前，两家著名的金融集团——花旗集团和摩根银行还是通过不同方式进行了痛苦的业务分离，前者将从事证券承销和销售的子公司花旗公司做了清盘处理，后者被分成了 J. P. 摩根银行和摩根士丹利公司[2]。《纽约时报》当时承认，“如果我们试图消除那些责备美国的银行系统是世界最糟糕的银行系统的言论，银行法的通过的确很有必要”[3]。

2008 年同样始于证券市场崩盘的大衰退同 80 年前的大萧条惊人地相似，华尔街上的投行用存款人的钱进行风险投资，在危机到来时面临计提无能为力，纷纷倒闭。当前，加强风险隔离和结构简化已成为监管改革的重要共识和重大内容。虽然不可能回到“格拉斯—斯蒂格尔法”时代，但监管者们共同认为不可能再如危机发生前那样对交叉性业务和综合经营持放任的态度。

美国多德—弗兰克法提出“沃克尔法则”（Volcker Rules）[4]，限制银

---

① 禁止商业银行经营的投资银行业务主要包括：

1. 任何商业银行不能设立从事证券投资的子公司；商业银行可以经营的证券投资活动主要是联邦政府公债、国库券和部分州政府公债以及在一定范围内的股票买卖，具体的规定：（1）商业银行可以对美国政府和其他联邦政府机构发行的债券进行投资和买卖。经过批准，也可以投资于一些州市政府债券。（2）在不超过银行自有资本和盈余总额 15% 的数量范围内，商业银行可以用自有资金进行股票、债券投资并进行买卖。但是商业银行持有、买卖的证券，必须属于证券评级标准中较高等级，即 AAA 级、AA 级、A 级和 BBB 级。这也就是商业银行只能在一定比例限制内用一部分自有资金从事质量可靠的证券投资和交易，而不能动用它的存款负债去从事投资。（3）商业银行可以通过信托业务，作为客户的代理，帮助客户进行证券投资和证券交易。

2. 任何商业银行不得进行代理证券发行、证券包售、证券分售、证券经纪等属于投资银行的经营活动。同时，投资银行也不得在经营证券投资活动的同时开展支票存款、存单存款等商业银行活动。

3. 任何商业银行的职员不得同时在投资银行任职。禁止商业银行和投资银行之间成立连锁董事会。

② 20 世纪 70 年代以后，随着金融业的竞争加剧和相互渗透，经过漫长且耗资亿计的游说，《格拉斯—斯蒂格尔法》（*Gramm - Leach - Bliley Act*）最终被《金融服务现代化法》所取代，商业银行和资本市场之间的隔离被拆除，加剧了金融体系的风险，带来了“太大而不能倒”“太关联而不能倒”等一系列问题。

③ （美）查里斯 · R. 吉斯特：《华尔街史》，敦哲，金鑫，译，经济科学出版社 2004 年版。

④ 美联储前主席保尔 · 沃克尔曾是法案的坚定支持者，所以奥巴马将其命名为沃克尔法则。不过奥巴马和沃克尔的观点仍存分歧，譬如前者只希望让银行巨头接受更多的监管，并不打算将其进行拆分和业务剥离；而沃克尔仍然要求重建《格拉斯—斯蒂格尔法》的基本原则，他坚定地认为商业银行应当限定于银行业务。

行从事自营交易、拥有或投资私募股权基金和对冲基金，剥离高风险衍生交易等，主要包括：①在法案所列举的例外情形之外，禁止银行从事自营交易。[①] ②除了例外情形，禁止银行拥有或投资私募股权基金和对冲基金，允许情形下其投资总额不得超过银行一级核心资本的3%，也不能超过基金资本的3%。③为避免利益冲突，禁止银行做空或做多其销售给客户的金融产品。④要求银行将信用违约掉期等高风险衍生产品剥离到特定的子公司（银行可保留常规的利率、外汇、大宗商品等衍生产品）。

格拉斯—斯蒂格尔法和沃克尔法则将自营交易和类似的投资活动从加入存款保险体系的银行机构中分离出来，都是针对这种综合性业务结构所带来的道德风险、系统性风险和利益冲突问题。包括避免证券投资业务的风险影响存款机构的稳定性，降低金融机构杠杆率，防止“太大而不能倒”局面的发生；避免银行既是投资人，又是客户的代理人双重身份的利益冲突。美联储前主席沃克尔曾一针见血地指出，银行如果进行自营交易，就不应利用公众的保护伞为自己赚取巨额利润。[②]

但同样是结构性限制措施，“沃克尔法则”并不是完全禁止商业银行签订特定类型的证券买卖合约或持有特定的证券，它的主要意图在于限制商业银行为了“自营的目的”而从事特定投资交易的能力。而格拉斯—斯蒂格尔法对于商业银行从事投资银行业务的限制是通过绝对禁止购买、销售和承销公司证券（超过一定的很小数量限额）来实现的（除非这些证券购买仅仅是基于客户的要求和代表客户进行的）。

2. **提升监管强度**

两次危机过程中，一个非常显著的共同之处在于经过数十年的“去监管化”，在对危机根源进行深刻反思之后，监管标准得以强化，当然并非毫无阻力并且经过了折中。

政府对大萧条中的金融问题所做的反应是力图建立符合当时金融体系特征的、更加深入的政府监管。一是资本标准和银行准入要求提升。20世纪初期，州政府的监管者确立了一个一般化的资本充足标准，要求资本与

① 如可以购买美国政府和市政债券、房利美和房地美债券、代客交易等，对例外情形下的投资要有额外的资本和一些量化指标限制。

② 他还指出，在金融危机中，花旗银行和美洲银行在表外业务进行总值为2500亿美元的抵押贷款支持证券投资，使用的部分资金就是储蓄客户的存款，而最后的损失却必须由政府及纳税人买单。

储蓄总额的比例为1∶10。这一比例后来为货币监理官所采纳。20世纪30年代后期，银行监管者开始使用资本对资产的比例来确认资本的充足程度。这反映了人们逐渐认识到的一个经营中的事实，即银行遭受的是资产的损失而不是储蓄的损失。《1933年银行法》还提高了对国家银行的资本金要求，并使互助储蓄银行具备了联邦储备体系成员的资格。[①] 需要注意的是，大萧条时代的“资本”是“注册资本”，与当前的监管资本并不是同一个概念。在许多小型的不设立分支行的单一制银行倒闭之后，联邦银行监管部门要求参加存款保险的银行在开业之前要考虑包括资本充足性、盈利前景、管理特色和社区需要等多种因素，[②] 这标志着自由银行体系在20世纪30年代的衰落以及限制性更强的银行发照的开始。二是存款利率最高限额管理（Q条例）。即商业银行对活期存款不支付利息，后改为实行利率最高限额控制，内容主要是：①所有联邦储备体系的成员银行、在联邦存款保险公司投保的非会员银行以及其他吸收存款的金融机构都是存款利率最高限额的管理对象。②由联邦储备委员会、联邦存款保险公司和联邦住房放款银行委员会共同商议，决定各项存款利率的最高限制。③联邦储备委员会负责管理监督所有会员银行的存款利率，不得超过规定的限额；联邦存款保险公司和联邦住房放款委员会负责管理监督所有参加保险的非会员银行和其他金融机构的存款利率。该条例的实施对20世纪30年代美国恢复金融秩序、40—50年代美国政府低成本筹措战争借款和战后美国经济的恢复，起到了积极作用。但由于限制了银行吸收存款从而发放贷款的能力，造成信用供应不足、货币政策作用机制受阻，于1986年4月被废除。三是维持禁止银行跨州设立分行的条款。1933年银行法仍然禁止跨州设立分行，但还是为国民银行开了一个“口子”，即凡是州银行可以设立分支机构的地方，则国民银行也可以去设立分支机构。[③] 四是加强对证券业的监管。《1933年证券法》和《1934年证券交易法》要求发行证券的公司对证券交易

---

① 哈威尔·E. 杰克逊，小爱德华·L. 西蒙斯编著：《金融监管》，吴志攀，等，译，中国政法大学出版社2003年版。

② 肯尼思·斯朋：《美国银行监管制度》，中国银行业监督管理委员会，译，复旦大学出版社2008年版。

③ 从1991年的《存款保险和监管改革法》《金融机构安全和消费者选择法》到1994年的《里格—尼尔1994年银行跨州经营和跨州设立分行效率法》，一系列法规最终准许银行可以在全国范围内设立分支机构。

委员会所规定的信息进行全面及时的披露和报送，并且要对公司的发展前景进行中肯的评价。对公司内部信息的使用也引入了非常严格的控制制度。通过建立资金池来操控股票价格的方式被禁止了。对于参与到证券交易领域的人员，如会计师、公司管理人员、证券经纪人和其他方面的参与者，各自的法律责任和义务都由这两部法律明确地定义和界定。

事实证明，尽管当时《格拉斯—斯蒂格尔法》因为加强了美国政府对银行的集中管理而受到了金融业的普遍反对，其恢复公众对银行的信任以及拯救银行业危机的作用是不可估量的，而且也是日本、韩国、加拿大、新西兰及拉美国家等许多国家战后重建金融体系时的主要参照。该法出台后，银行暂停支付和破产的数字降到了20世纪20年代以来的最低点，此后的降幅更是出乎银行家们的意料，到1935年全美仅有34家银行破产，其中30家为非储备系统银行。

此次国际金融监管改革中监管标准全面提升。2010年12月巴塞尔委员会发布了《第三版巴塞尔协议》（Basel Ⅲ），确立了微观审慎和宏观审慎相结合的金融监管新模式，大幅度提高了商业银行资本监管要求，建立了全球一致的流动性监管量化标准①。美国、欧盟、英国金融监管改革也以资本、流动性监管为核心，拟全面提升监管标准，并建立和实施逆周期监管制度，提高对系统重要性金融机构的监管强度。资本监管方面，建立了更高的资本构成和质量要求，巴塞尔协议Ⅲ不仅将核心一级资本、一级资本和总资本比例分别确定为7%、8.5%和10.5%，而且要求银行普通股占风险加权资产的比例至少要达到7%，这一占比在巴塞尔协议Ⅱ中只是2%；针对危机爆发时大多数情况下监管资本并不能如预期那样吸收损失的问题，将建立在当局注资挽救金融机构时一级资本中非普通股以及所有的二级资本都应转化为普通股的机制；针对交易类资产和证券化资产的风险，提高了其资本要求。流动性监管方面，明确了流动性风险管理的稳健框架和要素，引入新的流动性监管指标，注重提高短期压力情景下单个银行应对流动性中断的能力，降低银行对批发性融资的依赖。杠杆率监管方面，针对资本充足率的不足，使用简单、透明的杠杆率指标作为补充，并将杠杆率要求纳入第一支柱，明确杠杆率最低标准为3%。监管标准的提

① 成员国将于2013年1月1日开始实施新监管标准，并于2019年1月1日前全面达标。

升、各国监管当局更紧密和更介入的监管方式将对商业银行经营模式、银行体系稳健性乃至实体经济运行产生深远影响。

3. **强化退出机制安排**

20世纪20年代美国金融业为混业经营模式，而实际中的金融监管者只有货币监理署，仅关注银行合规性问题，问题银行的退出机制则完全是空白，这也在相当程度上成为大规模银行挤兑的重要诱因。1935年7月，联邦存款保险公司[①]（FDIC，Federal Deposit Insurance Corporation）成立，为联邦储备体系下成员银行的存款提供保险[②]，并行使一定的监督、管理职能。[③] 其法定目标被描述为：重建公众对银行体系的信心，保护存款者利益以及监督并促使银行在保证安全的前提下进行经营活动。非联邦储备体系成员的州银行和其他金融机构，可自愿参加存款保险，但须经联邦存款保险公司审查。商业银行必须按投保的存款金额缴纳一定比例的保险费，并须定期上报各种经营报告和统计数字，随时准备接受其检查和调查。对于经营不好的银行，联邦存款保险公司有权以全国通报的形式取消其保险资格。[④] FDIC还承担了处置银行破产清算等相关事宜。存款保险制度的建立，提高了银行系统的稳定性，减弱了单一银行破产带来系统性银行挤兑的可能性，对维护美国金融秩序起到了明显的作用。1934年，在投保的商业银行中仅有9家倒闭，而未参加存款保险的银行则有52家倒闭，

---

① 联邦存款保险公司的最高权力机构是理事会。理事会由3名理事组成，其中1名必须由货币监理官担任，另外两名由总统任命、参议院批准，理事任期6年。理事会主席在3名理事中选举产生，联邦存款保险公司理事会下设6个地区分公司，具体贯彻存款保险政策，办理保险业务，执行对参加保险的银行的监督管理职能。

② 联邦存款保险公司并不是对参加保险的金融机构所有的存款都进行保险。按照规定，联邦存款保险公司负责对所有活期存款账户、定期存款账户、储蓄存款账户提供存款保险，但是不负责对大额可转让存单等银行木票进行保险。因为在美国银行法的概念中，银行本票的持有者不能算银行存款客户，因而不受存款保险的保护。

③ 其金融监督、管理职能包括：1. 国会授权其全权管理监督参加存款保险的非会员银行的经营活动，包括审核、检查、批准这些银行的经营范围、设立分支行等事宜；监督、检查这些银行的经营活动状况等。2. 负责审查和批准所有参加存款保险的银行的保险注册。3. 对所有参加存款保险银行的业务经营和财务状况实行金融检查制度和统计报告制度。4. 帮助濒临破产的银行调整经营方向、组织资金运用，甚至进行资金援助。5. 组织、管理、安排银行破产时资产清理、债务偿还等事宜。

④ 为了避免引起挤兑或金融恐慌，联邦存款保险公司对取消保险资格的银行原有存款仍实行为期两年的存款保险，但对其新吸收的存款不提供保险。而且两年期内，联邦存款保险公司仍有检查、监督其业务经营的权力。

当年商业银行的存款额增加了22%（利坦，2000）。然而，存款保险制度同时也产生了道德风险问题。从一开始，美国国会就忽略了不同存款机构的保费应该取决于其资产的风险程度，当时人们愿意相信较严格的联邦管制能减少未来的损失。正如怀特（1991）所说“在30年代，国会不愿意运用保险原理来对待存款保险是一个不幸的先例，它一直持续到80年代”。

此次金融监管改革更加注重建立系统性的、有序的问题机构处理机制。2007年金融危机发生时，许多国家尚未制定危机处置制度，更没有国家出台系统重要性金融机构破产机制。对于问题银行的处置，美国已经有了比较成熟的机制和专家队伍，但是对于危机中的银行控股公司和非银行金融机构，只有外部紧急资金援助和破产两种处置方式。针对政府危机管理手段的缺乏，美国提出要建立濒临破产银行控股公司（包括一级金融控股公司）及非银行金融机构的问题解决机制，允许对任何一家其破产可能威胁到整个金融系统安全的该类公司做出有序破产决议，以避免其无序清算和政府在救援与金融崩溃之间的两难选择。与美国不同，英国一直没有制定专门的银行破产法律，银行破产条件和程序一直按照普通破产法（1986年破产法）来执行。英国在《2009年银行法案》中建立了整套的银行破产程序以及特别处理机制（SRR，Special Resolution Regime），并在改革方案中进一步将问题机构的处置机制扩大到投资银行。

虽然都强化了退出机制安排，但需要注意的是，不管能够在多大程度上实现预期效果，对道德风险问题的重视和解决方案的提出，是此次金融监管改革与大萧条退出机制安排中存在差异的地方，也说明当前监管改革对政策措施的正、负面影响开始有了更加客观的考虑。

4. 监管架构改革

每次危机发生后，不论监管的实质是否会发生变化，监管架构都会或多或少进行调整，虽然这种架构的调整并不必然导致监管有效性的提升。

大萧条之后监管体制进行了改革和完善。一是扩大了联邦储备体系的权力。由于人们认为超大规模的信用创造和对证券市场过度的信用支持引发了大萧条，罗斯福新政赋予美联储更多的手段以控制全社会的信用总量和信用使用。《1935年银行法》授权美联储制定法定储备比率，开展以更多形式资产为抵押的会员银行信用融通，而不再仅限于政府债券或“真实票据”。二是建立证券业监管组织。《1933年证券法》和《1934年证券交易法》修改制定了全套的证券保荐、承销、销售和交易程序与规则，并设立了证券交易委员会（SEC）[①] 负责投资银行业监管。三是创建联邦住房贷款银行委员会和联邦储蓄贷款保险公司，填补了住房金融和储贷协会的监管漏洞。根据《1932 年联邦住房贷款银行法》和《1934 年国民住房法》，创建了联邦住房贷款银行委员会（FHLBB）和联邦储蓄贷款保险公司（FSLIC），前者行使互助储蓄银行、储蓄贷款协会经营活动的监督管理职能，后者负责此类机构的存款保险。四是建立联邦存款保险公司，弥补了对那些既非联储体系成员银行，又非国民银行的商业银行的监管空白[②]。

本次危机发生后，美国、欧盟和英国金融监管架构发生了不同程度的变革。承担一定宏观审慎监管职责的跨部门委员会纷纷成立。美国跨部门的金融稳定监督委员会[③]于 2010 年 10 月正式成立，欧盟在泛欧层面建立的系统性风险理事会也于 2011 年 1 月正式运行，英国提出在央行内设金融政策委员会。这些改革的主要目的均在于增强宏观审慎分析层面的沟通协调，强化应对系统性风险的能力。各国还结合本国国情对监管资源进行了整合。如美国将系统重要性机构纳入美联储的监管范围，拟将储蓄机构监理署（OTS）的监管职能在货币监理署、联邦存款保险公司和美联储之间重新分配；欧盟强化泛欧金融监管体系，力图通过宏观审慎与微观审慎的

① SEC 职责包括：1. 解释国会通过的各项证券立法，并制订相关配套的实施细则。同时还要监督管理这些规则的实施情况，对违法者进行政处罚，情节严重者还要提起刑事诉讼。2. 对全国性的证券交易所进行监管。交易所在证券交易、制定规章制度等方面要服从 SEC 的管理。交易所还被要求向 SEC 申请注册，并提交一份详细的关于交易所运行机制和经营范围的报告，在得到批准后交易所才会被允许注册登记。而且交易所及其会员还被要求遵守国会通过的立法及其他规定，到了后来它的管理权限还扩张到了柜台交易市场（OTC），对场外交易也可以进行监管。所有在场外开展业务的经纪商必须向 SEC 登记，并定期提交报告和交易记录。此外该法案还确定了经纪商的最低资本要求。3. 从联邦贸易委员会手中接管对证券发行市场即一级市场监管的权力。如果某种证券要在全国性的证券交易所上市，就必须向 SEC 和交易所进行注册申请，并对相关信息进行披露，在申请成功后，证券发行人还必须定期向其提交动态的年度和季度报告；同时场外经纪人和交易商还必须向 SEC 定期提交交易记录。4. SEC 还拥有广泛的执行权力。如果经证实某个证券发行人存在着违法行为，SEC 就可以暂停交易或勒令该证券退市；如果交易所违反了其制定的规则，SEC 则可以对其进行整改，甚至还可以无限期暂停其经营活动。5. SEC 还有权对代理公司选举制定规则。

② FDIC 成立之前，联邦储备委员会主要监督管理那些参加联储体系的会员银行，货币监理署主要监督管理国民银行。

③ 金融稳定监督委员会被授权识别具有系统重要性的机构、金融活动及金融市场基础设施等，可以向美联储建议对系统重要性机构实施更审慎的监管标准。

有机结合加强监管；英国提出在央行之下新设审慎监管局，负责对存款类机构、投资银行和保险公司等金融机构的审慎监管。

表 3　“罗斯福新政”下的银行立法

新目标或是修订后的规则	1933 年的银行法	1935 年的银行法
投资银行业	使商业银行业和投资银行业分离	
以证券为抵押物的信贷业	禁止银行成为非银行贷款者的代理人，向这些贷款者提供以证券做质押的贷款	联储同意对银行家购买和持有经过登记的证券进行授权
对存款支付的利率	禁止对活期存款支付利率；由联邦储备委员会对定期存款和活期存款设定利率上限	将联邦设定利率上限的权限扩大到各种不同类型的定期存款和活期存款；并将存款利率上限和对活期存款支付利息的禁令应用于非会员银行
存款保险	对存款保险体系提出暂时性的强制要求，最初每个账户的保险金额是 2500 美元，后来调高到 5000 美元。创设了联邦存款保险公司	存款保险成了一个长期的计划；授权 FDIC 协助运行良好的银行兼并破产银行
储备要求和联储的授权		联储理事会获得新的授权，可以调整储备比率；有权对股票和债券的购买进行信贷控制和规定保证金要求；原来分散的中央银行业务决策权集中到联储委员会，用集中的货币政策取代以前的各区联邦储备银行分散执行的货币政策
银行设立分支机构或进入银行业	维持禁止跨州设立分行的规定；在州内，国民银行和州立银行都获得平等的设立分行的权力	由于新获得银行执照要先通过“需要”的论证，从而使得进入银行业显得更困难

（三）监管改革措施的不同之处

虽然监管都得到了强化，但是政策关注的重点、监管加强的维度仍有很大不同。这不仅是因为所面临的金融体系处于明显不同的发展阶段，而且也因为人们对危机发生根源有了更加深刻的认识。罗斯福新政旨在恢复银行体系稳定性，通过简单的加强管制的方式来限制无序竞争和过度投机。而此次危机中，金融机构本身鼓励扩张且缺乏问责的激励机制、监管机构宏观审慎视角的缺失和对流动性问题的忽视以及影子银行所累积的大量风险等问题扮演了更为突出的角色。针对相关风险，在具体监管改革措施方面两者存在以下主要差异：

1. 强化监管的着力点不同：大萧条之后监管改革主要停留在微观审慎层面，此次国际金融监管改革更加强调宏观审慎

大萧条时期对监管的认识和变革都集中在微观审慎层面，监管手段主要是存款利率管制、限制分支机构扩张、禁止从事证券投资业务等。然而，单靠市场纪律和对单家机构的监管是无法抗拒系统性风险的（刘春航，2009）。宏观审慎监管视角的缺失以及未能有效通过宏观审慎监管控制系统性风险，已被广泛认为是此次国际金融危机发生的一个重要原因。提高应对系统性风险的能力、构建宏观审慎与微观审慎监管有机结合的金融监管框架，已成为金融稳定理事会（FSB）、国际货币基金组织（IMF）、巴塞尔银行监管委员会（BCBS）等国际组织和美国、欧盟、英国等主要西方经济体金融监管改革方案的重要内容。在时间维度方面，在监管制度中嵌入逆周期因子，改变“只见树木，不见森林”的不足，通过建立逆周期资本和前瞻性的拨备制度来平滑信贷供给的长期波动，维护银行体系长期信贷供给能力（王兆星，2010），新资本协议和会计准则的内在顺周期性也正在通过具体规则的修改得到部分缓解。在跨业维度方面，为了保护整个金融体系免受来自大型金融机构风险溢出的影响，从更大的损失吸收能力、更紧密的监管和更严格的处置机制三个主要层面出发，系统重要性机构的监管正在加强。不仅要求系统重要性机构采用资本附加、应急资本或自救债务工具等提高其损失吸收能力；而且要建立与系统重要性相挂钩的更高的资本、杠杆率、流动性、风险集中度等审慎监管标准，提高监管强度；并提出建立自救机制（Bail－in），制定恢复和处置计划（Recovery and Resolution Plans），明确可以拆分、出售资产等，以降低系统重要性机构倒闭对金融系统的威胁。

2. 风险监管工具更加丰富：大萧条之后监管工具仍比较简单，此次国际金融监管改革后更新和引入了大量新的监管工具

大萧条之后的监管工具主要是资本、利率限制，并没有针对不同风险

的丰富多样的监管手段。此次国际金融监管改革后更新和引入了大量新的监管工具，包括逆周期资本缓冲、留存资本缓冲、杠杆率、系统重要性附加资本、前瞻性的拨备制度、流动性覆盖率和净稳定融资比率等。如本次金融危机表明，流动性风险可以很快地向清偿力风险转化，流动性与资本都是维护金融机构持续经营的必要条件（王兆星，2010）。国际组织和各国监管当局在强化和更新资本监管工具的同时，开始加强对流动性监管工具的建立和运用。英国提出了流动性资源自给自足度和充足度的覆盖原则、新的流动性资产和风险缓冲的严格界定等，巴塞尔委员会出台了流动性监管指引，引入流动性覆盖率和净稳定融资比率两项新指标。大萧条之后虽然对流动性风险也非常重视，但并没有相应的、有效的监管工具出台。又如巴塞尔委员会通过将准备金提取标准与经济和信贷周期相结合、将资产减值会计标准改为基于预期损失的计量方法，推动运用动态的、更具有前瞻性的拨备工具等，而这是大萧条时期远远没有意识到的方法。

3. 对外部监管与自我约束之间互动关系认识的深度不同：大萧条之后的监管改革并未触及金融机构内部治理，此次监管改革更加强调金融机构的自我约束，但力度仍难以令人满意

20 世纪 30 年代愤怒的国会也痛骂过银行业不负责任、不合格、贪婪，参议院也展开了危机调查的听证会，摩根集团的老板杰克·摩根的出场曾是听证会的高潮和当时最著名的事件。但大萧条之后的监管改革，更多是通过外部监管手段的强化来限制银行对风险行为的涉入，并没有深入金融机构内部，没有通过改变金融机构追求高风险高收益的内部动力机制来防止风险的形成。过于看重短期绩效表现以及过度风险偏好的激励约束机制是危机产生的根源之一，薪酬机制成为此次金融监管改革普遍关注的问题。2010 年 1—3 月，金融稳定理事会（FSB）审查了成员国对稳健薪酬实践原则的执行情况及其执行标准，认为各成员国在执行中取得了重大进展。美国和英国都已出台了加强薪酬机制监管的指引或法规，体现了 FSB 关于薪酬制度的有关要求。制定与长期风险责任相挂钩的科学合理的薪酬机制，引入薪酬递延发放和追回制度等措施，对于金融机构经营行为趋于稳健将发挥积极的作用。美国改革法进一步提出，在高管薪酬问题上应为股东提供更多的话语权，董事会下的薪酬委员会应完全由独立人士组成；允许监管机构强行中止金融机构不恰当、不谨慎的薪酬方案，并要求金融

机构披露薪酬结构中所有的激励要素；对上市公司基于错误财务信息发放的高管薪酬，监管部门拥有追索权等。

但是薪酬机制改革还需与有效的风险管理相结合，并以稳健的公司治理结构为支撑。一是公司治理水平影响薪酬制度的制定和实施，薪酬政策的执行对内部控制水平也提出了要求。二是如果风险判断不准确，确定薪酬水平的基础就会不可靠。三是薪酬机制与风险偏好之间是相互作用的，对过高的风险偏好疏于约束将影响薪酬制度的实施。

4. 监管范围的延伸不同：金融市场的复杂程度大大提高，此次监管改革后监管范围将进一步扩大到影子银行体系

一直到这次金融危机爆发前，西方金融监管的覆盖面是比较窄的。只对有零售客户的金融机构（商业银行和保险公司）实施监管，而且也只针对其经营行为进行监管，对它们的经营模式、激励机制和产品则基本不管。对投资银行、评级机构、贷款公司、共同基金等机构，不实施监管或只对其市场行为进行有限的监管。对金融创新则采取放任自流的态度，既不进行事前的审批，也不进行事后的监管，完全将可能产生的问题交由市场自身来解决。

加强对影子银行的监管是国际监管改革中十分重要的内容。主要包括：将衍生品场外交易（OTC）尽量向标准合约金融工具模式靠拢，将场外衍生品尽量移入场内、实现中央清算交易，并保证无法进行中央清算的衍生品合约具备充足的保证金，对从事衍生品交易的公司实施特别的资本比例、保证金、交易记录和职业操守等监管要求等。要求大型对冲基金、私募股权投资基金及其他投资顾问机构要强制注册，[①] 要满足更多的合规要求以及尽职责任，披露和提供包括杠杆率、投资策略和估值过程在内的更加详尽的交易信息，定期接受检查。证券化链条将受到更为严格的监管，透明度要求提高，限制过度打包和创新产品的复杂性。对评级机构也开始建立一定的监管制度，提出了评级机构信息披露、防止利益冲突、专

① 美国此类大型机构在 SEC 注册，将对小型投资顾问公司的监管责任转移到州，需要在 SEC 注册的州监管投资顾问公司门槛要求的最低资本从 3000 万美元提高到 1 亿美元，1 亿美元以下的由所在州监管。

家责任等方面的监管要求。[①]

5. 危机救助的工具和主动性不同：大萧条时期危机救助简单、无序且被动，此次监管改革创造大量创新型救助工具，危机救助方式更加具有针对性和灵活性

伯南克指出[②]，1929 年股市崩盘后，传统理念认为危机对于消除金融系统在 20 世纪 20 年代期间积聚的泡沫是必需的，因此当时央行基本上未采取举措阻止银行倒闭，由此加剧金融系统瘫痪。罗斯福一上任，为阻止存款大量外流导致的大规模银行挤兑风潮，以“银行假日”的方式关闭了全国所有银行，随后在国会匆匆忙忙颁布的《紧急银行法》的授权下，又延长了“银行假日”[③]，银行达到“令人满意的条件”时才会重新颁发营业执照和允许营业。新政府还委托各联邦储备银行根据各银行资产发行货币，授权复兴金融公司用购买银行优先股票等办法给它们提供流动资金，“复兴金融公司把数目惊人的钱注入银行，总共扶助了 6800 个大大小小的银行机构”。[④]“存款保险法”公布，通过政府保障存款以恢复储户对银行的信心，防止新的挤兑风潮。这些措施简单有效，但是被动、无奈。断断续续的“银行假日”之后，银行体系已千疮百孔，“美国的储户最终由于银行的失败丧失了 1400 亿美元他们辛辛苦苦赚的钱，这些钱相当于 15% 的美国人一生的积蓄”。[⑤]罗斯福大规模新政之后，政府主导金融重建，逐渐理顺了债权人和债务人的关系，才稳定了经济和金融秩序。

从国际货币基金组织危机救助的三项衡量标准（即 3 “T”）——针对性（Targeted）、暂时性（Temporary）和及时性（Timely）来看，虽然仍显被动和迟缓，但由于几十年来已经积累了多次应对危机的经验，政府逐步学会早期就介入危机的拯救过程，危机救助的针对性、及时性和敏感性都大大增加。如美联储从 2007 年 9 月起就开始降息救市，11 月起开始创设各种新的救助工具，资产负债表规模迅速从 2007 年底的 8000 亿美元突破

---

① 如美国改革法提出在证券交易委员会内建立一个由专家和合规人员组成的信用评级办公室，至少需每年检查一次全国性统计评级组织并公开结果，SEC 具有撤销作出不恰当评级的评级机构登记的权力。

② 伯南克在第 43 届 Alexander Hamilton 晚宴上发表演讲时提出的。

③ 这并非罗斯福首创，早在 1907 年俄克拉荷马、内华达、华盛顿、俄勒冈和加州出现恐慌时，就采取过这个办法。1932 年秋一些地方已经开始实行这个办法。

④ ⑤ 摘自（英）赛尔温·帕克：《大萧条启示录》，陈蔚，译，电子工业出版社 2009 年版。

达到2008年底3.5万亿美元的历史最高水平，为市场及时提供了大量流动性。政府行动方面，也大力克服了行政程序的冗长，较快通过了7000亿美元的TRAF救助方案。美联储针对存款类机构、商业票据发行者、资产支持证券购买者创造出了不同的救助工具，在历史上还罕见地向大型投资银行开放“贴现”窗口，并通过商业票据融资工具直接向商业企业提供流动性。救市措施的灵活性和敏感性也大大增强，既有购买金融机构的不良资产、提高存款保险上限、对银行债务进行担保等资产负债救助方式，也有政府接管、注资、机构转型等机构救助方式。不仅悉数运用了传统的救助方式，还大量使用了创新工具，包括创新型流动性管理工具、逆向拍卖、向银行准备金支付利息等。

6. 全球监管协作的深度不同：此次金融危机后，正式的监管协调机制逐步建立，监管合作不断深化

全球性的监管协作与一致行动在应对此次危机的过程中得到了广泛体现（张晓朴，2009）。2008年3月，为应对全球信贷紧缩，美联储与欧洲央行、瑞士央行以及加拿大银行和英格兰银行联手向金融系统注资2000亿美元。2008年9月，美联储授权包括欧盟、日本、英国、加拿大以及瑞士在内的多个国家和地区的央行向金融机构拍卖共计1800亿美元的美元，主要通过扩大美联储与外国央行的美元互换额度的方式进行。2008年9月，美联储与澳大利亚、瑞典、丹麦和挪威的中央银行达成货币互换协议，为它们提供300亿美元的资金，用于缓解全球流动性短缺。2008年10月，美联储、欧央行和其他多国央行史无前例地宣布同步降息。2008年10月，美联储宣布，将无限制提供美元给英格兰银行、欧洲中央银行以及瑞士国家银行，这些国家可以以不同期限的固定利率向私人金融机构提供短期美元借贷。与此同时，正式的国际监管协调机制通过G20峰会、金融稳定理事会、巴塞尔银行监管委员会等得到进一步的强化，各个层次的磋商和协调机制使得各国监管当局有了更多的平台以达成共识，双边、多边的监管协调机制也不断加强。监管合作不仅包括联合注资、货币互换、联合降息、美元借贷等监管一致行动，还体现在国际监管标准制定、系统重要性机构监管、跨境监管协调等更多方面。而大萧条期间的监管合作并不是没有，但是深度和密度远远难以与此次危机发生后的监管合作相比。

总的来说，大萧条时代所确立的金融监管体系实现了金融稳定的目

标，在当时情形下，堪称是规模空前的监管改革。但是监管标准简单划一，没有针对不同银行业机构的特点而具有弹性，也没有对政策影响作全面的分析，随着金融体系日新月异的发展，有的制度已经废除。如美国学者艾伦·加特评价说[①]，“存款保险制度下，由于存款人对其保险的存款并不太关心，银行和储蓄机构就会利用它们去进行风险较高的投资活动。而且管制条例在促进稳定的同时也降低了效率，同时对于外部不断变化的环境反应太慢，灵活性很差”。

市场在变，技术在变，此次金融监管改革的广度和深度也远远超越了历史，但导致金融内在脆弱性的本源性因素似乎难以发生根本性改变。西方自由市场经济的思想实质决定了很多已知的问题都没有办法取得根本性突破（沈联涛，2011）。如多德—弗兰克法中包括沃克尔法则在内的较多内容，经过讨价还价后设置了很多例外条款，在庞大的游说力量的作用下实施过程中也存在妥协；影子银行还未纳入任何一个国家的货币概览体系，危机后提出的监管机制和监管标准都不够清晰有力；薪酬机制改革还需与有效的风险管理相结合，并以稳健的公司治理结构为支撑；识别出系统性风险就意味着要准确找到“明斯基时刻”，这在目前还没有公认、有效的评估方法（张晓朴，2010）[②]，对“联系太紧密而不能倒”问题的解决、逆周期监管政策调整时机的选择等都有待深入推进；量化宽松货币政策也并没有真正改善实体经济的运行，反而带来了资本流动加剧和通胀压力等。

---

① 艾伦·加特：《管制、放松与重新管制》，经济科学出版社 1999 年版。

② 张晓朴：《系统性金融风险：演进、成因与监管》，《国际金融研究》2010 年第 2 期。

四、 基本结论和启示

金融是现代经济的核心，金融体系崩溃是大萧条反复持续十年的主要原因（伯南克，1983）。本文从金融监管视角对两次危机进行了比较研究，从本源因素、市场因素和监管因素三个主要方面对危机发生的原因进行了剖析。虽然已有了不同程度的改变，但金融体系的内在脆弱性未得到实质性纠正是危机再次发生的根本原因，金融市场缺陷和金融监管不足通过不同的表现形式仍然在引致危机形成的过程中发挥着作用。我们要清醒地看到，20 世纪 80 年代至 90 年代末，全球共发生 108 次金融危机，大量发展中国家遭遇了金融危机的厄运，危机仍在重复发生，必须通过强化前瞻性的审慎监管纠正金融体系的内在脆弱性，通过金融市场建设弥补其内在缺陷，并对监管自身进行持续、深入的变革。面对当前复杂的国内外经济金融形势，认真总结美国等国家金融危机救助的经验和教训是切实维护我国金融体系安全稳定运行的重要基础。

（一）“金融危机不是天灾是人祸”

发展中国家选用恰当的金融发展政策框架是纠正金融体系内在脆弱性、防范金融危机的关键。美国金融危机调查委员会的报告（FCIC，Financial Crises Inquiry Report）在广泛调查取证和综合分析的基础上明确表示：委员会认为这场危机是人类的不作为所致。借用莎士比亚的一句话，“错误不在别处，就在我们自身”（The fault lies not in the stars，but in us）。忽视金融体系在自由化过程中脆弱性不断积累的事实，最终导致危机爆发。西方政策制定者普遍宣称，在现代金融体系中金融危机不可避免，金融改革所能做的，仅仅是如何使损失降到最低。这样的答案显然不能令人满意。在发展中国家摆脱贫困和持续发展的过程中，危害巨大的金融危机已成为其梦魇，许多国家都陷入了经济金融发展（放松金融管制—爆发金融危机—经济金融倒退）的怪圈。发展中国家需要一个既能够发展本国实体经济，又有助于加强金融体系稳健性和竞争力的金融发展政策框架。BLISHER框架（刘春航，2011）沿着这一方向进行了积极探索，从资产负债表、杠杆率、相互依存度、市场结构、同质性、外部关联度和纠错机制七个方面提供了金融体系脆弱性的政策评估框架。这一领域的探索应当得到越来越多重视。对此，我们需要建立持续、深入评估金融体系脆弱性的机制，正视金融体系中存在的问题，通过前瞻性的顶层设计和积极有效、恰当合理的金融发展措施，推动金融体系在发展变化的同时不断提升稳健性。

（二）居安思危是预防危机的最有效疫苗

每一次金融危机都有一个共同点，即紧接着一段表面上的繁荣期之后发生。在金融危机之前，许多国家都出现了明显的股票价格和房产价格上涨，投资者对于市场的繁荣有强烈的非理性预期。历史上伟大的科学家牛顿，在南海股票上投机惨输时曾感言："我能精确计算天体的运动，却不能计算人类的疯狂。"对于市场主体和监管机构而言，只有在经济繁荣时居安思危，不沾沾自喜，才能做到在面对困难的时候从容不迫，临危不乱。改革开放30年的一条重要经验就是，我们的领导层和监管层对经济金融发展从未过分乐观，始终在主动寻找发展中的问题，这是预防危机的最好疫苗。金融危机史屡屡告诉我们，经济金融泡沫的识别难，果断采取措施出手干预过热的市场和经济更难，为此，相关部门应未雨绸缪，加强对资产泡沫干预措施和时机的研究，同时，尽快研究制订危机应对预案，提高防范和处理系统性金融危机的能力。

（三）监管者深刻的自省和及时的行动能力至关重要

监管缺乏执行力和监管失效是历次金融危机最主要的原因。即使在经济繁荣时期，监管者也应对监管空白和监管薄弱环节保持清醒的头脑和能够及时采取相应的行动。美国FCIC（Financial Crises Inquiry Report）报告明确指出：对于随处可见的预警信号，没有一家监管机构采取实质性的行动去遏止风险。美联储作为法定监管机构，并未采取有效的措施遏制"有毒"抵押贷款的流动，造成"有毒"抵押贷款充斥了整个金融体系，严重削弱了金融体系抵御风险的能力。在防范风险的过程中，监管执行力与监管能力同样重要。首先，监管者要有充分的法律授权，有权并有勇气独立地对风险隐患进行判断决策，能够及时认识到监管的松懈和不足。其次，尽管通过改进体制和制度可以部分缓解执行上的问题，但溯本求源，有针对性地改进执行力应该更可靠、更有效。最后，监管者的能力仍然是监管有效性的基础，面对复杂和快速发展的金融体系，监管者必须具备充分的资源，并能吸引或培养与体系相适应的专业人才。

（四）系统性风险监管“知难行更难”

金融危机一再发生的历史告诉我们，系统性风险的识别难，果断采取措施去干预已经失去理性的金融市场更难。作为金融监管当局，如何保证对系统性风险的独立判断、敢于决断和有效管理是当前各国普遍面临的难题，这需要在系统性风险监管的理论和实践两个方面都有质的提升。张晓朴和李濛（2009）的研究表明，我国在系统性风险监管方面有一些独特的优势，如政府干预之手比西方更为有力、最高决策层和监管机构具有较强的危机和风险意识等。但我们也要清醒地看到，我国的改革发展已进入深水区，当前也面临不少系统性金融风险隐患，包括经济下行周期中的资产恶化、金融机构规模的过度扩张、房地产泡沫、利率市场化进程中可能存在的过度竞争以及“影子银行”体系的风险等（张晓朴，2011）。系统性风险应对仍缺乏及时有效的技术工具和监管手段。对此，我国应在充分借鉴国际经验和教训的基础上，积极构建系统性风险的风险防范机制和监管协调体制，不断建立并完善系统性风险监管的法律制度、机构安排、技术工具等。

（五）科学全面认识金融创新的“双刃剑”特性

金融创新是既能分散风险，亦能放大风险的双刃剑。一方面，资产证券化等金融衍生产品能为贷款人提供流动性和降低融资成本，并通过重新分配，满足投资者的不同风险偏好，还能够有效防止风险过度集中于银行体系。另一方面，金融衍生品脱离实体经济的爆发式增长，使得微观上看风险似乎已经转移和得到对冲，但宏观上的系统性风险却在增加。必须把握好金融创新和风险控制、衍生产品和基础资产间的平衡关系，在提高监管水平、确保金融安全的前提下发展金融创新。沈联涛（2011）指出：我们不可以忘记基本的原则，不可以忘本，金融业是为实体经济服务的，而不是为金融业自身服务的。中国银监会明确要求，衡量金融创新有效性的核心标准就是要看其是否能满足实体经济和客户的真实需求，是否能实现金融机构、客户和社会长期可持续的“利益共赢”，金融创新要始终坚持“成本可算、风险可控、信息充分披露”的基本原则。我们应当充分反思此次危机的教训，把握金融创新的基本目标，将金融创新与服务实体经济紧密结合。

（六）建立有效的问题金融机构处置制度和程序

无论是在危机情况下，还是在日常监管中，对于高风险金融机构，金融监管当局都必须及时予以处置，以防风险扩散。目前，我国有关金融机构破产和处置的立法和程序尚不完善，现实中我国金融机构的退出基本上由地方政府主导，以行政手段为主，处理金融机构时缺乏统一的程序，通常是一事一议，随意性较大。同时，处置工作缺乏明确的法律支持和约束机制，债权债务关系和股东权益的处置主要基于民事契约关系，处置效率低。① 应尽快出台《金融机构破产条例》，明确金融机构破产清算程序，建立健全金融机构的市场退出机制，建立系统性的处置方案和一整套政策工具。在政府出台救助和干预措施时也需要考虑制定稳步的退出计划，要能够根据经济金融形势变化，审慎实施政府救助措施的退出安排。同时，监管机构要积极探索和积累问题金融机构处置的实践，提高处置效率。

（七）切实防范房地产市场泡沫

两次危机中，房地产泡沫都是重要原因之一。不仅如此，世界范围的众多金融危机中，房地产问题都成为举足轻重的脆弱性来源，其触目惊心的实例比比皆是。20 世纪 80 年代末国土面积相当于美国加利福尼亚州的日本，其地价市值竟然相当于整个美国地价的 4 倍，城市房地产价格在 33 年里上涨了 100 倍，而同期名义国民生产总值上涨不足 40 倍。储贷危机之前，美国房价从 1983 年初至 1989 年中上涨了 60%，新屋开工数从 1982 年 6 月至 1984 年 4 月上升了 114%。瑞典和芬兰的实际房价也在 20 世纪 80 年代分别上涨了 45% 和 110% 左右。当前，房地产行业在我国的 GDP 中的

---

① 1998 年被关闭的海南发展银行至今还没有完成破产清算程序，长期处于停滞状态。

占比已达15%，我们在充分重视房地产行业对国民经济贡献的同时，一定要时刻以危机为鉴，充分关注房地产泡沫对经济金融的巨大伤害。

（八）金融监管和金融学研究应当更加注重细节

众多学者以及政府组织都对危机进行了深入和有益的剖析，这对于我们认识危机具有重要的借鉴意义。从金融监管而言，尤其应当对报告中的事实和细节进行深入的研究，不但掌握问题所在，更重要的是理解分析实践中的正确做法。美国FCIC报告中多处提到细节信息，有力地提供了分析的证据。如报告提到1999—2008年华尔街用于游说活动的费用支出高达27亿美元，其中出资给竞选活动相关个人及委员会的就超过了10亿美元。这一事实对于理解美国金融监管机构缺乏监管意愿至关重要。再如，报告指出，在花旗集团资产证券化部门注意到按揭贷款违约率上升并减少了贷款购买后，其担保债券部门却反而增加购买抵押贷款，这对于判断花旗集团的真实管理状况和管理缺陷十分有说服力。金融学的研究方法在重视理论分析和抽象推导的同时，也不应忽视个案的解剖和具象的阐释。借用美国人类学家本尼迪克特（Ruth Benedict）在《菊与刀》一书中的说法，金融学必须发展“研究细节和琐事的技术”。

附表1　两次危机非金融原因概述

主要原因	大萧条	国际金融危机
需求说	凯恩斯认为“大萧条”之所以出现，是由于总需求的急剧下降，而总需求的急剧下降又是由人们心理上的消费倾向下降趋势、灵活偏好和对未来的悲观预期所造成的，总需求不足是消费需求不足和投资需求不足的结果，边际消费倾向的下降趋势使消费的增长赶不上收入的增长，从而引起消费需求不足 罗默认为30年代大萧条的原因是“在1929—1933年，一系列冲击引起了总需求下降，具体来说，股票市场的崩溃导致一系列的国内支出冲突。这些冲击在萧条的第一年起了决定作用，随后几年出现的货币冲击又加剧了这种冲击的作用”	

续表

主要原因	大萧条	国际金融危机
货币政策	米尔顿·弗里德曼认为“经济大萧条像大多数其他严重失业时期一样，是由于政府管理不当而造成，而不是由于私有制经济的任何固有的不稳定性”引起的。弗里德曼和舒瓦茨认为是货币收缩导致价格和产出的下跌，其中货币收缩是当局决策不当和银行体系持续存在危机的结果	约瑟夫·斯蒂格利茨认为美国目前的次贷危机与格林斯潘在任时推行的货币政策有关。2001 年美国因网络泡沫破裂而出现经济衰退时，布什总统在格林斯潘的支持下推行的减税政策没能使美国走出经济衰退，为了促进经济增长和充分就业，美联储选择了连续降低利率，但降息本身其实并没有刺激投资，经济随后繁荣起来的主要原因是美国人开始更多地贷款买房和负债消费。同时，低利率促进了房地产市场的持续繁荣，美国民众对于自身不断增长的债务负担一直不以为意
经济周期说	熊彼特认为，市场经济本身具有繁荣与萧条的特征。“大萧条正是完成出清和资源重新配置的过程。”他在谈到经济周期性运动过程时认为，创新引起模仿，模仿打破垄断，刺激了大规模的投资，引起经济繁荣，当创新扩展到相当多的企业之后，盈利机会趋于消失，经济开始衰退，期待新的创新行为出现——整个经济体系将在繁荣、衰退、萧条和复苏四个阶段构成的周期性运动过程中前进	
全球失衡说		伯南克在本次金融危机的分析中指出全球经济项目失衡的最关键原因是全球储蓄过剩，并认为全球储蓄规模过剩的根源在于产油国和新兴市场经济体的储蓄率较高，这部分地区的资金近年持续流向了美国等低储蓄率的工业化国家 吴敬琏认为，国际金融危机的根源在于美国经济结构失衡，储蓄率过低。他还指出，美国维持高消费低储蓄的经济发展模式的一个关键条件是以美元作为主要储备货币的国际货币体系

参考文献

1. Aghion, P., P. Bolton, and M. Dewatripont, 2000, "Contagions Bank Failures", Mimeo, University College London.

2. Allen, F. and D. Gale, 2000, "Financial Contagion", *Journal of Political Economy*, No. 108, pp. 1 – 33.

3. Allen F., & D. Gale, 1999, "Comparing Financial System", MIT Press.

4. Allenspach & Monnin, "International Integration, Common Exposure and Sistemic Risk", 2006.

5. Barnett – Hart, 2009, "The Story of the CDO Market Meltdown – An Empirical Analysis".

6. Benjamin Klebaner, 1974, "Commercial Banking in the United States: A History", Hinsdale: Dryden Press.

7. Bernanke, Ben, 1983, "Nonmonetary Effects of the Financial Crisis in the Propagation of the Great Depression", American Economic Review, No. 73, pp. 257 – 276.

8. Bernanke, Ben & Mark Gertler, 1990, "Financial Fragility and Economic Performance", *Quaterly Journal of Economics*, No. 105: 87 – 114.

9. Bernanke, Ben & James, 1991, "The Gold Standard, Deflation, and Financial Crisis in the Great Depression: An International Comparison", Financial Markets and Financial Crises, Chicago: University of Chicago Press.

10. BIS, 2008, "Innovations in Credit Risk Transfer: Implications for Financial Stability", BIS Working Paper No. 255.

11. Bordo & Murshid, 1999, "The International Transmission of Financial Crises before World War II: Was there Contagion?".

12. Bordo & Murshid, 2001, "Are Financial Crises Becoming Increasingly More Contagious? What is the Historical Evidence on Contagion?".

13. Borio, C., 2003, "Towards a Macroprudential Framework for Financial Supervision and Regulation?", BIS Working Paper No. 128.

14. Brunnermeier, "Deciphering the Liquidity and Credit Crunch 2007 – 08".

15. Chen, Y., 1999, "Banking Panics: The Role of the First – come, First – served Rule and Information Externalities", *Journal of Political Economics*.

16. Crotty, 2009, "Structural Causes of the Global Financial Crisis: A Critical Assessment of the 'New Financial Architecture'", *Cambridge Journal of Economics*, No. 33: 563 – 580.

17. Daniel K. Tarullo, 2009, "Large Banks and Small Banks in an Era of Systemic Risk Regulation", http: //www. federalreserve. gov

18. Donahoo, K. K., Shaffer, S., 1991, "Capital Requirement and the Securitization Decision", Quarterly Review of economics and Business, No. 4.

19. Dynan Karen E., "Douglas W. Elmendorf and Daniel E. 2005 Sichel. Can Financial Innovation Help to Explain the Reduced Volatility of Economic Activity?", Finance and Economics Discussion Series 054, Federal Reserve Board.

20. Eichengreen, Barry, 1992, "Golden Fetters: The Gold Standard and the Great Depression, 1929 – 1939", New York: Oxford University Press.

21. Eichengreen, Rose& Wyplosz, 1996, "Contagious Currency Crises", National Bureau of Economic Research Working Paper 5681.

22. Eugene Nelson White, 1982, "The Political Economy of Banking Regulation, 1864 – 1933", *The Journal of Economic History*, Vol. 42, No. 1, The Tasks of Economic History, pp. 33 – 40.

23. FCIC Report, 2011.

24. Furfine, C. H., 2001, "Banks as Monitors of Other Banks : Evidence from the Overnight Federal Fund Market1", *Journal of Busisness*, No. 74: 33 – 57.

25. Goodhart, C., P. Hartmann, D. Llewellyn, L. Rojas – Suárez and S. Weisbrod, 1998, "Financial Regulation: Why, how and where now?", New York: Routledge.

26. Houben, A., Kakes, J. &Shinasi, G., 2004, "Toward a framework

for safeguarding financial stability", IMF Working Paper .

27. Jorion, 2009, "Risk Management Lessons from Credit Crisis", European Financial Management.

28. Kaminsky, Reinhart & Vegh, 2003, "The Unholy Trinity of Financial Contagion", Journal of Economic Perspective, vol. 17, No. 4, pp. 51 – 74.

29. Kane. E. J. , 1994, "A Market Perspective on Financial Regulation", CATO, 113.

30. Kindleberger Charles, 1989, "Manias, Panics and Crashes: A History of Financial Crises", New York: Basic Book.

31. Masson, Paul, 1998, "Contagion: Monsoonal Effects, Spillover, and Jumps between Multiple Equilibria", IMF Working Paper 98/142.

32. McNeil, Frey & Embrechts, 2005, *Quantitative Financial Risk Management.*

33. Michael Mah & HuiLin, 2008, "Old Wine in a New Bottle: Subprime Mortgage Crisis Causes and Consequences", The Levy Economics Institute Working Paper No. 532.

34. Mitchener, 2004, *Bank Supervision, Regulation, and Instability During the Great Depression*, NBER Working Paper No. 10475.

35. Reinhart, Carmen M. & Kenneth S. Rogoff, 2008, *This Time is Different: A Panoramic View of Eight Centuries of Financial Crises*, NEBR Working Paper 13882.

36. Roubini, N. , 2008, "How Will Financial Institutions Make Money Now that the Securitization Food Chain is Broken?" .

37. Schich, 2008, *Financial Crisis: Deposit Insurance and Related Financial Safety Net Aspects*, Financial Market Trends.

38. Stiglitz J. &Weiss H. , 1981, "Credit Rationing in Market With Imperfect Information", *American Economic Review*, No. 71, pp. 393 – 410.

39. Taylor, 2009, "The Financial Crisis and the Policy Responses: An Empirical Analysis of What Went Wrong", NBER Working Paper No. 14631.

40. Raymond W. Goldsmith, 1958, "Financial Intermediaries in the American Economy since 1900", Princeton Press.

41. U. S. Bureau of the Census，1976，“Historical Statistics of the United States，Colonial Times to 1970”.

42. Federal Reserve，2007，“Flow of Funds Accounts of U. S.”.

43. 阿克洛夫和希勒：《动物精神》（中译本），中信出版社 2009 年版。

44. 艾伦·加特：《管制、放松与重新管制》（中译本），经济科学出版社 1999 年版。

45. 查里斯·R. 吉斯特：《华尔街史》，敦哲、金鑫，译，经济科学出版社 2004 年版。

46. 成思危：《虚拟经济探微》，《南开学报》（哲学社会科学版）2003 年第 3 期。

47. 大卫·科茨：《目前金融和经济危机：新自由主义的资本主义的体制危机》，《当代经济研究》2009 年第 8 期。

48. 弗里德曼、施瓦茨：《美国货币史（1867—1960）》，巴曙松、王劲松，等，译，北京大学出版社 2009 年版。

49. 辜朝明：《大衰退》，喻海翔，译，东方出版社 2008 年版。

50. 哈威尔·E. 杰克逊、小爱德华·L. 西蒙斯：《金融监管》，吴志攀，译，中国政法大学出版社 2003 年版。

51. 何德旭、史晓琳、饶云清：《金融安全网：内在联系与运行机理》，《当代财经》2010 年第 5 期。

52. 肯尼思·斯朋：《美国银行监管制度》，中国银行业监督管理委员会，译，复旦大学出版社 2008 年版。

53. 莱因哈特、罗格夫：《这次不一样？800 年金融荒唐史》，綦相、刘晓峰、刘丽娜，译，机械工业出版社 2010 年版。

54. 李凤云：《金融危机深度解读》，北京邮电大学出版社 2009 年版。

55. 刘春航：《近代国际货币体系之变迁》，内部打印稿，2010 年。

56. 刘春航：《金融体系脆弱性评估：BLISHER 框架的构建与应用》，中国银行业监督管理委员会工作论文，2011 年第 1 期。

57. 刘春航、刘丽娜：《对于全球金融体系“去杠杆化”问题的一些思考》，中国金融 40 人论坛，2009 年第 10 期。

58. 刘玮：《从 1929 到 2009——不同的时代，相似的历史》，《经济观察》2010 年第 3 期。

59. 马丁·沃尔夫：《全球经济能否躲过大萧条》，（英）《金融时报》2009 年 6 月 23 日。

60. 潘敏：《商业银行公司治理——一个基于银行业特征的理论分析》，《金融研究》2006 年第 3 期。

61. 瞿强：《资产价格波动与宏观经济》，中国人民大学出版社 2005 年版。

62. 赛尔温·帕克：《大萧条启示录》，陈蔚，译，电子工业出版社 2009 年版。

63. 沈联涛：*Competitiveness in the Financial Sector*：*The Implication of Crisis Cartels*，中国银行业监督管理委员会工作论文，2011 年第 2 期。

64. 沈联涛：《金融创新、金融监管与此次金融危机的联系及其改革方向》，《国际金融研究》2011 年第 1 期。

65. 沈庆（吉力）：《监管套利的动因、模式和法律效力研究》，《江西财经大学学报》2011 年第 3 期。

66. 王聪、杨明奇和刘勤：《西方国家应对金融危机对我国建立存款保险制度的启示》，《金融时报》2009 年 3 月 23 日。

67. 王兆星：《严格实施审慎监管，有效防范金融风险》，《金融研究》2000 年第 11 期。

68. 谢平、邹传伟：《金融危机后有关金融监管改革的理论综述》，《金融研究》2010 年第 2 期。

69. 约翰·K. 加尔布雷斯：《1929 年大崩盘》，上海财经大学出版社 2006 年版。

70. 张晓朴：《系统性金融风险研究：演进、成因与监管》，《国际金融研究》2010 年第 7 期。

71. 张晓朴、李濛：《美国金融危机的救助措施及启示》，《银行家》2009 年第 11 期。

第五篇

从国际经济政治格局视角看两次危机[1]

① 本研究由中国社会科学院课题组承担。课题顾问李扬、王国刚，课题负责人胡滨，课题组成员程炼、尹振涛、黄莺、李冉、王选鹤、耿楠、钟震、潘博、史晨霞。

2008 年国际金融危机可谓“百年一遇”，对全球政治经济体系具有极大的冲击和塑形作用，其影响只有大萧条可相类比。通过对大萧条和 2008 年金融危机爆发的时代背景、原因、过程、应对和影响进行深入比较，以期做到以史为鉴，最大限度地避免大萧条对世界政经体系的巨大破坏，并促进世界经济持续复苏和中国经济的健康发展。

一、 两次危机的时代背景

（一）世界经济格局

20 世纪 30 年代大萧条和 2008 年国际金融危机均处于资本主义经济周期的末端，老牌和新兴强国的经济实力发生明显转换，国际货币体系动荡不安，国际资本循环极度脆弱。不同的是，大萧条前，以贸易自由化为核心的全球化浪潮已出现明显倒退；而 2008 年国际金融危机前，以金融自由化为核心的全球化浪潮高歌猛进，并将美国次贷危机迅速放大成席卷全球的金融危机。

首先，两次危机均处于资本主义经济周期的末端。根据康德拉季耶夫的经济长周期理论，19 世纪 70 年代以来，资本主义世界经历了两次经济长周期。第一次是 19 世纪 70 年代到第二次世界大战结束，以电力技术广泛应用为核心的第二次科技革命为其提供技术驱动力。19 世纪末 20 世纪初，主要资本主义国家先后完成工业化。大萧条则是资本主义世界进入工业化阶段后的第一次整体性经济危机。第二次经济长周期从“二战”结束到现在，以原子能、电子计算机、空间技术和生物工程的发明和应用为主要标志，涉及信息、新能源、新材料、生物、空间和海洋等诸多领域的信息控制技术革命为其提供技术驱动力。2001 年美国新经济泡沫破灭是本轮经济周期由盛而衰的转折，本次危机的爆发正处于周期末端。

其次，两次危机前，世界经济格局都经历了长期调整转换。大萧条前，西方资本主义国家的经济实力对比发生明显变化，英国经济地位急剧下降，美国显著上升。1890 年，美国在世界工业生产总值中的比例已达 31%，英、德、法分别降至 22%、14% 和 8%。1913 年，美工业总产值超过英、法、德、日四国之和，占世界总额的 35.8%。[①] 20 世纪 20 年代后期，美国进一步增至 42.2%，德、英分别跌至 11.6% 和 9.4%。“一战”使美国成为全球最大债权国，金融地位明显加强。20 世纪 20 年代，美国已成为世界第一大出口国和仅次于英国的第二大进口国。[②]同样，在 2008 年国际金融危机前，发达经济体与新兴经济体的经济实力对比也发生较大变化。以美国在国际经济中的占比为例，1945 年美国 *GDP* 占世界经济比重为 53%，1950 年为 50%，2007 年下降到不足 30%。此外，美国在全球制造业、贸易和投资中占比也不断萎缩。

再次，两次危机爆发时，国际货币体系都处于剧烈动荡期。大萧条爆发于金本位崩溃后 15 年，2008 年金融危机爆发于布雷顿森林体系崩溃后 37 年，国际货币金融体系均动荡不安。第一次世界大战摧毁了运行 40 多年的金本位制，国际货币体系陷入分裂。由于欧洲交战国在战时均出现严重的通货膨胀，重返金本位制异常艰难。加之英国重返时高估英镑汇率，而法国等国严重低估本币汇率，国际经济失衡加剧，资本主义世界经济矛盾加深，金融动荡加剧，金本位制重新恢复不久就再次崩溃。20 世纪 70 年代初布雷顿森林体系崩溃后，以美元为中心的美元信用本位制形成。该制度存在三大内在缺陷，即缺乏储备货币发行约束机制、国际失衡调整机制和汇率决定机制。由于汇率浮动、金融动荡、国际资本无序流窜，银行危机、货币危机、债务危机等各类金融危机频发。根据 *Laeven* 和 *Valencia*（2008）的定义和统计，自 1970 年至 2006 年，全球共发生了 124 次系统性

---

① 陈东琪，等：《世界经济危机问题研究》，中国计划出版社 2010 年版，第 24 页。

② 潘志奇：《回顾 1930 年代——大萧条与国际金融危机》，台湾地区“行政院”经济设计委员会经济研究处编印，1975 年，第 10 页。

银行危机，208 次货币危机及 63 次主权债务危机。[①]

最后，两次危机前经济全球化趋势相异，但国际资本循环的脆弱性都明显增强。大萧条爆发前，经济金融全球化出现大规模倒退。“一战”中，世界市场隔绝，相互已无联系。战后，日本等新兴资本主义国家为保护国内战时发展起来的新兴产业，大幅提高关税。由于无法回收对俄战债，当时黄金储备大国之一的法国在两次世界大战之间停止长期资本输出。“一战”后，德国战债的赔偿极大程度依赖美国对德资本输出，国际资本循环极度脆弱。而 2008 年国际金融危机爆发前，以金融自由化为核心的全球化浪潮高歌猛进，虚拟经济无度膨胀。据 *IMF* 统计，1980 年的全球金融资产价值 12 万亿美元，与当年全球 *GDP* 规模基本相当，1993 年上升为 53 万亿美元，是当年 *GDP* 的 2 倍；2003 年进一步膨胀至 124 万亿美元，超过当年 *GDP* 的 3 倍。2007 年，全球商业银行资产余额、未偿债券余额、股市市值合计 230 万亿美元，是当年 *GDP* 的 4. 21 倍。与全球金融资产迅速膨胀相对应的是美国经济的虚拟化和高杠杆化。20 世纪 90 年代开始，在全球资本流动格局中，新兴经济体成为资本净输出地，美国成为最大的资本净输入国。次贷危机爆发前，美国吸引的国际资本占全球资本流动的 80% 以上，国际资本循环异常脆弱。

（二）世界政治格局

两次危机前，国际政治格局都经历了较大调整。不同的是，大萧条前，老牌与新兴资本主义国家在国际经济利益和政治权力上的争夺愈演愈烈，最终演化成第一次世界大战。而本次危机之前的 20 年，世界政治体系从美苏两极对峙平稳过渡到一超多强的多极化格局，国际局势总体保持和平稳定。

大萧条处于两次世界大战之间，国际政局动荡不安。19 世纪初以来，落后国家和地区逐渐被英、法、德、意等少数几个国家所瓜分，到 19 世纪末 20 世纪初，世界各地基本被瓜分完毕。对于刚刚完成工业化的美国和日本等国而言，拓展和争夺市场成为必须解决的重要问题。为扩大海外市场，日本在中国东北等地与俄国大动干戈。新兴的美国，一面向西班牙挑

① 沈建光、肖红：《次贷危机与主要金融危机比较》，《金融危机》2008 年第 12 期，第 10 页。

起了争夺古巴、波多黎各和菲律宾的美西战争，一面向英、法等国占有的殖民地、半殖民地提出“门户开放”“利益均沾”。“一战”的爆发和结束并没解决新兴资本主义强国与传统老牌帝国在全球市场瓜分上的矛盾。由于苏维埃俄国脱离资本主义世界经济体系，落后地区和国家兴起反压迫、争取独立的运动，加上“一战”后资本主义国际经济关系中的重重矛盾与混乱（例如，强迫德国赔付巨额战争赔款，限制日本在亚洲的扩张利益等），市场问题变得空前尖锐，新老资本主义国家间的矛盾不断激化。

与大萧条相比，2008 年国际金融危机爆发前的国际政治局势要稳定得多。20 世纪 90 年代初冷战的结束使全球从核对峙的恐怖阴影中走出，两极格局被一超多强格局所取代。尽管地区局部冲突仍时有发生，且美国于 21 世纪初连续发动两场大规模国际反恐战争，但大国间的军事对抗风险明显下降，“和平与发展”依然是时代主题。

（三）全球治理理念和机构

大萧条爆发时，所谓“全球治理”的国际实践才刚刚开始，治理机制和效力都非常弱。2008 年国际金融危机爆发时，以 G7、联合国和国际金融机构为核心的全球治理机构已运作多年，但其权力分配与不断嬗变的国际经济格局之间严重脱节。

两次危机爆发前，全球经济治理理念较为相似，但在治理机构方面差别较大。大萧条爆发前，信奉“市场自我调节”的新古典主义经济学理论一直在资本主义世界占主导地位，政府动用货币政策和财政政策来调节经济的理论在当时闻所未闻。同样，布雷顿森林体系崩溃后，英美政府重新回归自由放任的“新自由主义”，以自由化、私有化、市场化为核心的“华盛顿共识”成为美国“改造”世界经济的利器。

大萧条前，国际上并不存在管理国际货币体系和经济金融事务的经济治理机构。当时人们相信，金本位制具有内在调节和稳定机制，无须人为干预。布雷顿森林体系崩溃后，国际货币基金组织、世界银行等国际金融机构被保留下来，成为维护美元信用本位制的工具，同时“七国集团”上升为西方国家治理全球经济金融事务的重要平台。

两次危机爆发时，全球政治治理机构在决策原则上存在明显差异，但有效性都不足。“一战”结束后，西方国家组建国联，作为全球政治治理的主要机构。但是，国联奉行的“全体一致同意”的决策原则和美国的拒不参与，大大削弱其解决国际纠纷、阻止法西斯国家侵略扩大和稳定国际政治体系的功能。“二战”后，美、苏等战胜国在“大国共治”理念的指导下成立了以联合国为核心的全球政治治理体系。这些机构在代表性、权威性、合法性方面，明显优于“国联”，在一定程度上起到了稳定世界政经局势的作用。但是，随着时间的推移，其权利分配相对于经济现实严重滞后。例如，联合国常任理事国的成员组成，与当前大国经济实力的座次严重脱节。*IMF* 等国际金融机构的投票权和份额分配严重不公。这些因素影响了全球治理机构的合法性、代表性和解决国际问题的能力，成为新旧势力的矛盾焦点。

二、两次危机演变过程和政策应对比较

（一）演变过程比较

首先，两次危机爆发前，美国经济都经历了一段长期繁荣。“一战”后，美国经济迅速发展，生产能力迅速扩张，各项经济指标欣欣向荣，出现了长达10年的“柯立芝繁荣”，在美国近代史上这段时期也被称为“喧嚣的20年代”。2007年次贷危机爆发前，世界经济亦经历了10余年的高增长和低通胀。21世纪初新经济泡沫破灭后，美国经济迅速反弹，房地产蓬勃发展，需求增长迅速，市场由此产生过度乐观的情绪，金融市场风险溢价下降而风险偏好上升。

其次，两次危机的演变路径相异。大萧条是产品供需脱节导致的，危机传播路径是生产性危机—全球金融危机—主要资本主义国家实体经济衰退。在1929年10月24日纽约股市暴跌前，资本主义世界就已出现生产性危机。在慢性农业危机打击下，英法等欧洲国家的工业尚未从“一战”中复苏，便再次进入生产萧条中；日本也在1927—1928年进入生产性危机。为规避风险，寻求高回报，国际上投机风气高涨，资本加速从生产领域中流出，工业渐趋萧条。1929年9月26日，英格兰银行为制止黄金外流和保护英镑在国际汇兑中的地位，大幅提高再贴现率和银行利率，直接诱发美国股市地震。1929年10月24日，纽约股市大幅下挫。股市崩溃迅速蔓延至银行体系，银行体系瘫痪，违约和破产程度严重影响了除联邦政府之外的几乎所有借款人。大萧条时期，美国出现银行倒闭潮，1930年、1931年和1932年，分别有6789家、2294家和1456家银行关张。面对来势汹汹的危机冲击，美国金融机构加紧收回在国外的短期贷款，许多欧洲银行相继告急，金融危机迅速扩展到全世界。由此，西方各国进入不同程度的衰退，国际贸易额和投资额迅速下降。

2008年国际金融危机是过度消费和过度金融创新导致的，危机演变路径是美国次贷危机—全球金融危机—主要发达国家实体经济衰退。2007年3月，美国第二大次级抵押贷款机构和最大住房抵押贷款公司先后濒临破产，次贷危机爆发。2008年9月，美国政府接管两家最大的住宅抵押贷款融资机构——房地美和房利美，危机从次贷相关机构蔓延至商业银行，并从美国迅速蔓延至欧洲，次贷危机正式升级为国际金融危机。2009年，美国股市市值蒸发达创纪录的7.3万亿美元，英、法、德三大股市同期跌幅都在四成左右。在美国，不仅华尔街的独立投行完全消失，小型银行也不断倒闭。2009年、2010年和2011年，美银行破产数量分别为140家、157家和92家，2012年前7个月仍有31家破产。同时，欧美日大批银行、保险公司也不得不依靠政府的流动性支持才勉强生存。财富性资产的大量缩水使人们对未来信心受挫，进而波及实体经济。

再次，两次危机对实体经济的影响不同。大萧条本质是生产性危机，且持续整整四年，因此对实体经济产生了强大冲击。在美国，由于银行迅速大规模倒闭，企业难以获得贷款，最终13万家企业倒闭。大萧条使美国工业产出下降37%，价格下降33%，实际*GNP*下降30%，名义*GNP*下降了一半以上。[①]与1929年相比，1933年整个资本主义世界工业生产下降40%，退回到比1913年还低10%的水平。全球贸易额则从686亿美元降到242亿美元，降幅达65%。[②]2008年国际金融危机的本质是虚拟经济的危机，目前看对实体经济打击较小。与大萧条不同，次贷危机爆发后，尽管投资银行岌岌可危，但商业银行并未出现大规模倒闭，工商企业贷款余额下降幅度也不大，因此对投资、产出和就业市场的影响远小于大萧条。危机后，发达经济体经历了先衰退后反弹再温和减速的增长轨迹。2009年发达经济体陷入罕见的同步衰退（当年集体衰退3.36%），以美元计算的国际贸易额下降10.3%，全球直接投资收缩32%。2010年，发达经济体在政策刺激下出现明显反弹，但2011年开始增速明显下降，部分经济甚至出现小幅衰退。整体而言，发达经济体增速从2010年的3%下降至2011

---

① 彼得·特明（Peter Temin）：《大萧条》，载斯坦利·L. 恩格尔曼和罗伯特·E. 高尔曼主编：《剑桥美国经济史（第三卷）：20世纪》，中国人民大学出版社2008年版。

② 宋媛媛、胡超：《金融危机发生的内在机制与思考——机遇对美国两次金融危机的比较》，《现代商贸工业》2009年第22期。

年的1.6%，预计2012年将进一步下降至1.3%。2011年下半年开始，新兴市场和发展中国家也明显减速，经济增长从2010年的7.4%下滑到2011年6.2%，预计2012年将进一步滑落至5.3%。①受此影响，国际贸易和国际投资在经历了两年连续增长后，2012年出现明显下滑。

最后，两次危机都对全球经济产生持续影响力。大萧条在美国表现出明显的长尾效应。尽管在罗斯福新政刺激下，1937年美工业生产一度恢复到1929年水平，但由于美联储过早收紧货币政策，美经济1937—1938年陷入二次衰退。直到1941年后，美国为"二战"提供大量军需物品而大发其财，美国*GDP*才开始稳步超过1929年水平（如图1所示）。与大萧条相同，最近美国经济也颓相毕露，断言美国经济已走出衰退阴霾尚嫌过早。应当看到，2010年发达国家的经济反弹是在各国联手推出极度宽松的货币政策和财政政策的刺激下获得的，经济自主复苏的根基仍不稳固。国际货币基金组织2012年10月发布的《世界经济展望》报告指出，世界经济复苏依然脆弱，未来不确定性上升，主要风险来自久拖不决的欧元区债务危机和美国的"财政悬崖"。种种迹象表明，2008年国际金融危机仍未完全落幕。

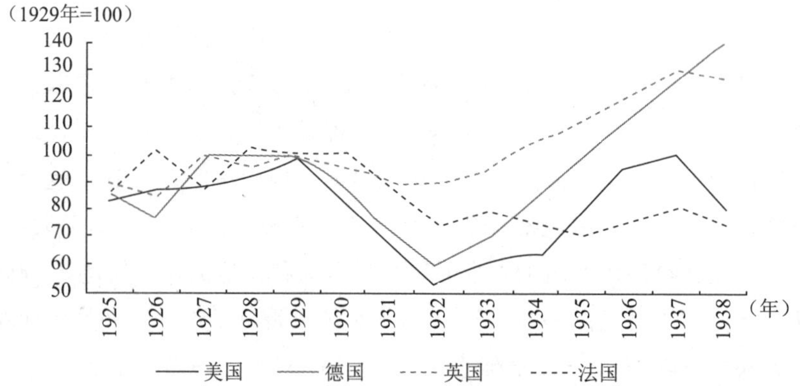

图1　大萧条中各国工业产出

数据来源：沈建光、肖红：《次贷危机与主要金融危机比较》，《金融研究》2008年第12期，第15页。

① IMF, *World Economic Outlook*, October 2012.

（二）政策应对比较

大萧条时期，胡佛政府和罗斯福政府推出了完全不同的反危机政策。2008 年国际金融危机爆发后，美国政府充分吸收了大萧条时期的经验教训，反危机政策与罗斯福政府表现出许多共通之处。

第一，货币政策。美联储虽建立于 1913 年，但其运用货币政策主动调节经济是在罗斯福新政以后。大萧条前期，美联储错误地在市场流动性极度匮乏时采取紧缩性货币政策，结果导致危机蔓延和升级。罗斯福主政后，赋予美联储直接管理全国货币、信贷和利率的权力，事实上结束了自由银行制。2008 年国际金融危机爆发后，美联储大胆使用货币政策，采取了流动性工具创新、超低利率及“量化宽松”等一系列扩张性举措。2007 年 4 月，美联储将联邦基金基准利率由近年来最高位的 6.25% 下降到 5.75%，此后多次下调，直到 2008 年 12 月调至 0 ~ 0.5% 的历史低位。在利率下调没有空间后，美联储开始实行“量化宽松”，即通过直接购买和持有资产，越过商业银行直接向经济体注入流动性。2009 年 3 月，美联储宣布将直接购买 3000 亿美元的 2 ~ 10 年期的美国国债、7500 亿美元的 *MBS* 债券，以及 1000 亿美元的机构债。2010 年 10 月，美联储又推出总额为 6000 亿美元的第二轮“量化宽松”，用于购买美长期国债。2012 年 9 月，美联储宣布实施第三轮“量化宽松”，每月购买 400 亿美元的抵押贷款支持债券，同时将超低利率（0 ~ 0.25%）延长至 2015 年中期。

第二，财政政策。大萧条爆发时，西方资本主义国家仍受“预算平衡理论”影响，试图通过削减政府收入来提振经济。胡佛总统执政后期，开始采取扩大预算赤字的方法来刺激经济，但由于经济政策互相矛盾牵制，经济提振效果不彰。罗斯福入主白宫后，建立了发挥政府作用的宏观经济调节机制。“新政”期间，罗斯福政府颁布了 46 项经济立法，设置了 35 个具有经济职能的行政机构，支出约 350 亿美元巨款。“新政”突破传统的平衡预算框架，通过大量举债人为扩大需求，使全社会的生产和消费达到相对均衡。此后，预算赤字成为美国政府应对危机、促进经济增长的重要政策手段，并对世界其他国家产生了重要影响。2008 年国际金融危机爆发后，美国政府果断出台规模庞大的经济刺激政策，试图通过援助陷入困境的金融机构、大幅退税和加大政府投资来促进经济复苏。但是，这一政策的副作用也很大，财政赤字和国债负担直线上升。例如，美国财政赤字占*GDP*百分比从2007年的1.14%迅速升至2009年的13.3%以上，并在随后两年一直保持在10%的高位以上；公共债务则从62.2%迅速升至2011年的102.9%。预计，2012年，美财政赤字和公共债务将分别为8.7%和107.2%。①

第三，金融监管政策。整顿银行与金融业是罗斯福新政的重要内容，主要措施包括实施投资银行与商业银行分业经营、建立联邦储蓄保险公司、扩大美联储的权利、管制证券业等，重要法令包括《紧急银行救济法》《联邦证券法》《银行存款保险法》和《1933年银行法》（亦称《格拉斯—斯蒂格尔法案》）等。2008年国际金融危机爆发后，美国政府意识到金融过度自由化的弊端，决定加强金融监管。2010年7月，美国金融改革法案终获国会通过。该法案被视为继《格拉斯—斯蒂格尔法案》后的又一里程碑。该法主要强调了宏观审慎监管、严格金融监管标准、扩大监管覆盖范围以及强化机构协调监管等四方面内容。此外，为恢复市场信心，美国证券交易委员会在危机爆发后加强了市场监管，主要手段包括：积极打击欺诈和市场操纵行为；采取多项临时干预措施，减少资本市场波动对金融机构产生新的冲击；加强对信用评级机构监管；加强金融信息披露等。

第四，国际贸易政策。大萧条时期贸易保护主义政策使国际贸易急剧萎缩，严重损害了各国实体经济。为消化过剩产能，保护本国企业利益，美国政府于1930年出台《*Smoot - Hawley*关税法案》，将20000余种进口商品的关税提高到前所未有的水平。该法案引起其他国家的强烈不满并争相对美国采取报复性措施，全球兴起贸易保护主义浪潮，国际贸易大幅下挫，全球经济严重收缩。2008年国际金融危机爆发后，主要经济体领导人多次告诫国际社会不要走上大萧条的老路。例如，*G*20历次峰会公报都呼吁不要采取以邻为壑的贸易保护主义政策。尽管危机后，发达和发展中经济体不时采取一些小规模保护主义举措，但总体保持了清醒和克制，没有出现政府主导的大规模贸易保护主义行动。

第五，国际金融货币政策。大萧条爆发后的1933年6月，66个国家

① IMF, *Fiscal Moniter*, 2012 October.

在伦敦召开世界经济会议，试图稳定货币，实行关税休战，但是美国政府在会上拒绝加入国际社会共同干预全球大萧条的行动，导致会议未能达成实质性协议。由于各国未能采取合作方式解决危机，危机迅速蔓延并恶化。资本主义国家间矛盾激化，对外纷纷打起关税战、倾销战和货币战，导致资本主义世界严重分化，政治对立不断加强。三年后，美国政府改变了在国际货币事务上的不合作立场。1936 年，美国与英、法达成《三边协定》，建立国际金汇兑本位制，在一定程度上促进了国际货币体系的稳定。《三边协定》本质上是美元汇兑本位制，该协定成为“二战”后布雷顿森林体系的雏形。2008 年国际金融危机爆发后，世界主要经济体十分重视货币合作。其一，共同注入流动性。欧洲央行和美联储多次同时宣布对市场注入流动性，日本、澳大利亚等央行也纷纷加入，采取联合行动来稳定市场。美联储还与欧洲、部分东亚及邻国央行签订货币互换协议，相互提供流动性，以平抑离岸市场的利率。其二，发达国家回应新兴经济体的要求，利用 G20 平台推动国际货币基金组织和世界银行等国际金融机构改革，探索国际货币体系改革的路径和方法。

三、两次危机产生的原因比较

（一）货币政策极度宽松，信用严重膨胀

整个20年代，美联储的贴现率一降再降，直至1925—1927年才稳定在3.5%～4%的水平。1927年，迫于英法德三国压力，美联储不得不进一步放松银根，将再贴现率从4%下降到3.5%。*Adolph C. Miller*称其为“联邦储备系统有史以来最大胆的业务操作……这导致了75年来联邦储备系统或其他银行系统所犯下的代价最为昂贵的错误”。[①]贴现率降低极大地刺激了银行消费信贷和股市投机，制造了消费泡沫和股市泡沫。一方面，分期付款赊销快速增长，1924—1929年，分期付款赊销额约从20亿美元上升至35亿美元，银行风险不断积聚。另一方面，股票买卖成为全国性业余爱好。1921—1929年，美国股市持续上涨，道琼斯指数从75点上升到363点，意味着在长达10年的时间里保持了年均21.8%的高增长率。

与之相似，21世纪初新经济泡沫破灭后，美联储2001年开始连续13次降息，在不到三年的时间内将利率从6%下调到不到1%，之后又长期维持2%的低水平（如图2所示）。如果考虑通货膨胀因素，美联储的实际利率为负。降息政策对股市和房地产市场造成不同的影响。一方面，股市在经历了新经济泡沫冲击后，并未因降息政策而获得有效提升，但下降幅度逐渐放慢，道琼斯指数于2003年初开始缓慢回升。另一方面，房地产市场却因此进入新的繁荣期，次贷泡沫不断膨胀。

① 王钊：《1929年至2007年美国金融危机爆发的动态机制比较研究》，《世界经济情况》2009年第9期。

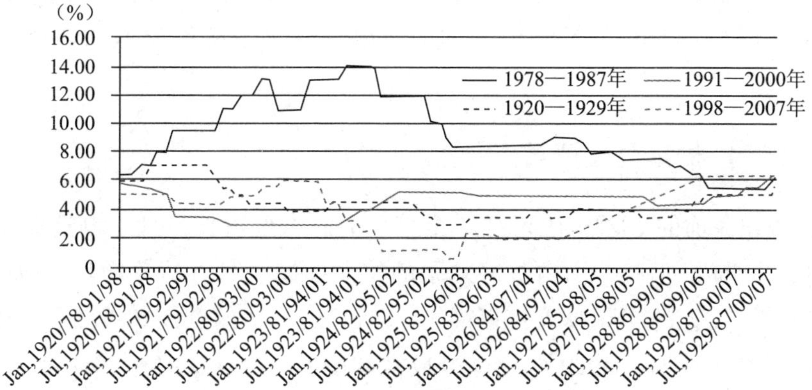

图 2　四次危机美国利率走势比较

注：其中 1920—1929 年为纽约联邦储备银行的贴现率，其他均为联邦基金利率。

数据来源：美联储数据库，转引自王钊：《1929 年至 2007 年美国金融危机爆发的动态机制比较研究》，《世界经济情况》2009 年第 9 期。

（二）放松金融监管，虚拟经济过度膨胀

大萧条前虚拟经济膨胀主要表现在股市，而 2008 年金融危机主要表现在证券和与之相关的金融衍生工具上。20 世纪 20 年代，美联储修改保证金交易制度为股市繁荣打了一剂催化剂。1929 年，保证金交易成为市场主流，投资者仅用 10% ~15% 的自有资本就可以交易股票，而且当时美国并没有建立有效的法律机制来限制买空和卖空股票，这就给保证金交易以漏洞，即过度使用杠杆交易。

20 世纪 70 年代，西方国家普遍陷入滞涨，美国经济政策从凯恩斯主义转向新自由主义。新自由主义反对政府调控，主张私有化、市场化、自由化和全球化，强调市场自动运转即可实现资源配置的优化。1980—1982 年，美国国会通过了两个重要法案，放松了对金融机构的管制。1999 年和 2000 年，在美国政府的极力推动下，美国国会又通过了《金融服务现代化法案》和《商品期货现代法案》，解除了对期货市场、信用违约互换交易的监管，大大刺激了金融产品的“创新”。一方面，各类金融创新工具层出不穷；另一方面，政府金融监管严重落后，难以掌握金融体系积聚的风险。伴随着各种金融创新工具的出现，美国虚拟经济急速膨胀。1995—

2007年，美国金融机构创造的金融衍生品余额增长了8.7倍，而同期美国经济只增长了86%，经济上升期的金融泡沫为下降期的泡沫破灭埋下隐患。

（三）贫富分化严重

大萧条前的1920—1929年，全美工业总产值增长53%，制造业产量增长了64%。但是，国内贫富差距的扩大抑制了私人消费增长。1923—1929年，工人的实际收入只提高了11%，而公司的利润却增长了65%，股息增长了65%。1929年，全美最富有的5%的家庭占有30%的收入；60%的家庭收入在平均数1600美元以下；最富有的5%的家庭平均收入比最低的40%的家庭要多18.3倍。2008年金融危机前，美国总体经济增长与普通人的境遇之间也存在严重脱节，表现在数据上是工资与中值收入均处于停滞不前的状态。次贷危机前，美国贫富差距的程度几乎与20世纪20年代同样严重。2005年美国收入最高的1%群体获得了总收入的17.4%，收入最高的10%群体获得了总收入的44.3%。20世纪20年代这两个比例分别是17.3%和43.6%。①

（四）分别源于生产过剩和金融过剩

大萧条的起因是美国生产过剩和全球市场容量萎缩之间矛盾加剧，是有效需求不足引致的危机。而2008年国际金融危机的起因是美国嬗变为金融大国后，财富性收入与实体性收入不对称导致对消费能力的过度透支。20世纪80年代以来，美国内部经济结构出现两大明显趋势性变化，即“去工业化”和“虚拟化”。美国经济“去工业化”表现为实体经济的衰落。美国实体经济占全部*GDP*比例从1950年的61.78%降到2007年的33.99%，制造业则从27%降至11.7%；同时，虚拟经济占比却从11.37%升至20.67%。美国战后的三大支柱产业——汽车、钢铁和建筑业——早已不具往日辉煌，取而代之的是金融服务业和房地产服务业。

由于美国经济增长过度依赖房地产业，房地产泡沫不断膨胀。为了刺激低收入者的购房需求，美国政府大幅放松了对抵押购房者的资格要求。

---

① 陈东琪，等：《世界经济危机问题研究》，中国计划出版社2010年版，第26页。

1994—2006 年，美国房贷市场的总发放额年均增长 15%，次级房贷发放额的年均增长率高达 27%，12 年间增长近 20 倍。其中，2000—2005 年次级房贷发放量几乎翻了 3 番。2001—2006 年，美国次级贷款总规模占抵押贷款市场总规模比率从 5.6% 升至 21%。及至 2007 年，次贷推迟偿还与违约现象剧增（如图 3 所示），从而引爆次贷危机。本来，次级贷款占抵押贷款市场规模的比重并不算太高，照说对美金融体系的影响并不会太大，但 20 世纪 90 年代以来金融创新的过度发展使次级贷款的风险扩散到欧美整个金融体系中。

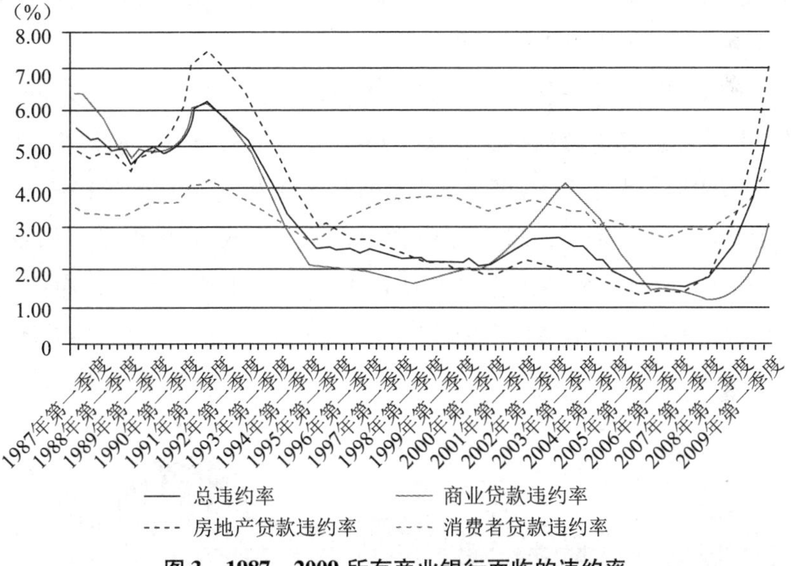

图 3　1987—2009 所有商业银行面临的违约率

数据来源：美联储数据。

（五）全球经济失衡是两次危机爆发的深层次原因

大萧条时期的全球失衡表现为美国经济的迅速崛起，伴随的是美贸易顺差的持续扩大和黄金的滚滚流入。其一，美国巨大的生产能力与国外市场的持续萎缩形成深刻矛盾。20 世纪 20 年代，美国农业产量大幅提高，但因市场需求不旺国际价格持续下跌。如将 1923—1925 年的世界农产品价格和贮存量设为 100，到 1929 年 7—10 月价格水平已跌至 70，而贮存量达到 175。1920—1929 年，全美工业总产值增长 53%，制造业产量增长

64%。其中，汽车工业增长255%，化学工业增长94%，橡胶工业增长86%，钢铁业增长70%。①在美国经济持续高增长的同时，英、德、日等资本主义国家陷入慢性萧条，其他殖民地和半殖民地经济也大多不景气。美国虽成为全球生产制造中心，但美国以外市场的消费需求却在逐步萎缩。其二，受经济增势、贸易顺差、政治稳定等因素驱使，加上各国偿还的战争债务，全球资本源源不断涌入美国，美国金融体系泡沫膨胀。美国的黄金贮藏量从1913年的19.24亿美元增加到1924年的44.99亿美元，占世界黄金总贮藏量的一半。②从1926年起，美元进入升值通道，大量寻求保值增值的海外资金流向美国的房地产市场和股市，美国国内金融资产价格和数量急剧膨胀，成为危机前兆。

2008年国际金融危机前的全球失衡表现为美国双赤字问题不断恶化，伴随的是外部融资规模的持续扩大。1997年美国经常项目逆差为1227亿美元，2008年扩大至7386亿美元。新兴经济体和发展中国家1997年经常项目逆差为829亿美元，2007年经常项目顺差为6310亿美元（如图4所示）。1997年以来，发达国家已经从资本净流出地转变为资本净流入地，新兴市场和其他发展中国家则变成国际资本净输出地，全球资本流动不是

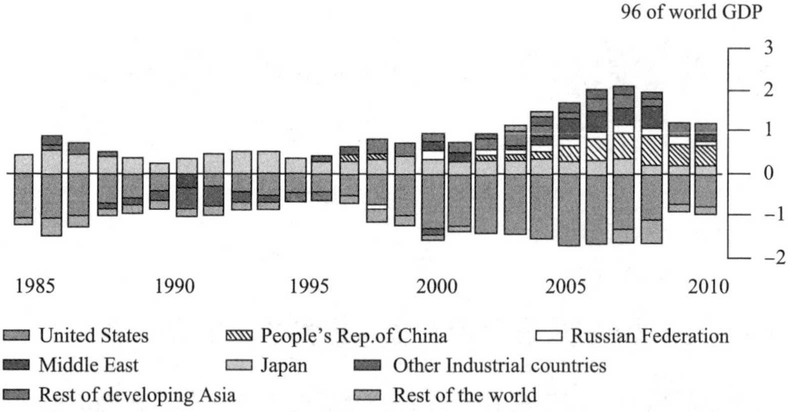

图4 世界经常账户余额情况

数据来源：*International Monetary Fund*，*World Economic Outlook Database*。

① 吉尔伯特·C. 菲特、吉姆·E. 里斯：《美国经济史》，司徒淳，等，译，辽宁人民出版社1981年版，第668－700页。

② 斯塔夫里阿诺斯：《全球通史—从史前史到21世纪（第7版修订版下）》，吴象婴，等，译，北京大学出版社2005年版，第661页。

致力于发展，而是为发达市场的金融交易融资。在金融全球化时期，纽约是世界金融中心，国际资本净流入美国的比重高达70%～85%左右。这一时期，美国消费扩张成为全球经济增长的重要引擎（对于出口导向型经济体尤其如此），而美国消费扩张的支柱却是次贷化的房地产市场和过度创新的金融市场。因此，2008年国际金融危机既是美国消费主义的危机，也是全球经济增长模式的危机。

（六）国际货币体系的内在缺陷是两次危机爆发的体系性根源

大萧条爆发前的20世纪20年代，西方资本主义国家曾试图重塑金本位制。但是，由于两次世界大战间各种复杂的国际国内政治经济因素的交互作用，跛足金本位制无法发挥稳定器的作用。主要表现在以下几个方面：首先，金本位制核心原则遭到破坏。金本位制运行的基础是黄金自由流动、自由兑换和自由输出。“一战”后，各国经济凋敝、通胀极高，根本不可能遵守这些原则，金本位制固有的通缩倾向被放大。其次，黄金分布不均与双中心结构削弱了黄金作为货币的功能。美国经济力量的崛起和法国重返金本位时的汇率低估，使得两国成为黄金大国。1928—1932年，黄金持续流入法国，与法国经济总量越来越不相称。到1932年，法国和美国持有的黄金分别占世界黄金储备的32%和40%，国际金汇兑本位制出现两个中心。最后，国际上最后贷款人的缺失。查尔斯·金德尔伯格在论及30年代大萧条时指出，20世纪20年代，国际经济体系之所以不稳定是因为英国没有能力、美国又不愿意在“为跌价出售的商品保持比较开放的市场，提供反经济周期的长期贷款，在危机时期贴现”这三个方面“承担责任以稳定国际经济体系致使该体系处于不稳定状态”。再加上“战争遗留下来的问题，尤其是赔款、战争债务、英镑定值过高和法郎定值过低等问题合在一起”①，致使世界经济体系更加不稳定，从而造成了30年代的大萧条。

2008年国际金融危机爆发于布雷顿森林体系正式崩溃35年之后，此次危机的爆发是全球金融霸主美国滥用美元信用、过度透支美元特权的结

---

① 查尔斯·金德尔伯格：《1929—1939年世界经济萧条》，宋承先、洪文达，译，上海译文出版社1986年版。

果。20世纪70年代初布雷顿森林体系崩溃后，国际货币体系从美元汇兑本位制过渡到美元信用本位制，美元依然在国际货币体系中处于中心地位。美元的这一特殊地位，使美国拥有世界货币金融控制权，并赋予其动员全球资金为过度开支和消费融资的巨大权力。“9·11”事件爆发后，美国对外军事扩张，对内刺激私人消费，双赤字问题因此越来越严重。为了分散巨额债务负担，美国一方面不断提高法定国债上限，由政府直接大量发售国债，美联储加速印钞机运转大肆购买国债，以无成本的基础货币投放向全世界分配债务负担；另一方面，放任银行和投行等金融机构向全世界倾销金融衍生品，它们将贷款打包证券化，变成债券卖给投资者，回笼资金后重新用于借贷，这种周而复始的“放贷—借贷”循环不断放大债务规模。美国推动并利用全球“倒金融金字塔”①，来实现美国巨额债务的风险全球化。由于美虚拟经济和金融风险过度积累，最终引发国际金融危机。

① 最底层是各国央行发行的基础货币，占2%；中间层是股票、债券、房地产等投资品，占10%～20%；顶层是信用违约互换、利率掉期等衍生品，占70%。见陈东琪，等：《世界经济危机问题研究》，中国计划出版社2010年版。

四、两次危机对世界政治经济格局和治理的影响比较

（一）对世界经济格局的影响

首先，两次危机都对国际经济造成巨大冲击，国际经济金融风险大增。大萧条将整个西方资本主义世界拖入了经济泥潭，生产下降幅度之大、危机波及范围之广、持续时间之长、失业率之高都是空前的。而且，大萧条的破坏性影响并没有在1933年结束，之后欧美各国经济调整仍甚为艰难，最终驱使美欧列强兵戎相见。同样，2008年国际金融危机也对世界经济产生深远影响。第一，发达国家至今仍未摆脱衰退阴影。尽管美国经济于2010年暂时走出衰退实现2.4%的增长，但2011年上半年经济明显减速，“二次探底”可能性增加。第二，危机后，发达国家因实施大规模财政刺激政策集体步入高债务区，并成为后危机时代全球经济金融稳定的最大风险（如表1所示）。2010年春开始，欧债危机不断发酵，从希腊逐渐蔓延至爱尔兰、葡萄牙，并呈现向西班牙、意大利、法国等欧元区大型经济体扩散的征兆，欧债危机转化为欧元危机的可能性增加。此外，美国政府虽在2011年8月初最终达成妥协提高国债上限，但过去一年多美国债仍在迅速增长，并不断逼近上限，2013年初美政府可能因巨大财政缺口而面临“财政悬崖”。第三，危机后，发达国家同步实施的极度宽松的货币政策令全球流动性严重过剩。新兴市场和发展中国家虽未受到金融危机的直接冲击，但却因发达经济体抗危机经济政策的外溢效果，发展环境明显恶化。以2011年7月为分界线，新兴经济体普遍经历冰火两重天：在此之前，面临资本大规模流入、经济增长过热、通胀压力增加、资产泡沫增加、货币迅速升值等经济风险；在此之后，又面临资本大规模流出、经济明显减速、资本市场震荡、货币大幅贬值等诸多压力。

表 1 主要发达国家财政赤字和政府债务占 GDP 比重 %

时间	2008 年	2009 年	2010 年	2011 年	2012 年	2013 年
			美国			
财政赤字	6.7	13.3	11.2	10.1	8.7	7.3
政府债务	76.1	89.7	98.6	102.9	107.2	111.7
			欧元区			
财政赤字	2.1	6.4	6.2	4.1	3.3	2.6
政府债务	70.2	80.0	85.4	88.0	93.6	94.9
			日本			
财政赤字	4.1	10.4	9.4	9.8	10.0	9.1
政府债务	191.8	210.2	215.3	229.6	236.6	245.0
			英国			
财政赤字	5.1	10.4	9.9	8.5	8.2	7.3
政府债务	52.2	68.0	75.0	81.8	88.7	93.3

注：2012 年和 2013 年为预测数据。

数据来源：IMF，*Fiscal Monitor*，2012 October.

其次，两次危机都引发了西方国家的经济结构调整。大萧条后，西方各国的应对之法并未实质性消除危机。德、日、意等国把解决过剩产能的希望转向国外市场，加大国内工业结构向军事化转化力度；美国从市场万能的神话走向政府部分干预，加大了国民福利支出；英、法等国则加强了资本垄断，并向国家资本主义发展。这些结构性调整虽部分缓和了大萧条的危害，但难以促使经济真正复苏。1936 年，资本世界再次陷入“二次衰退”，不久后便爆发“二战”。2008 年国际金融危机的爆发标志着以美国过度消费为引擎的国际增长模式走到尽头，危机后世界主要经济体进入经济再平衡的艰难调整期。美国政府提出“再工业化”口号和“五年内出口翻倍”计划；德国和日本传统贸易顺差国则需要推进经济结构改革，促进进口；出口导向型新兴经济体则需要启动内需。

再次，两次危机都加速了国际经济力量的转换。大萧条虽然起源于美国，但刚从“一战”中脱身的欧洲受到的打击更为严重。大萧条和之后“二战”爆发，使美欧经济实力差距进一步扩大。1937—1948 年，美国在资本主义经济中比重迅速增加，工业生产由 42%（为英、德、法、日四国总和的1.3倍）升至53.4%（4国总和的2.7倍），出口贸易由14.2%升至32.4%，黄金储备由50.5%升至74.5%。与美国相反，战后欧洲经济濒于崩溃，粮食和燃料等物资极度匮乏，基础设施几乎毁坏殆尽，货币支付能力根本无法满足其进口需要。失业率持续走高、食品短缺导致罢工不断，社会秩序日趋动荡。到1947年，欧洲经济依然徘徊在战前水平以下，几乎没有增长。其中，农业生产是1938年水平的83%，工业生产为88%，出口总额则仅为59%。

同样，2008年金融危机也加强了国际经济的分化势头，加速了发达经济体的相对衰落和新兴国家的相对崛起。2000年之后，新兴国家经济增速明显高于发达经济体，而且差距不断扩大（如图5所示）。2008年国际金融危机爆发后，世界进入“双速”发展期，发达经济体持续低迷，而新兴市场保持高速增长。2009年，发达经济体在金融危机的打击下集体衰退3.36%，而新兴经济体仍然获得了2.72%的增长。国际货币基金组织预计，2013年，发达经济体和新兴经济体将分别获得1.5%和5.6%的增长。预计2013—2017年，两类经济体的经济增速将保持3%～4%的差距。

最后，两次危机都对国际货币体系产生巨大冲击。大萧条和其后全球经济金融动荡，导致黄金源源不断输往美国，美国逐渐取代英国成为国际金融体系的中心。“二战”之后，美国的全球经济金融霸主地位正式确立，国际上成立了以美元与黄金挂钩为中心的布雷顿森林体系。2008年国际金融危机爆发后，美元信用本位制的固有缺陷暴露无遗，国际货币多元化趋势更加明显，国际货币体系改革提上议程，主要经济体开始积极寻找脱离美元的路径。

（二）对世界政治格局的影响

大萧条在政治上起到了放大民族冲突及意识形态差别的作用，促成国际上两大政治军事联盟的形成，最终引爆第二次世界大战。危机所到之处，各地都掀起了不同程度的政治动乱。在英国，1929年6月开始执政的工党内阁迫于不断加大的危机压力，于1931年8月宣布解散；在法国，左派也因大萧条的压力而被迫下台；在德国1932年7月的选举中，希特勒提出通过战争来刺激经济的论点，得到了深受危机之害的德国民众的热烈追随。纳粹党赢得大选，希特勒在1933年1月正式就任内阁总理。为了寻求

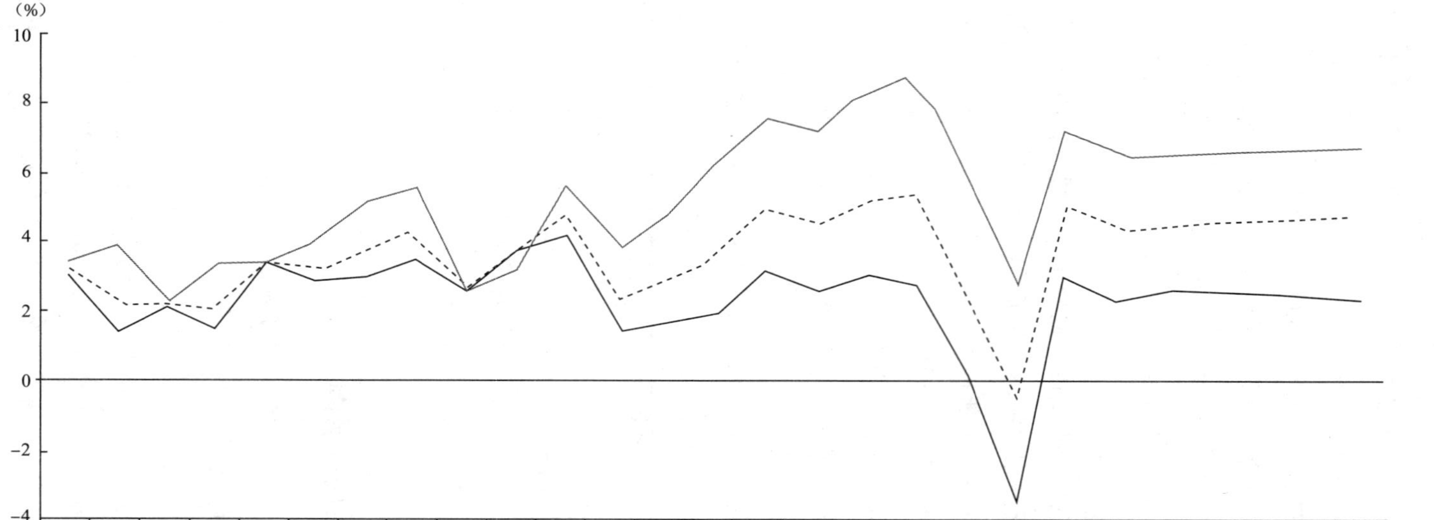

	1990	1991	1992	1993	1994	1995	1996	1997	1998	1999	2000	2001	2002	2003	2004	2005	2006	2007	2008	2009	2010	2011	2012	2013	2014	2015	2016
---世界	3.215	2.206	2.206	2.117	3.403	3.277	3.761	4.276	2.559	3.486	4.778	2.281	2.865	3.629	4.916	4.572	5.244	5.395	2.865	-0.524	5.01	4.401	4.513	4.54	4.627	4.667	4.732
—发达	3.137	1.461	2.175	1.473	3.423	2.853	2.985	3.483	2.608	3.682	4.186	1.417	1.732	1.935	3.15	2.668	3.003	2.728	0.219	-3.36	2.968	2.376	2.577	2.504	2.47	2.426	2.386
—新兴	3.392	3.849	2.261	3.257	3.368	4.025	5.114	5.631	2.474	3.15	5.781	3.712	4.689	6.245	7.534	7.275	8.235	8.804	6.063	2.724	7.253	6.54	6.485	6.536	6.661	6.697	6.772

图5　1990—2016年世界经济增长态势和发展趋势

注：新兴市场包括IMF定义的所有新兴市场和发展中国家；2011—2016年为预测值。

数据来源：IMF，World Economic Outlook , April 2011.

经济出路，获得国际空间，抢夺“阳光下的地盘”，后起资本主义国家德国、意大利和日本最终结成轴心国，向老牌资本主义帝国发起了争夺殖民地的战争。

2008 年国际金融危机加强了国际政治多极化趋势，南北格局更加凸显，美国霸权进入收缩期。首先，国际政治多极化趋势呈现新特点，新兴经济体群体崛起，南北力量发生明显变化。近年来，“金砖四国”（BRICs）、“E7 集团”、“新钻 11 国”（N－11）、“灵猫六国”（CIVETS）、“远景五国”（VISTA）等名词不断涌现。随着经济力量的增强，南南合作对北方国家的依赖不断下降，新兴经济体之间结成更为紧密的政经合作关系。例如，“金砖四国”过渡为“金砖国家”机制，中国与非洲、印度与非洲、非洲与南美洲陆续建立论坛合作机制等。作为一个整体，新兴经济体在国际政治中的声音越来越清晰。其次，美国霸权进入收缩期。2008 年国际金融危机起源于美国次贷危机，美国新自由主义神话破灭，华尔街的贪婪遭到世人强烈谴责。更重要的是，由于将大量财力用于刺激国内经济复苏，国防开支受到影响，美国的对外军事战略不得不面临阶段性收缩。危机爆发后，美国政府开始反思其全球反恐战略，谋求从阿富汗和伊拉克尽快撤军。在北约针对中东北非的军事行动中，美国也放低姿态，让欧洲大国冲在前面。总之，危机后，美国政府将工作重心转移到国内经济问题上，全球政治、军事、战略问题屈居次座。再次，世界局部地区出现政治动荡。最突出的例子是中东北非的政治海啸。该地区大部分国家长期由独裁政权统治，政府不得民心、国内贫富差距较大。在国际金融危机的冲击下，一些国家经济下滑、失业率上升，国内经济社会稳定性减弱，政治性事件增多，甚至出现大规模内乱。目前，该地区已有四个独裁政权被颠覆，另有多个政权摇摇欲坠，中东地区的政治版图将因金融海啸引发的“中东波”而被彻底改写。此外，欧洲部分国家因经济下滑、失业高企，也出现反政府示威，甚至社会动荡。例如，2011 年 8 月初，英国伦敦出现大规模城市骚乱，并迅速向周边城市扩散。最后，欧盟的政治凝聚力面临巨大考验。2008 年国际金融危机对欧洲经济，特别是欧元区边缘经济体造成巨大冲击。金融危机将希腊、爱尔兰、葡萄牙等国的国债规模迅速推至不可持续的水平，导致欧债危机爆发。欧债危机的本质是欧元危机，是欧盟的政治体系危机。在核心国与受困国围绕危机救助的反复拉锯战中，欧盟的政治凝聚力受到空前考验。一旦欧债危机蔓延至意大利、西班牙和法国等欧元区大型经济体，欧盟现有危机救助机制将破产，欧债危机也将转化成一场严重的货币与政治危机。

（三）对全球治理的影响

大萧条和后来“二战”的爆发使西方国家意识到全球治理的重要性。“二战”后，欧美建立了人类历史上第一个由国际机构管理的国际货币体系，并创建了以联合国等国际组织为核心的全球治理机构。大萧条使西方国家意识到维护国际货币体系稳定运行的重要性。1936 年，美国、英国和法国达成《三边协定》，在三国间实行金汇兑本位制，美元的储备货币地位得到很大提高。“二战”结束后，在美国的主导下建立了以联合国、国际货币基金组织、世界银行、世界贸易组织（前身为关贸总协定）为中心的国际治理体系。在国际货币制度上，建立了美元与黄金挂钩、其他货币与美元挂钩的美元汇兑本位制。人类历史上也因此出现了首个由国际机构管理、维护的国际货币制度。

2008 年国际金融危机暴露出全球治理机构与世界经济现实的严重脱节，并由此催发了全球治理机构的改革浪潮。2008 年金融危机对全球治理体系形成了明显的冲击。由于发达国家无力独立应对金融危机，包括十个新兴国家的 G20 组织代替 G7/G8 成为国际经济治理的“首要平台”。尽管到目前为止，围绕 G20 的合法性、代表性和有效性，国际上仍争吵不休，但不能否认的是，G20 在危机爆发后的全球经济政策协调方面发挥了重要作用。自 2008 年首届 G20 会议在美国华盛顿举行后，G20 的全球治理改革议程已经扩大到国际金融监管、国际金融机构、国际货币体系和发展等许多方面。例如，在国际货币体系改革方面，2009 年 4 月 G20 伦敦峰会前后，国际社会热议国际金融货币体系的内在缺陷及其与 2008 年金融危机的关系。2011 年，G20 法国戛纳峰会更将国际货币体系改革列为中心议题。重构后美元霸权时代的新的世界货币体系和新的国际金融秩序，成为危机爆发后各大国关注的国际政治经济焦点与中心议题。

五、两次危机带来的经验、教训和启示

本次金融危机爆发前，全球资本主义体系已经历过多次危机，形成了包括国内应对措施和国际协调机制在内的成熟的调节机制。本次危机尽管来势汹汹、破坏力大，但不会动摇全球资本主义体系的根本理念和制度，仅会在部分领域引发微调或改良。

（一）全球化趋势不会根本逆转

本次危机后，世界主要经济体果断采取极度宽松的货币政策和极度扩张的财政政策来对抗危机。虽然这些反危机政策令世界经济从衰退中迅速反弹，但应急政策过度使用，经济超调副作用开始逐步显现。首先，美国经济再次出现下滑。其次，欧美主权债务危机逐步升级，破坏全球经济金融稳定。最后，中国经济面临的下行风险增加。大萧条留给世人最大的教训是，大危机时期采取以邻为壑的保护主义政策，不但不能保护经济、促进就业、避免衰退，反而导致国际贸易萎缩、国际经济恶化和国际矛盾激化。危机爆发后，尽管发达和新兴经济体在贸易、投资和金融领域采取了一些小规模的保护主义政策，但以上仅是危机时期的临时政策，经济金融全球化的浪潮并没有发生逆转，以协调和合作的方式抵抗危机、共谋发展仍是国际经济的主流。目前看，主要经济体诉诸大规模保护主义行动的可能性较小，全球化的核心理念尚未遭到实质性挑战。本次危机集中暴露出美元信用本位制的巨大缺陷，危机后国际金融货币体系改革被提上重要议程。此外，危机后美国债风险显著上升，美主权债务危机浮现，主要经济体开始各寻远离美元的安全之道，国际货币体系多元化趋势进一步加强。

（二）经济结构调整势在必行

大萧条爆发后，主要资本主义国家都经历了长时间的经济结构调整，直到“二战”结束后十多年，这一调整才基本结束。同样，本次危机的爆发表明，以美国过度消费为主要驱动力的全球经济增长模式不可持续。这一模式包括两个方面，一是美国增长过度依赖消费，二是出口导向型新兴经济体（包括中国）增长过度依赖美国市场。危机后，美国必须经历再平衡调整，将负储蓄率逐步提高，并减少贸易逆差。与此同时，中国经济也需要做出相应调整。在减少贸易逆差的前提下，调整有两种选择，一种是保持现有储蓄率而着力扩大国内投资，另一种是降低储蓄率扩大国内消费。从短期保增长的角度来看，近期应选择前一种调整；而从长期发展来看，则要进行第二种调整，为此必须做好制度与政策准备。

（三）重视政府对经济运行的调节

凯恩斯在《就业、利息和货币通论》中，首次对大萧条做出解释，并提出了阻止大萧条和防止未来大萧条的政策措施。他认为，总需求决定总供给，20 世纪 30 年代增长的崩溃是投资机会枯竭和投资需求下降的结果。由于私人经济具有内在的不稳定性，如果放任自流，必然会陷入萧条，为了阻止萧条的发生，政府必须干预经济，实行积极、稳定的政策以保持经济的良性运行，即运用反经济周期的财政政策以减少周期性的经济波动。他认为，在没有投资需求的情况下，进一步削减利率不会产生任何影响，投资需求对利率不敏感，货币扩张在刺激需求和产量方面不起作用。凯恩斯关于政府通过经济干预创造有效需求，从而引导经济走出危机的观点，对于严格奉行“自由竞争、市场自动调节平衡”准则的传统市场经济理论，无疑具有革命性的意义。大萧条以来宏观经济的发展实践证明了凯恩斯理论的价值，也成为各国政府实施宏观调控的重要理论依据。弗里德曼和施瓦茨等经济学家虽不同意凯恩斯将大萧条完全归咎于需求不足的判断，但其关于通过调整货币政策解决萧条问题的观点，同样也验证了政府干预经济运行，尤其是在危机时期进行积极干预的极端重要性。

（四）审慎对待信用扩张

信用是将未来消费提前到即期，从而扩大消费需求的有效手段，也是市场经济条件下保持一定消费规模，实现与生产规模平衡的方式。如果运用得当，可起到加速发展的作用。但大萧条和 2008 年国际金融危机的演化过程表明，过度依靠信用扩张支撑的消费增长是建立在对未来的乐观预期之上的，缺少经济实力基础的支撑。一旦消费者不考虑自身的消费能力，而借贷机构放松对借款者的贷款要求，借贷成为支撑消费增长和经济增长的主要原因时，正常的经济秩序就会被打破，必然造成坏账的大量积累。当债务人的债务清偿能力受到削弱时，商业信用和银行信用自然会停止，这就是大萧条和2007年次贷危机时银行大量倒闭的原因。

信用扩张不一定能刺激经济增长，反而可能导致资产泡沫膨胀。如果消费者将持有的货币用于购买房地产和股票等吸纳能力比一般消费品更有弹性的资产，信用越扩张，资产价格越膨胀。由于缺乏有真实购买力支撑的有效需求，资金产生的利润越来越偏离资产的价格，公司利润不足以支撑股价，泡沫终究会走向破灭。相反，政府也可以通过控制信用规模，确保信用的扩张不会对实体经济产生实质性伤害，从而起到阻止萧条的发生或减轻萧条程度的作用。

（五）运用宏观审慎政策加强金融监管

过度而不受监管的金融业和金融产品创新分别是大萧条和次贷危机的重要根源。美国的金融创新没能实现分散和降低风险的目的，反而导致风险更加不透明、无限放大和广泛传播。美国在金融监管方面的种种失误导致监管当局未能及时发现和识别风险，使风险不断积累直至总爆发。中国的金融监管体系还刚刚成形，要从次贷危机中吸取教训，进一步改善和加强金融监管体系。要加强对金融机构放贷行为合规性的监管，及时发现问题，避免累积成系统性风险。强化资本充足率的监管，增强金融机构资产负债信息透明度，建立适宜的会计准则，防止金融机构通过表外业务规避资本充足率监管。对金融创新要实行有效监管，避免创新产生道德风险和利率冲突，尤其是要重视宏观审慎政策的运用，防范系统性风险，保障金融与经济体系的安全有效运行。

（六）加强社会保障和维稳工作

大危机可能引发大动荡。大萧条导致资本主义国家家庭收入急剧减少、社会动荡不安、极端思想滋生、政权非正常更迭。本次危机后，中东北非出现政治地震，多个政权被颠覆或摇摇欲坠；英国出现大规模城市骚乱；希腊、西班牙出现大规模反政府游行示威等。中国虽未受到危机直接冲击，但危机后我国面临艰巨的经济结构调整任务，人口老龄化趋势将与经济转型风险叠加，同时国际经济的持续动荡和社会极端思潮的传播也将对社会稳定造成潜在威胁。为保证经济结构调整的顺利进行和社会的稳定发展，我国应高度重视以下三方面工作：一是缩小收入差距，在高通胀时期应切实保护低收入家庭的实际购买力；二是进一步完善社会保障体系，建立健全社会安全网；三是制止社会极端思潮的传播，防止民族分裂思想、宗教极端思想和国际恐怖主义乘虚而入，扰乱社会安宁。

（七）加强国际经济协调

大萧条发生后，大国相继采取的高关税保护主义政策导致国际贸易急剧萎缩、国际经济持续恶化和国际纷争越演越烈，最终引发第二次世界大战。1930 年 6 月，美国签订的《斯穆特—霍利关税法案》，将应税商品的平均关税提高到前所未有的 53.2%。这种以邻为壑的政策，迅速引爆了整个西方世界。各国纷纷效仿，采取报复性保护措施，形成一个全球贸易保护的浪潮。这样各自为政、力图在有限的市场空间中获取最大份额的做法，自然在实践中难以建构合作机制。本次金融危机后，国际经济金融全球化和现有全球治理体系的存在使国际经济协调的达成相对容易，但我们需注意两个问题：一是各种形式的保护主义阴云并未完全散去，这不利于世界经济复苏，或成为更严重危机的来源；二是过度协调，也可能加剧国内经济问题。如我国为配合西方发达国家的反危机行动，推出大规模经济刺激计划，在一定程度上加剧了国内经济过热、通货膨胀等各种问题。

参考文献

1. Ben S. Bernanke, *Essays on the Great Depression*, Princeton University Press, Princeton, New Jersey, 2000.

2. Marion Yass, *The Great Depression*, Wayland Publishers, London, 1973.

3. Karl Brunner, *The Great Depression Revisited*, Kluwer Nijhoff Publishing, London, 1981.

4. Gottfried Haberler, *The World Economy*, *Money*, *and the Great Depression* 1919 – 1939, American Enterprise Institute for Public Policy

Research，1976.

5. 迪克逊·韦克特：《大萧条时代 1929—1941》，秦传安，译，新世界出版社 2008 年版。

6. 吉尔伯特·C. 菲特、吉姆·E. 里斯：《美国经济史》，司徒淳，等，译，辽宁人民出版社 1981 年版。

7. 斯塔夫里阿诺斯：《全球通史—从史前史到 21 世纪（第 7 版修订版下）》，吴象婴，等，译，北京大学出版社 2005 年版。

8. 陈东琪，等：《世界经济危机问题研究》，中国计划出版社 2010 年版。

9. 潘志奇：《回顾一九三零年代——大萧条与国际金融危机》，台湾地区“行政院”经济设计委员会经济研究处编印，1974 年。

10. 张幼文：《金融危机冲击下的世界经济格局》，上海社会科学院出版社 2010 年版。

11. 范香梅、邹宁静：《金融危机的本源及其救助措施探究——基于三次重大金融危机的比较分析》，《长沙理工大学学报》（社会科学版）2011 年第 1 期。

12. 钢花、韩鹏：《美国当前金融危机与 20 世纪 30 年代经济危机的比较研究——以马克思主义经济理论为分析基础》，《经济研究导刊》2009 年第 12 期。

13. 何龙斌：《当前美国金融危机与 1929 年金融危机的比较》，《科学对社会的影响》2009 年第 4 期。

14. 何德旭、郑联盛：《美国金融危机与“大萧条”：比较与启示》，《中国社会科学院经研究生院学报》2009 年第 1 期。

15. 吕珂、胡列曲：《美国金融危机的比较》，《经济研究导刊》2009 年第 35 期。

16. 马蔡琛：《当前金融危机与“大萧条”时期财税政策的比较与启示》，《税务研究》2009 年第 6 期。

17. 沈建光、肖红：《次贷危机与主要金融危机比较》，《金融研究》2008 年第 12 期。

18. 宋媛媛、胡超：《金融危机发生的内在机制与思考——机遇对美国两次金融危机的比较》，《现代商贸工业》2009 年第 22 期。

19. 隋万伟：《当前金融危机与大萧条的比较分析》，《现代经济信息》2009 年第 1 期。

20. 王亮亮：《全球金融危机与国际贸易保护：兼与 1929—1933 年大萧条的比较》，《当代财经》2009 年第 7 期。

21. 王钊：《1929 年至 2007 年美国金融危机爆发的动态机制比较研究》，《世界经济情况》2009 年第 9 期。

22. 张志秀：《金融危机与大萧条时期的比较》，《浙江经济》2010 年 8 月 10 日。

23. 张红军：《次贷危机是否与众不同——本论危机与既往金融危机的比较分析》，《金融评论》2009 年创刊号。

24. 郑联盛：《美国新金融危机与大萧条的历史比较》，《国际经济评论》2009 年第 1 期。

第六篇

从宏观视角看两次危机[①]

① 本研究由国务院发展研究中心课题组承担。课题总顾问吴敬琏，课题负责人卢中原，课题协调人魏加宁，课题联系人王莹莹，课题组成员张承惠、魏加宁、方晋、陈道富、田辉、任泽平、戴慧、朱太辉、宁静，总报告主笔魏加宁。

一、 国外学者关于两次大危机的比较研究综述

在当前这场国际金融危机面前，国外不少学者都将其与20世纪30年代的大萧条相提并论，并进行了各种对比分析。当年的大萧条持续时间长达10年之久，并最终走向了第二次世界大战，确立了之后80年的世界政治经济格局和国际金融版图。今天的这场国际金融危机将持续多长时间？将会给今后的世界政治经济格局带来什么样的影响和改变？并且，与大萧条相比，二者之间有何相似之处？有何不同之处？——让我们先来看一下国外学者是怎么分析的。

（一）关于两次大危机的共同点

关于两次大危机的共同点，日本学者上川孝夫（2009）在其《世界金融危机备忘录》一文中指出，两次大危机，除了发源地都在美国这一点以外，还有以下几点相似之处：

（1）两次大危机爆发前，均伴随着对经济增长的期待而产生了房地产市场过热和股票市场过热，同时出现了信用的急速扩张。

（2）危机发生时，金融部门的结算体系、信用体系均产生了重大的功能性障碍。在金融市场上，出现了明显的“流动性偏好”。

（3）金融危机超越国界不断蔓延，成为世界性危机。

（4）以日用工业品为中心，物价出现持续下跌压力，产生“负债性通货紧缩”（大萧条时期还要加上一次产品价格和农产品价格的下跌）。

（5）国际货币体系方面，基础货币在激烈动荡期发生碰撞。大萧条时期是英镑和美元之间，此次危机则是美元和欧元之间。

关于共同点，还有学者指出另外两点：一是危机前的金融监管缺失。大萧条前金融监管几乎不存在；此次危机前，美国新自由主义盛行，对影子银行、金融衍生产品等几乎不存在任何监管（Grossman and Meissner,

2010)。二是危机时的金融机构破产。两次大危机中都出现了大批金融机构破产倒闭现象，并对实体经济产生严重的负面影响（Bordo and Lane，2010)。

另有美国学者指出，两次大危机的共同点之一是在产出下降方面，在危机的第一年，此次金融危机中全球产值下降速度跟大萧条时期一样快(Almunia，Bénétrix，Eichengreen et al. ，2009)。

（二）此次国际金融危机的新特点

关于此次大危机的新特征，日本学者上川孝夫（2009）认为，主要表现在以下几个方面：

（1）在货币制度方面，20 世纪 30 年代大萧条是在金本位制（严谨地说是“重建金本位制”）条件下发生的；而此次国际金融危机是脱离了金本位制以后、在管理货币制条件下发生的。因此，此次危机中动用宏观政策的余地较大，使得实体经济的衰退没有大萧条时严重。但是，由于主要国家财政政策受国债水平较高、货币政策受名义利率为零的制约，在宏观政策的实施方面遇到了新的困难。

（2）与资本主义相联系，寡头垄断进一步加强的同时，金融全球化程度也在提高，全球化中寡头垄断之间的竞争在日益激化。此次危机可以说是在现代“资本主义全球化”之下发生的首次世界性危机。在与此相关的金融技术创新方面，大萧条前美国的繁荣主要体现在股份公司热、投资信托热、分期付款热等方面；而此次危机前的繁荣主要体现在由 IT 技术迅速发展带来的资产证券化和金融衍生产品交易的扩大和繁荣上面。

（3）在金融机构破产方面，20 世纪 30 年代大萧条期间，美国发生了全国范围的商业银行存款挤兑风波和三波“银行危机”；而此次国际金融危机中，主要是依赖市场性资金、从事证券业务的投资银行，以及与衍生品交易相关的保险公司等发生了深刻的危机。这表明，金融市场发生了历史性结构变化，已经从以存款、贷款市场为中心的金融市场转向了证券化商品、衍生品交易市场的扩大。这也是美联储不得不将其作为“最后贷款人”的作用范围扩大到商业银行以外的金融机构的时代背景。

（4）在国际合作方面，20 世纪 30 年代大萧条期间，贸易保护主义、集团化和相互封锁，尤其是 1933 年伦敦世界货币会议的失败，是大萧条时期的主要特征。而此次国际金融危机期间，因有前车之鉴，所以国际社会较早采取了防范贸易保护主义等方面的实际行动；并且，IMF 等国际组织还实施了紧急融资，而这些国际组织在 20 世纪 30 年代尚未成立。

英国学者（Bordo and Lane，2010）在对比分析两次大危机时指出，大萧条和此次国际金融危机都出现了金融机构的破产倒闭现象。但是，大萧条与此次国际金融危机的主要不同在于以下几点：

首先，大萧条期间的三次银行危机中，前两次主要是由于流动性不足的冲击导致的，仅 1933 年的第三次主要是由于债务偿还能力不足导致的。而此次国际金融危机中，金融机构倒闭主要是由于债务偿还能力不足造成的。

其次，大萧条时，危机主要发生在传统的银行业，发生了大规模的银行挤兑和倒闭。而此次金融危机，除了银行以外，影子银行和回购市场也遭受到了非常大的影响，包括投资银行和综合性金融机构，均出现了新型的“交易对手挤兑”。

最后，在危机对策方面，大萧条时期的银行危机主要是由于货币政策不当导致的流动性不足。而此次金融危机中，美联储采取持续的货币扩张政策，不仅扩宽了贴现窗口工具，降低联邦基金利率，而且对投资银行等非银行金融机构也提供贴现贷款。美国甚至对一些金融机构和大企业实施救助，实行暂时国有化，以期使此次危机导致的经济衰退程度小于大萧条时期。

美国学者（Almunia，Bénétrix，Eichengreen et al.，2009）则从全球的视角对两次大危机进行了多方面的比较分析，发现了这两次危机的一些不同点。

第一，在产出下降方面，尽管在危机的第一年，此次危机中全球产值下降得跟大萧条时期一样快，但不同的是工业生产以及工业产值下降的地理区位。大萧条发生时，全球工业主要集中在欧洲和北美，因此这两个地方的产出和就业水平受到的影响最大。当时的国际贸易主要是北方的工业品与南方的初级产品进行交易，而拉丁美洲、亚洲和其他发展中国家比较稳定。与此相反，如今工业已经遍布全球，因此此次危机发生的第一年，全球所有地方的产出水平都出现了迅速下降的局面。

第二，在对外贸易方面，与大萧条的相同时期相比，此次金融危机的第一年世界贸易下降得更快。1929 年第四季度至 1932 年第三季度期间，国际贸易下降了 36%。而 2008 年 4 月至 2009 年 1 月的仅 9 个月期间，世界贸易下降了约 20%，超过了 1929—1932 年三年间下降幅度的一半，但这之后便稳定下来了，在接下来的四个月下降得非常缓和。

第三，在股票市场方面，对比两次大危机中股票市场的表现可以发现，相对于大萧条的同一阶段，全球股票市场在此次危机的第一年跌得更快。

第四，在政策应对方面，首先是利率政策方面，作者以样本国家的 GDP 占全球总 GDP 的比率作为权重来加权计算全球中央银行的平均贴现率，发现贴现率的下降相对于经济衰退来说有 5 ~6 个月的时滞，但此次危机中中央银行的贴现率下降得更快，下降前的起始水平也更低。其次是货币供给方面，作者对两次危机期间样本国家货币供给的计算表明 2005—2008 年的货币扩张比 1925—1929 年的货币扩张更快，而且货币供给在 2008 年继续保持了快速扩张；但 1929 年却与此不同，货币供给在开始下滑之前经历的是一个稳定期。再次是财政政策方面，通过分析样本国家财政余额占 GDP 的比率，作者认为，尽管各国政府在 1929 年之后也都经历了预算赤字，但是此次危机中各国政府的预算赤字更大，这说明此次危机中财政政策的刺激规模更大；并且与发展中国家相比，发达国家在此次危机中采用了更为积极的财政政策。最后是汇率政策方面，在两次大危机中，汇率政策是影响危机中货币政策和财政政策应对的重要因素。

日本三菱综合研究所的武田洋子（2009）女士在其《国际经济冲击传播的变化——大萧条时期与此次国际金融危机的比较》一文中，通过统计分析和比较分析指出，就国际经济冲击的传播速度和冲击力度而言，此次国际金融危机要比大萧条时期明显快得多、强得多。其背景是，在全球化的今天，各国经济的联动性大大增强。具体原因在于，贸易的全球化、金融的全球化、金融技术和商品市场的发展、金融市场参与者的多样化，以及全球经济的失衡等。

此外，Helbling（2009）指出，两次大危机的不同点还有经济的脆弱性、金融市场的环境和“负债通缩”三个方面。

（1）所谓“经济的脆弱性”，是指大萧条时期，德国、意大利、日本和英国比“震源地”美国更早陷入经济不景气，危机的发生导致生产活动下降，使得通货紧缩加剧；而此次金融危机之前，对通货膨胀的担忧很强，因此对于危机后经济陷入不景气时的物价下跌实际上起到了缓冲作用，至少在初期是如此。

（2）金融市场环境的不同——主要指金融结构的差异。大萧条时期，1930年之后的3年间，美国有1/3的银行破产倒闭，并且由于当时还没有存款保险制度，所以引发了银行挤兑风波；而此次金融危机爆发时，金融体系由于有了存款保险制度，所以在雷曼风波之后，金融机构之间的融资困难主要表现在金融市场上。

（3）根据“负债—通缩假说”，大萧条时期出现了实际债务上升与名义收入下降的现象。在此次危机中，由于国际金融体系和政策制定者的积极应对，这种现象得到有效化解。

二、关于两次大危机的背景、成因、过程、应对及影响的对比分析

此次国际金融危机被称为“百年一遇”，其持续时间之久、影响程度之深、波及范围之广，唯有1929年大萧条能够与之相比。因此，将两次大危机的时代背景、形成原因、发展过程、应对措施以及其对世界政治经济格局的影响进行对比研究，既能够得到宝贵的经验教训，又可以得到丰富的重要启示，对于中国今后的危机应对和长期发展，都具有十分重要的指导作用。

（一）背景比较：新技术革命和经济全球化是两次大危机时代背景的主要特征

对比两次大危机的时代背景，我们不难发现：在两次大危机之前，都曾发生过新的一轮技术革命；同时，经济全球化也都步入了一个全新的发展阶段。所不同的是，在新技术革命方面，大萧条之前，第二次工业革命的巨大成功直接推动了美国制造业的兴起与繁荣，显著提高了劳动生产率，形成了以制造业为主的产业结构。而此次大危机之前，以计算机与信息技术为主要特征的科技革命，极大地推动了美国金融业的发展，并且使得以美国为代表的发达国家，其产业结构表现出很强的“去工业化”和“虚拟化”特点。

在经济全球化方面，受“一战”影响，大萧条爆发时，那一波经济全球化浪潮在危机前已处于调整之中。而此次大危机前，经济全球化方兴未艾，其影响程度之深、影响范围之广，均前所未有。

在国家内部，新技术革命和经济全球化两大动因的驱动导致相关国家的经济社会发生了巨大而深刻的变化。首先是经济结构发生了巨大变化。新兴产业迅速崛起，传统产业快速衰落。其次是随着经济结构的变化，社

会结构也发生了巨大变化。新兴产业从业人员人数迅速膨胀，收入快速增长；而传统产业从业人员的收入水平相对下降，甚至面临下岗失业；一升一降导致收入差距迅速扩大。在此基础上，社会思潮也发生了巨大变化。随着人们收入差距的迅速拉大和新的信息传递工具的快速普及，一方面，在结构变化中利益受到损害的那部分人，不满情绪快速上升；另一方面，人们相互之间信息交流的渠道在扩大，手段多样化，部分群众的不满情绪可以通过新的通信方式很快传递到其他族群和不同地区，在客观上营造了民粹主义、民族主义和民生主义情绪蔓延的土壤。

在国家之间，受新技术革命和经济全球化两大动因的驱动，导致国际政治经济格局发生了巨大而深刻的变化。从经济层面来看，参与到新技术革命浪潮与经济全球化进程中的“核心国家（或地区）”，相互之间的信息交流越来越频繁，贸易往来越来越密切，资金流动越来越迅速，技术转移越来越便捷。随着相互之间经济依存度的不断上升，这些国家景气周期的同步性大大提高，风险传递的速度和传播的广度也大大增加，从而为日后系统性危机的爆发以及危机的快速蔓延创造了条件。

从政治层面来看，两次大危机之前都出现了多极化的趋势，大国关系处于重新调整之中，而美国由于在新技术革命和经济全球化方面都抢占了先机，因此在大国关系调整中扮演了十分重要而且相对主动的角色。

如果说，两次大危机前，在历史背景方面有什么不同点的话，那么最大的不同点在于：这一轮的新技术革命和经济全球化浪潮，无论是在深度上还是在广度上，都要大大超过大萧条之前的那一轮新技术革命和全球化浪潮。

（二）成因比较：体制改革滞后和宏观政策失误是两次大危机形成的基本原因

关于两次大危机的成因，学术界存在着不同观点。首先，关于大萧条的成因，不同的经济学派有着不同的观点，最主要的有五种：

第一种观点，马克思主义认为，资本主义经济危机源于资本主义制度的基本矛盾，即生产社会性与资本私人占有之间矛盾的激化。因此，斯大林把大萧条界定为资本主义经济体系总危机的大爆发。

第二种观点，凯恩斯主义认为，“边际消费倾向递减”“预期边际投资收益递减”和“对货币的灵活偏好”三大心理定律所导致的有效需求不足是导致危机的真正根源。因此，该学派开出的药方是扩大政府开支以弥补社会需求的不足。

第三种观点，货币主义认为，大萧条发生的根本原因在于货币紧缩。即面对金融危机，美联储没有能够及时采取扩大流动性的政策措施，从而导致企业大量倒闭。

第四种观点，奥地利学派认为，大萧条的根源其实是危机发生之前美国政府所采取的扩张性货币政策。因此，该学派主张减少政府干预，特别是货币政策的干预，让市场自动实现经济恢复。

第五种观点，“资产负债表衰退”理论认为，经济衰退的原因在于货币需求方，是由于危机爆发后多数企业变得资不抵债，于是便将经营目标从“利润最大化”转换为“负债最小化”，在“惜借”的同时，不遗余力地偿还债务以修复资产负债表，从而导致经济收缩。

其次，对于此次国际金融危机的成因，目前主要存在着两种完全对立的观点。一种观点认为，此次金融危机都是市场惹的祸，是市场失灵导致的，因此主张加强监管，强化政府干预；而另一种观点则认为，此次金融危机归根结底还是政府惹的祸，是政府干预不当造成的，因此主张减少政府干预，让市场自行恢复。总体上看，目前前一种观点占据上风，拥护者较多。此外，也有人认为，此次金融危机的根源仍然在于资本主义生产方式的基本矛盾。

最后，经过对比研究，我们认为，体制改革滞后和宏观政策失误是两次大危机形成的最基本原因。

两次大危机的成因虽然十分复杂，但是认真对比之后不难发现，其中最大的相似之处在于，在新技术革命浪潮和经济全球化步入新阶段的历史背景之下，相关国家的经济社会结构发生了巨大而深刻的变化。但是一方面从长期看，这些国家的经济社会管理体制本应及时进行相应的变革，以适应变化了的经济社会基础，然而危机前这种体制变革一直迟迟没有发生。以美国金融为例，大萧条之前，美国的金融业快速发展，但是金融监管体制几乎处于空白；而此次国际金融危机之前，美国的金融业纷纷以金融控股集团、资产证券化和金融衍生产品等方式快速突破已有的分业经营限制，混业经营发展势如破竹，然而在金融监管方面美国却依然维持着原有的分业监管体制不变，结果导致金融风险快速聚集，并迅速蔓延。另一方面从短期看，货币政策本应分清真实需求和虚假需求，并采取审慎政策及时遏制虚假需求。然而，美国在两次大危机前的货币政策却一味追求短期繁荣，长时间实行过度宽松的货币政策，导致房地产泡沫与股市泡沫的双重叠加，从而使泡沫破裂时的经济调整幅度大大高于一般的周期性经济危机。所不同的是，大萧条之前是先有房地产泡沫，后有股市泡沫；而此次国际金融危机之前是先有股市（IT）泡沫，后有房地产泡沫。

泡沫经济的危害不仅导致金融风险的不断积累，而且也导致了社会风险的快速聚集。在泡沫形成时期，拥有股票和房地产的人一夜暴富，而那些没有股票和房地产的人则陷入相对贫困，从而拉大了财富差距，加大了社会矛盾。当泡沫破裂时，股票和房地产价格大幅跳水，导致拥有股票和房地产的人一夜之间一贫如洗，而没有股票和房地产的人也因经济下滑而减收或失业，从而进一步加剧了社会矛盾，甚至引发社会动荡。

（三）过程比较：两次大危机都是由银行业系统性风险引爆金融危机并导致经济危机

两次大危机的发展过程，既展现了一定的共同特征，又由于危机起因、历史环境、应对措施等方面的不同而表现出一定的差异。

两次大危机的相似之处在于：首先，两次大危机前均暴露了一些风险迹象，但是政府部门大都熟视无睹，没有及时采取有效的预防措施予以提前化解。其次，两次大危机初期都是由银行业的系统性风险引爆全面的金融危机。再次，两次大危机爆发后都是由金融危机迅速向经济危机蔓延，虽然采取应对措施，但危机依然持续发酵和不断深化。最后，大萧条时期世界经济曾陷入长期衰退，此次国际金融危机至今世界经济仍然存在着“二次衰退”风险。

两次大危机的不同点在于：首先，大萧条时期，金融危机主要表现为美国的银行业危机，三波倒闭浪潮共有数千家银行破产。而此次危机以来，危机的性质已经从 2007 年的“美国次贷危机”扩展到 2008 年的“国际金融危机”，进而从 2009 年转变为“主权债务危机”，目前正进一步演变为“欧洲货币危机”。因此可以预料，此次危机持续的时间可能会更长，波及的范围可能会更广，影响的程度可能会更深。其次，大萧条时期，危机的重灾国主要是美国；而此次国际金融危机的重灾国目前已经从美国转移到了欧洲，未来还有可能进一步蔓延至日本等其他国家，最糟糕的情形可能是整个发达经济体均陷入危机和停滞之中。目前的欧洲货币危机不仅是美国次贷危机的“余震”，还有可能是新一波危机的“预震”。一旦希腊退出欧元区，欧盟将有可能面临解体，其对国际金融市场和世界经济带来的冲击将远远超出“雷曼事件”。对此，我国政府有关部门、相关企业和金融机构应当及时制定“危机管理预案”，提前做好防范准备。

（四）应对比较：两次大危机之后美国都启动了一系列重大改革措施

两次大危机爆发于不同的社会意识形态、经济理论基础和经济社会环境之下。由于传统的自由放任意识形态已经被大萧条彻底打破，加之大萧条以来在宏观经济管理方面积累了相当丰富的理论成果和实践经验，因此在此次国际金融危机中，各国政府危机应对措施的及时性、系统性以及政策力度均非大萧条时期所能比拟。但是，一些措施的副作用也在逐渐显现。

在危机应对方面最大的相似之处在于，两次大危机之后，美国政府都启动了前所未有的改革措施。大萧条时期的一系列改革始自“罗斯福新政”，美国先后建立了存款保险制度、分业监管架构和社会保障体制。此次国际金融危机爆发后不久，奥巴马政府排除阻力，首先启动了金融改革和医疗改革，然而财政改革却由于两党之争日趋激烈而步履维艰。

两次大危机在应对方面的不同点在于：第一，大萧条初期，美联储的货币政策应对相对迟缓且犹豫不决；而此次国际金融危机爆发之后，美联储的应对则较为积极，但是有可能在未来导致严重的通货膨胀和资产泡沫。第二，大萧条时期，罗斯福政府实行了扩张性的财政政策；而此次国际金融危机初期，美国虽然也实行了扩张性的财政政策，但是不久就因债务风险过大而转向财政紧缩。第三，大萧条时期美国产业政策的特点是直接干预和挽救已有产业，而此次国际金融危机中的产业政策特点则是间接调控市场供求和重点培植新兴产业。第四，两次大危机后均出现贸易保护主义上升势头，但在此次国际金融危机中，国际社会协调力度有所加强，对保护主义抬头有所警惕。第五，大萧条后美国开始实行积极的社会政策，而此次国际金融危机中高福利制度已经让美国等发达国家不堪重负，压缩政府开支正在成为未来形势发展的主要趋势。

（五）影响比较：两次大危机都对世界政治经济格局产生了极其重要而深远的影响

大萧条重创了世界经济，国际贸易体系和国际货币体系先后坍塌，国际协调的失败使得危机进一步加剧。民粹主义蔓延导致某些危机国家的纳粹主义等极端势力上台，并最终走向世界大战。此次国际金融危机对世界政治经济格局也产生了重要而深远的影响，国际经济秩序面临重新调整，国际政治格局调整步伐加快。民粹主义蔓延导致危机国家社会动荡，改革受阻，极左或极右等极端势力上台的可能性进一步增大。目前，此次国际金融危机还在向更深的层次发展，向更广的领域蔓延，其影响将会进一步扩散，并有可能引发新的国际冲突。

两次大危机的不同点在于：大萧条时期，危机的影响主要局限于发达国家内部；而此次国际金融危机爆发以来，新兴经济体虽然也受到了一定的冲击，但是总体上看，发达经济体和新兴经济体之间在一定程度上出现了此消彼长的新局面。

从长期来看，此次国际金融危机对世界政治经济格局的影响未见得会小于大萧条。首先，此次国际金融危机至今远未结束；其次，此次国际金融危机引发了危机国家比较深刻的社会矛盾和政治动荡；最后，发达国家可能会采取各种手段打压新兴经济体，国际政治经济关系因此将日趋复杂和更加紧张。

三、 两次大危机带给我们的经验教训和重要启示

两次大危机，影响重大，作用深远，既给我们带来了宝贵的经验教训，也给我们带来了丰富的启示，对于今后的危机应对和长期发展具有重要的指导意义。

（一）两次大危机的经验教训

1. 繁荣时期要有危机意识，不能一再延误改革良机

如前所述，两次大危机的深层次原因都是由于美国等发达国家为暂时的繁荣景象所迷惑，经济社会管理体制改革严重滞后于经济社会形势的变化。因此，两次大危机的共同教训就是，改革严重滞后必然会导致大危机的爆发。而两次大危机的共同经验则是，要想克服大的危机就必须推进大的改革。

此外，在危机时期，各国比拼的不是一时的增长速度，而是结构调整的速度，是经济转型的速度，归根结底还是体制改革的速度。

2. 货币政策必须松紧适度，不能只顾追求短期繁荣

货币政策既要关注短期经济增长，也要注重长期协调发展。两次大危机的直接原因都是危机前美国货币当局盲目追求短期繁荣而长时间实施过度宽松的货币政策，而过度宽松的货币政策极易导致资产泡沫，并最终诱发金融危机，损害经济的长期发展。

两次大危机之前，美联储之所以在很长时间内实施过度宽松的货币政策，都是由于在前一个周期的繁荣期结束时，实体经济已经出现生产过剩或消费过度的局面，展现出了调整的需要，但是为了维持繁荣局面，避免经济衰退，美联储便采取了扩张性的货币政策来刺激需求。结果，过多的资金流向了股市和房地产市场，形成股市和房地产市场的虚假繁荣。而此时，美联储又陶醉于“繁荣”景象，未能及时采取有效的紧缩政策，最终

导致资产泡沫越做越大，为金融危机埋下伏笔。

由此可见，在经济低迷时期，采取宽松的货币政策来刺激经济；而当经济繁荣时期，又继续维持宽松的货币政策迟迟不肯改变。这种“单向托市”的货币政策，必然导致泡沫经济的形成，并在泡沫破裂时诱发大的金融危机。

3. 财政政策必须量入为出，留有余地才能临危受命

大萧条前，美国历届政府深受“财政预算平衡”思想的约束，财政一直处于预算基本平衡且略有盈余的状态。无论是联邦政府，还是州政府或地方政府，负债规模都比较小。因此，当罗斯福总统上台以后，才有条件、有能力实行“新政”，扩大政府支出，增加公共需求。

而此次危机爆发前，美国在伊拉克、阿富汗等地四处开战，联邦财政早已连年赤字，债务负担已经在大幅上升。危机爆发以后，联邦政府出手救市、救助金融机构，从而导致财政更加入不敷出、“揭不开锅”，金融危机最终演变成了债务危机。

由此可见，在平时，国家财政一定要量入为出，要努力追求财政平衡，并争取做到略有盈余。只有这样，在危机时刻，尤其是大危机发生时，政府才有可能实行积极的财政政策，扩大政府开支，增加公共需求。否则，如果政府在平时就开支过大，负债累累，等到大危机发生时，非但不能够有效地应对危机，反而还会使危机进一步加重。

4. 金融安全网必须及时修补，构筑防火墙才能阻断危机蔓延

金融安全网的核心架构为“三道防线”，即金融监管者、最后贷款人和存款保险机制。

首先，大萧条之前的美国，现代金融监管体制尚未确立，合规性监管几乎不存在，致使金融市场秩序混乱，助长资产泡沫的形成，最终导致危机的爆发。1933 年罗斯福上台以后，很快确立了分业经营——分业监管体制，成立了证监会等金融监管部门。与此同时，作为最后贷款人的美联储也开始发挥作用，积极向市场提供流动性。此外，罗斯福还快速建立起联邦存款保险机构（FDIC），使银行倒闭风潮很快被平息下来。

金融安全网建立起来以后，美国在较长时期里保持了金融的相对稳定，只有在 20 世纪 80 年代出现过一次“储贷危机”。到了 1999 年，美国通过了《金融服务现代化法案》，混业经营日趋活跃，但是分业监管体制并未随之发生改变。因此，金融安全网的第一道防线（监管体制）出现了漏洞，许多金融创新和金融衍生品交易得不到有效监管。金融安全网第一道防线的缺失使得次贷风险没有能够得到及时发现和提前化解。

其次，大萧条期间，美联储在危机的应对上缺乏经验，在银行救助方面犹豫不决，且再三反复，没有有效地履行“最后贷款人”职能。2001 年 IT 泡沫破裂以后，美国经济需要进行一次相应的调整。但是美联储却一反常态，以宽松的货币政策积极配合联邦政府去实现“居者有其屋”的社会政策目标。结果，本应作为“最后贷款人”的中央银行却变成了“第一贷款人”，助推了房地产泡沫。因此，在两次大危机期间，美国金融安全网的第二道防线也出现了问题。

最后，在大萧条期间，美国尚未构建金融安全网的第三道防线——存款保险制度，这是美国当时爆发大规模存款挤兑和三次银行倒闭风潮的重要原因。此次金融危机爆发以后，美国先后共有数百家银行破产倒闭，但是迄今为止并未发生“挤提”现象，这说明美国金融安全网的第三道防线起了重要作用。然而由于现行存款保险制度仍然存在着覆盖面有限、救助能力不足等问题。因此，在危机的最危急时刻，美国政府依然不得不出手救援，动用国家财力，实行银行暂时国有化，救助非银行金融机构。

两次大危机均表明，金融安全网健全与否尤为关键，它是决定金融危机能否得到及时防范和有效遏制的关键因素。除此之外，此次金融危机之所以能够在国际上迅速蔓延，一个重要原因就是国际金融安全网三道防线均不存在。

首先，由于跨国境、跨业态的国际金融监管机构完全不存在，因此，美国次贷风险在向世界各国扩散时未能得到及时发现和有效控制。

其次，作为最后贷款人，虽然有国际货币基金组织的存在，但是其功能受到很大限制。一方面，IMF 虽然有过对发展中国家的救助经验，但对发达国家的金融、债务危机如何进行救助则经验不足；另一方面，IMF 制约不了国际储备货币美元的发行，因而无法正常发挥其最后贷款人的应有职能。

最后，在存款保险方面，虽然有国际存款保险机构协会（IADI）的存在，但是其充其量也只是能发布指导意见的“协会”，对各国存款保险机构并无强制性的约束能力。此外，在这一领域，目前尚缺少一个拥有一定资金实力的国际存款保险再保险机构。

所有这些，都决定了目前国际社会很难有效阻止金融危机在国家间的迅速蔓延，同时也说明了建立健全国际金融安全网的必要性和紧迫性。

5. 社会安全网必须覆盖广泛，社会保障线不能水平过高

两次大危机中，美国在社会安全网建设方面存在着明显差异。大萧条时期，美国的社会安全网基本空白，金融危机、经济危机直接导致失业人员迅速增多，并酿成社会动荡。1933 年开始实施的罗斯福“新政”，其重要内容之一就是建立失业保险等，构筑社会安全网。

然而，此次国际金融危机时，美国的社会保障体系走到了另一个极端。一方面福利保障水平过高，另一方面财政状况吃紧，结果导致社会保障体系难以为继。

因此，作为发展中的中国，一方面应尽快构筑一个与经济发展水平、国家财政能力相适应的、覆盖广泛的社会保障体系；另一方面也要注意防止出现不注重初次分配的完善和过分强调二次分配的作用，以及提出过高劳动条件和追求过高保障水平的倾向。

（二）两次大危机给我们的重要启示

两次大危机，不仅给我们提供了宝贵的经验教训，而且给我们提供了一些重要启示。其中，最重要的启示之一，就是要处理好以下几大关系：

1. 正确处理政府与市场的关系，积极发挥政府对市场机制的促进作用

改革开放以来，围绕着政府与市场的关系问题已经讨论多年，并取得了一些重大的突破和进步。正是依靠这些突破和进步，我们才取得了过去 30 多年的辉煌成就。

但是应当承认，时至今日，我们在理论上和实践中，还时常自觉或不自觉地残留着传统计划经济时期的思维方式和行为方式，对政府的作用期待过大，甚至滥用政府作用。比如，我们常常喜欢说，政府“可以集中力量办大事”，并付诸具体行动，其结果必然是导致国进民退倾向和政府债务高企。又比如，我们常常把政府干预与市场调节对立起来，甚至用政府干预这只“看得见的手”来干扰、排斥，甚至替代市场调节这只“看不见的手”。

最近，围绕着两次大危机的成因，理论界出现了两种完全对立的观

点。一种观点认为，两次大危机的根本原因是由于市场失灵，是危机前“自由放任”思潮惹的祸。而另一种观点则认为，两次大危机其实都是政府失灵造成的，都是“政府不当干预”的结果。这场讨论再次将“政府与市场”关系的问题推到了前台。

“政府与市场”关系的讨论之所以经久不衰，除了这是一个最为基础性的问题以外，还在于我们在讨论时，往往存在着两种倾向：一方面，我们还习惯于将政府干预笼而统之，一概加以否定或一概加以肯定。另一方面，我们又常常将政府与市场简单对立起来，视二者为相互替代的关系，非此即彼，并且在两个极端之间左右摇摆。因此，为了深化对这一问题的讨论，我们认为，首先有必要将政府干预进行分类，然后加以区别对待。

根据马斯格雷夫的财政理论，政府职能主要有三项，即资源配置、收入再分配和稳定经济。而根据中共中央文件，政府职能主要分为四种，即经济调节、市场监督、社会管理和公共服务。

在以上分类的基础上，经过整合，我们将政府在经济领域中的作用（或称“政府干预”）分为五大类：一是资源配置，二是市场监管，三是收入再分配，四是安全保障，五是稳定经济（或经济调节）。政府与市场的关系具体体现在这五种政府职能之中。

第一，关于资源配置。在市场经济条件下，凡是市场能够做到的，就尽量让市场去做；只有市场做不了、做不好的，才由政府来做。

就资源配置而言，由市场来实施，效率会更高，即使暂时发生错配现象也能够得到及时纠正。因此，应当尽可能由市场去进行资源配置，而由政府来配置的资源越少越好。

两次大危机时，美国都曾发生过政府对资源的错误配置。比如大萧条时，胡佛总统和罗斯福总统都曾经成立各种公共机构，增加公共开支，增加政府对资源的配置，其结果非但没有很快地消除危机，反而使得危机的时间延长、程度加剧。[①]

又比如此次次贷危机前，美国政府出资介入“房利美”“房地美”，扭曲了价格信号，干扰了房地产市场的资源配置，最终导致次贷危机乃至国

① （美）阿米蒂·什莱斯：《新政 VS 大萧条——被遗忘的人和事》，吴文忠、李丹莉，译，中信出版社 2010 年版。

际金融危机的爆发。

第二，关于市场监管。在市场经济条件下，仅仅靠市场投资者的自律是不够的，还需要有来自政府的外部监管做补充。两次大危机之前，都有过监管缺失的过程；而两次大危机爆发后，也都有着加强政府监管的倾向。

需要注意的是，加强政府监管的理由之一是市场尤其是金融市场上存在着信息的不对称，但是在这一点上，政府并不一定比市场更“聪明”，并不比市场拥有更多的信息。相反，由于政府收集信息的能力相对有限、激励机制不足，再加上利益机制的诱导，政府在加强监管时仍有可能导致“监管真空”“监管宽容”或“监管失误”。因此，加强政府监管是必要的，但是如何加强监管以及监管什么，则需要加以认真研究。

第三，关于收入再分配。大萧条前，由于美国政府在收入再分配方面做得不好，人们的收入差距很大。高收入者消费倾向较低，而低收入者虽然消费倾向较高，但是可支配收入却有限，因而导致消费不足，进而导致生产过剩。

此次危机前，由于美国政府、企业和居民都存在着过度消费倾向，导致美国经济过度透支。而政府在对待收入差距时，不是依靠财税手段进行调节，而是依靠信贷手段进行替代，试图通过次级抵押贷款来实现“居者有其屋”，结果导致了房地产泡沫，进而导致了次贷危机。

因此，政府对收入再分配的干预是必要的，但是必须通过正确的手段和方式。一般来讲，财政手段主要追求公平，而金融手段主要追求效率。解决收入再分配问题应当依靠财政手段而不宜依赖金融手段；试图通过金融手段来缩小收入差距、实现社会公平，不仅是徒劳的，而且是十分危险的（政策金融由于是政府职能的延伸，因此另当别论）。

第四，关于安全保障。大萧条时期，由于缺乏金融安全网，一旦股市暴跌、银行倒闭，投资者或存款人就会血本无归，因此容易出现恐慌，从而导致金融体系崩溃。而金融体系一旦崩溃，就会波及实体经济。实体经济的衰退又会导致失业增加，收入减少。又由于缺乏社会安全网，失业者就会立刻陷入生存困境，从而加剧消费不足和生产过剩，并影响社会稳定，导致危机的延长和加剧。

此次国际金融危机中，一方面，由于美国已经存在存款保险制度，因而尽管有数百家银行倒闭，但是并未发生银行挤兑；另一方面，由于投资者保护机制尚不健全，因此在危机最严重时，面对濒临倒闭的非银行金融机构和投资者“挤提”现象，存款保险制度却爱莫能助。

另外，与大萧条时期相比，此次危机发生时美国的社会保障体系已经相当完善。因此，金融经济危机尽管已经十分严重，失业人数居高不下，但是社会总体依然保持基本稳定。尽管发生了“占领华尔街”运动，但这场危机对社会安定的影响程度远未达到大萧条时期。

第五，关于稳定经济。市场经济的一大基本特征就是，其自身运行具有一定的波动性。古典经济学认为，市场本身具有自我恢复功能，因此不需要政府进行干预，经济就能够从衰退中自己走出来。

而凯恩斯主义者则认为，由于存在“边际消费倾向递减”“预期边际投资收益递减”和“对货币的灵活偏好”三大心理定律，因而会出现有效需求不足。因此，在经济衰退时期，需要进行政府干预，药方就是扩大政府公共开支以弥补社会需求的不足。

但是问题在于，凯恩斯主义者把政府干预经济波动视为一种“常态”，每逢经济出现衰退之时就主张进行政府干预，而且是“单向托市”[①]。结果，经济运行中存在的结构问题得不到及时调整和纠正，风险得不到及时释放，日积月累，最后导致“滞胀”或经济长期停滞。

我们认为，一方面，应当承认市场是有缺陷的，需要进行政府干预；另一方面，政府的干预应当局限于“必要时”，也就是只有当经济波动的幅度过大、衰退过深、仅仅依靠市场自身的力量一时难以恢复时，政府才应当慎重出手。政府在必要时的出手干预，不是要追求快，而是要追求准。政府干预只能像“病人休克”时使用的“复苏器”，起到刺激病人心脏功能复苏的作用，而不能成为装在人身上的“起搏器”，让市场随时随地听由政府摆布。更不能成为“人工心脏”，让政府干预来替代市场调节。

因此，应当纠正凯恩斯主义者视政府干预为常态的做法，而要把市场调节作为经济运行的常态，政府干预只能应用于大萧条、大危机这种特殊时期。

首先，我们对市场要有一个理性的认识，要承认其存在缺陷，但不能

---

① 所谓“单向托市”是指政府在经济衰退时期出手干预，而在经济繁荣时期则袖手旁观。

否认其基础作用。一方面，我们要相信市场，但不能迷信市场，因为市场也是有缺陷的；另一方面，我们承认市场有缺陷，不等于否定市场的基础性作用。尤其是对于刚刚脱身于计划经济体制的中国来说，我们当前所面临的主要问题还不是市场的“缺陷”，而是市场的“缺失”。因此，当务之急还是要加快培育市场机制，尽量减少政府干预。即使万不得已，非要政府出手干预不可时，也应当将重心放在加强市场监管上，而不是放在资源配置领域。

其次，对政府与市场的关系要有一个正确的认识，两者之间是共存和互补的关系。人们往往习惯于把政府与市场看成是相互替代的两种机制，非此即彼。譬如人们常说的，因为存在市场失灵，所以需要政府替代市场来进行资源配置。然而，正如吴敬琏先生所指出的，所谓市场失灵其实是种种妨碍市场进行资源配置的因素作用的结果，最常见的这类因素是信息不对称。面对信息不对称，更合适的解决方案并不是由政府来替代市场，而是设法缓解信息的不对称，以提高市场机制的效率，因为政府本身并不一定比市场参与者掌握更多的信息，政府同样会因为信息不对称而出现“政府失灵”，这一点在信息不对称问题非常严重的金融市场上尤为突出。如果因为担心一些金融创新活动加大了市场参与者之间的信息不对称，就由政府来干预市场参与者的微观行为，乃至由政府亲手接管金融机构，直接提供金融服务，往往并不能得到理想的结果。反之，如果政府采取的是要求市场参与者强化信息披露，并且对这种披露行为加强监管，才有可能得到更有效率的结果。

所以，政府与市场的关系应当确定为各自分工明确条件下的互补关系，政府的职能就是尽可能地保证市场的价格信号不受外部因素干扰，而由市场来充分发挥资源配置的功能。唯有如此，市场才会形成正确的价格信号，引导企业家更好地从事生产性创新活动，从而有利于经济的健康发展。

此次美国金融危机的发生，除了过度宽松的货币政策等原因以外，另外一个很重要的原因就是政府没有履行好市场监管职能，导致金融市场发生了太多的寻租行为，风险不断积累。同时，政府的不当干预，如“两房”对价格信号的扭曲，又导致了资源的错误配置和风险的快速传递。二者共同作用的结果是，市场配置资源的效率大打折扣。

目前，中国的金融市场尚不发达，建立一个能够高效配置资源的金融市场仍然是完善我国市场体制的重要一环。在这一过程中，一方面，政府需要逐步放松市场准入和价格（利率）管制，给金融机构以更大的发展与创新空间；另一方面，我国政府要吸取美国次贷危机的教训，建立起更加有效的监管制度，强化市场参与者的信息披露。

2. 正确处理好金融发展与实体经济的关系，金融发展的目的是为了促进实体经济发展

根据肖和麦金农等20世纪60年代初的研究，发展中国家之所以经济发展缓慢，一个重要原因就在于这些国家的政府作用过强，普遍存在着“金融压制”现象。在“金融压制”下，政府对金融市场进行严格的准入限制，并将实际利率压低为负值，导致金融发展长期滞后，并严重制约着经济的发展。为此，他们提出了强化市场作用的“金融深化”建议，主张放松对金融市场准入的管制、放松对市场价格（即利率）的管制，推行金融自由化。

但是，一方面，一些实行了金融自由化的发展中国家，自20世纪70年代以后，相继爆发了金融危机；另一方面，一些没有实行金融自由化的东亚国家和地区（如日本、“亚洲四小龙”等）反而获得了持续的快速发展。于是，作为对发展中国家爆发金融危机的反思和对东亚国家和地区经济持续快速发展的经验总结，霍尔曼、斯蒂格利茨等于20世纪90年代初相继提出了“金融约束论”，重新强调政府的作用（但是只往回走了一半）。“金融约束论”主张对金融市场准入进行适度控制，并将利率水平适当压低，使之低于充分竞争下的利率水平。但与“金融压制”不同的是，利率水平要始终保持正值。“金融约束论”认为，只要对金融市场进行“适度”的约束，就可以产生出一部分“租金”，并使之在银行和企业之间分享，从而促进经济的发展。

“金融约束论”提出以后即遭到理论界的质疑，认为它实际上存在着一些隐含的假设条件，在现实生活中根本实现不了。但是，对“金融约束论”最大的挑战还在于亚洲金融危机的爆发。1997年亚洲金融危机是对以政府主导为基本特征的东亚模式的否定，因而也否定了由政府通过“金融约束”方式来配置金融资源的做法。

自亚洲金融危机爆发以后，国际金融市场上普遍存在着片面强调市场

作用、完全否定政府作用的所谓“新自由主义”思潮，金融创新盛行，而加强金融监管的呼声则遭到冷遇。在这种背景下，一些国家（主要是发达国家）的金融产业快速发展，金融衍生品层出不穷，大量资金被高回报吸引到金融市场之中，甚至脱离了实体经济的真实需求而自我繁殖、自我复制、自我循环。结果酿成了此次次贷危机和国际金融危机。

纵览历史，横看各国，我们不难发现，一方面，一些国家（主要是发展中国家）往往容易出现“金融压制”，从而导致金融发展滞后，并制约实体经济的发展；另一方面，一些国家（主要是发达国家）往往容易出现“金融过度”，从而使金融发展“脱轨”，游离于实体经济的真实需求之外，制造资产泡沫，为金融危机的爆发埋下隐患。

由此可见，金融发展必须合理适度，必须适应实体经济发展的需要，必须与实体经济的发展阶段和实际水平相适应。“金融压制”不利于实体经济的发展；同样，“金融过度”也会破坏实体经济的发展。

3. 正确处理金融创新与金融监管的关系，金融监管要尽快跟上金融创新的步伐

两次大危机爆发之前，美国的金融业在金融创新的推动下均取得过长足的发展；与此同时，金融监管却相对滞后，并且存在监管真空。这种局面的持续存在为两次危机的爆发埋下了隐患。

1929 年大萧条爆发以前，美国金融领域基本上处于监管缺失状态。受古典经济学思潮的影响，当时金融机构的经营行为很少受到监管，银行、证券、保险实行混业交叉经营，助长了泡沫的形成并且最终导致 1929 年的股市崩盘。1933 年开始的罗斯福“新政”，成为美国金融业从自由放任走向全面监管的分水岭。从此，美国开始对银行、证券、保险实行严格的分业经营和分业监管，以防金融各业态之间的风险相互传递。

但是到了 20 世纪 90 年代，在美国，放松管制的声音不断高涨。此时美国的银行业认为，《格拉斯—斯蒂格尔法》下的分业经营减少了盈利机会，不利于资本自由流动和经济全球化背景下美国银行业的发展，并且降低了美国银行相对于外国银行的竞争优势。为此，1999 年美国废除了《格拉斯—斯蒂格尔法》，出台了《金融服务现代化法案》，打破了商业银行和投资银行之间的“防火墙”。随着金融管制的不断放松，美国的金融自由化不断推进，金融混业经营的范围和规模不断扩张，各类金融创新层出不

穷。然而，与此同时美国的金融监管体制却没有做任何调整。美国的次级抵押贷款就是在这样一种监管错位的大背景下迅速发展起来的。

正是蓬勃发展的金融创新遇到了僵硬不变的监管体制，导致风险的快速聚集，最终引发了美国次贷危机。由此可以看出，金融创新与金融监管之间存在着紧密的内在联系。监管体制与经营体制不相匹配，就会导致金融创新失去监控，最终导致金融危机的爆发。

两次大危机告诉我们，要在金融创新与金融监管之间建立起一种动态平衡。一方面，我们要允许金融创新的适度发展，以促进市场的资源配置效率；另一方面，我们也要及时更新和完善金融监管体制，防止创新过度，保障金融安全。

4. 正确处理收入分配与经济发展的关系，分配制度改革要有助于促进经济发展

一般而言，经济发展比较注重效率，收入分配比较关注公平。人们往往引用奥肯的观点，把效率和公平问题对立起来，似乎只要强调效率就一定要以损害公平为代价，殊不知奥肯的所谓“公平”是特指结果平等。如果从机会平等的角度来看，则效率与公平不但可以并行不悖，而且可以相互促进。一套运行良好的市场机制是保证机会平等的主要条件，如果市场价格信号充分反映了要素的稀缺程度，如果人们都能够拥有平等的市场进入机会，那么市场配置所实现的生产结果和分配结果就有可能兼顾效率与公平。

同时，市场竞争会产生失败者，熊彼特意义的创新者也会给市场上原有的生产者带来“创造性毁灭”的负外部性。因此，由政府出面建立一个必要的社会保障体系进行二次分配，以帮助竞争失败者及其家庭获得必要的生活保障，帮助全社会的儿童获得相对平等的受教育机会，帮助因病残或年老失去劳动能力的弱势群体获得生存的必要条件，这是一个现代国家应有的制度架构。

特别是在推进经济体制改革以及利益关系重大调整时期，这一制度架构的缺失，不仅会增加改革的阻力，削弱改革的动力，影响改革的进程，而且还会危及社会稳定，阻碍经济发展。

两次大危机时期，美国在社会保障与消费需求方面呈现出两种截然不同的情形。大萧条时期，美国的社会保障体系尚未建立起来，且联邦政府

不主张直接的救济行为。在缺乏社会保障体制的条件下，公众在收入支出上比较注重储蓄，当时的经济形势是消费不足和生产相对过剩。此次次贷危机爆发时，美国的社会保障制度已经比较完善，建立了一整套以社会保险、社会救济、社会福利为主的社会保障体系，人们在养老、医疗、失业、生育等各个方面都能够得到良好保障。同时，美国此时的消费金融也比较发达，美国公众的借贷消费理念不断高涨。因此，此次危机时呈现的是消费过度和（国内）生产相对不足。

总之，两次大危机在经济发展与收入分配或社会保障的关系上给我们提供的启示是：社会保障既不能缺失，也不能过度。社会保障缺失会导致收入差距扩大、消费不足，从而造成生产相对过剩，影响社会稳定。但是，如果社会保障过度又容易导致过度消费、经济失衡，最终造成政府的债务负担过重，美国此次的金融危机演变为债务危机就是最好的证明。

当前中国，要完善市场经济体制，就必须尽快建立起覆盖广泛的社会保障体系。但是在处理这一对关系时，我们也要注意防止出现另一种偏向，那就是不注重初次分配的完善和过分强调二次分配的作用，以及提出过高的劳动条件和追求过高的社保水平。这些做法只能给部分群众带来似是而非的短期满足，而并不利于全体劳动人民的根本利益和长远利益。对于中国目前的经济状况而言，我们既需要解决好社会保障缺失、消费不足的问题，又要防止出现社会保障水平提高过快和消费过度的倾向。一方面，要积极建立和完善社会保障体系，提高消费对我国经济增长的拉动力度，以防止出现美国“大萧条”时期的生产过剩现象；另一方面，我国经济目前还刚刚迈进中等收入阶段，高于生产力发展水平的社会保障体系，不仅政府财力将难以承受，而且还会出现“养懒人”的现象，降低劳动者的生产积极性。此外需要注意的是，社会保障体系具有能上不能下的刚性特征。当政府财力支撑不了过高的社保水平而试图向下调整时，就会遭遇强烈的社会抵抗。此次希腊等国在债务危机压力下试图压缩财政支出时，爆发的大规模罢工和示威抗议活动即是前车之鉴。

5. 正确处理短期宏观管理与长期经济增长的关系，宏观调控要有利于经济的可持续发展

宏观经济学的产生源自凯恩斯革命，凯恩斯本人在《通论》中曾经反复强调，他的经济理论只是用于分析短期现象，讨论如何克服短期内的有

效需求不足问题。他认为，只要供给没有达到短期的生产可能边界，他提出的对策便是正确有效的。后来，在哈罗德和多马等的工作中，凯恩斯的分析框架被扩展来分析长期经济增长问题。20 世纪 50 年代，索洛等建立的新古典增长模型突破了哈罗德—多马模型的局限，强调人力资本积累（人的知识和技能）和技术进步等因素对长期经济增长的重要性，而 20 世纪 80 年代保罗·罗默等的内生增长模型更是进一步把技术进步内生化。新经济增长理论和新制度经济学合流后，制度或规则在技术进步和经济增长中的关键性作用逐渐被人们所认识。经济学家越来越意识到，短期宏观管理固然非常重要，但决定一个国家生活水平和社会福利的关键因素却是如何解决长期增长中存在的问题，提高长期增长的能力。

这表明，对于如何平滑短期经济波动，凯恩斯的分析框架虽仍然有效，但凯恩斯主义者将政府对景气波动的干预常态化也是有问题的；而要解决长期经济增长问题，凯恩斯主义则显得力不从心，还需要运用经济增长理论的最新进展，在一个更一般的框架下来讨论如何建立在激励人力资本投资和技术进步方面更有效的制度。

就中国而言，由于市场经济的制度框架尚不健全和体制机制尚不完善，中国经济至今仍然没有能够实现主要依靠效率提高的集约型增长方式，而依然是主要依靠增加投资来扩大需求的粗放型增长方式，其具体表现就是投资率的不断提升。如果这种发展方式不发生根本改变，单纯依靠凯恩斯主义的短期政策，只是一味地强调要通过扩大政府公共开支和投资来增加社会需求，而不去着力解决中国经济长期增长中存在的结构性、体制性问题，其结果要么是沿着菲利普斯曲线左右摆动，不断地使菲利普斯曲线的位置越来越远离原点，最终跌入“滞胀”的陷阱而不能自拔；要么则是出现大危机之后，政府债台高筑，就像美国此次从次贷危机演变为金融危机，又进一步演变为债务危机一样。

6. 正确处理韬光养晦与有所作为的关系，韬光养晦是为了更好地有所作为

一个国家在赶超世界霸主时，通常有三种策略可供选择：一是韬晦/孤立策略；二是合作/追随策略；三是竞争/对抗策略。

大萧条后，面对日益衰落的世界霸主英国，德、意、日三国选择的是竞争/对抗的策略，试图以武力战胜英国等其他国家。其结果是，这些国

家非但没有登上世界霸主的位子，反而落入了战败国的悲惨境地。与此相对照，在政治经济以及军事势力上已经超过霸主英国多年之后，美国仍然一方面奉行孤立主义政策，尽量不参与、不干涉、不介入欧洲事务，坐山观虎斗；另一方面则即使有所作为，也是私下里暗中帮助日益衰落的霸主英国一方，乃至“二战”后期公开支持英国。实际上，美国实行的是“韬晦孤立+合作追随”的策略。等到“二战”结束时，昔日霸主英国虽然也是战胜国，但其政治、经济、军事实力均已经远远落后于美国，并深深沦陷为美国的债务国。到此时，作为战胜国代表的美国，则以谈判方式与昔日霸主英国进行暗中较量，最终替代英国取得世界霸主地位。其标志性事件就是，在围绕战后国际货币体系安排的斗争中，较为理想的“凯恩斯计划”被冷落搁置，而并不合理的“怀特方案”被强行采纳。

改革开放以后，中国一直奉行韬光养晦策略，因而使得中国国力迅速提升，政治、经济、军事势力大大增强。

但是最近几年，一方面，由于中国经济的快速发展，GDP逐渐超过日本等发达国家而跃居世界第二，多少有些沾沾自喜；另一方面，也由于美欧等国经济接连遭遇金融危机和债务危机，多少有些自顾不暇。于是，一些中国人开始骄傲自满起来，大有跃跃欲试、咄咄逼人的态势。然而，一方面，我们应当看到，中国的GDP虽然已经位居世界第二，但尚未超过美国，即使在不久的将来GDP超过美国，也只是总量上的变化，而人均水平尚相距遥远。另一方面，我们也应当看到，美国目前虽然遭受金融危机和债务危机困扰，但是经济总体水平还在，政治军事实力依然很强，且有欧日等强国为盟。因此，中国要想挑战美国的霸主地位未免有些不自量力。

第二次世界大战后几十年的历史经验，我们不难看到，凡是能够处理好与美国关系的国家和地区，经济都获得了快速发展；相反，凡是跟美国搞对抗的国家和地区，不仅经济不能发展上去，甚至连社会稳定都难以维持。因此，中国今后一个时期的策略选择应当是继续走和平发展道路，即以韬光养晦为主，并适度地有所作为。

在韬光养晦方面，中国应当做到：“广交友，不当头”。在国际社会中，要广交朋友，不仅与发展中国家结为朋友，与新兴国家结为朋友，而且还要与发达国家结为朋友，但是无论如何绝不当头，不当炮灰。不仅不要在发展中国家中当头，也不要在新兴国家中当头，更不与发达国家争二抢一，而是要努力在发达国家与发展中国家之间扮演“桥梁”的角色。

在有所作为方面，应当做到：“促协调，备军斗”。要做好和平与战争两手准备：一方面，要积极促进国际协调，努力推动国际合作，尽全力防止国际社会重走“大萧条到‘二战’”的老路；另一方面，则要积极做好军事斗争的准备，以便在万一出现战争局面时，能够做到有备无患。

参考文献

1. Almunia, M., A. S. Bénétrix, B. Eichengreen, K. H. O' Rourke, and G. Rua, *From Great Depression to Great Credit Crisis: Similarities, Differences and Lessons*, 2009, NBER Working Paper 15524.

2. Bordo, M., and Landon - Lane, J., “The Banking Panics in the United States in the 1930s: Some Lessons for Today”, *Oxford Review of Economic Policy*, 2010, 26 (3): 486 - 509.

3. Eichengreen, B., and Temin, P., “Fetters of Gold and Paper”, *Oxford Review of Economic Policy*, 2010, 26 (3): 370 - 384.

4. Fishback, P. U. S., “Monetary and Fiscal Policy in the 1930s,” *Oxford Review of Economic Policy*, 2010, 26 (3): 385 - 413.

5. Grossman, R., and Meissner, C., “International Aspects of the Great Depression and the Crisis of 2007: Similarities, Differences, and Lessons”, *Oxford Review of Economic Policy*, 2010, 26 (3): 318 - 338.

6. Helbling, T. *How Similar is the Current Crisis to the Great Depression?*, 2009, http://www.voxeu.org/index.php? q = node/3514, 04 - 29.

7. Hellmann, T., K. Murdock, and J.," Stiglitz, Financial Restraint: Towards a New Paradigm, in ‘The Role of Government in East Asian Economic Development Comparative Institutional Analysis,”, Ed by Aoki, M., H. K. Kim and M. Okuno - Fujiwara, Oxford: Clarendon Press, 1997: 163 - 207.

8. Middleton, R.,“British Monetary and Fiscal Policy in the 1930s”, *Oxford Review of Economic Policy*, 2010, 26 (3): 414 - 441.

9. Mitchener, K., and Mason, J., “ ‘Blood and Treasure’: Exiting the Great Depression and Lessons for Today”, *Oxford Review of Economic Policy*,

2010, 26 (3): 510 - 539.

10. The Financial Crisis Inquiry Commission, *The Financial Crisis Inquiry Report*, January 2011, Official Government Edition.

11. Wolf, N., "Europe's Great Depression: Coordination Failure after the First World War", *Oxford Review of Economic Policy*, 2010, 26 (3): 339 - 369.

12. 爱德华·S. 肖:《经济发展中的金融深化》, 王薇、毛晓威、穆怀鹏, 译, 中国社会科学出版社 1989 年版。

13. 辜朝明:《大衰退》, 喻海翔, 译, 东方出版社 2008 年版。

14. 罗纳德. 麦金农:《经济发展中的货币与资本》, 陈昕、卢骢, 译, 上海人民出版社 1997 年版。

15. (美) 米尔顿·弗里德曼和安娜·J. 施瓦茨:《美国货币史(1867—1960)》, 巴曙松、王劲松, 等, 译, 北京大学出版社 2009 年版。

16. 默里·罗斯巴德:《美国大萧条》, 谢华育, 译, 上海人民出版社 2009 年版。

17. 吴敬琏:《危机时期的政策反思》,《比较》2009 年第 6 期。

18. 徐明:《透视危机——百年来典型经济危机回顾与启示》, 经济科学出版社 2009 年版。

19. 于海清:《欧美发达国家共产党论当前金融危机》《红旗文稿》2009 年第 4 期。

20. 张维迎:《理解经济危机》, 载默里·罗斯巴德:《美国大萧条》(第五版), 谢华育, 译, 上海人民出版社 2009 年版。

21. 吴敬琏:《为〈新政 VS 大萧条——被遗忘的人和事〉中译本所作的序言》, 中信出版社 2010 年版。

22. 阿米蒂·什莱斯:《新政 VS 大萧条——被遗忘的人和事》, 吴文忠、李丹莉, 译, 中信出版社 2010 年版。

23. 默里·罗斯巴德:《美国大萧条》, 谢华育, 译, 人民出版社 2009 年版。

24. 罗伯特·斯基德尔斯基:《凯恩斯传》, 相蓝欣、储英, 译, 三联书店 2008 年版。

25. 保罗·戴维森:《约翰·梅纳德·凯恩斯》, 张军, 译, 华夏出版社 2009 年版。

26. 亨特·刘易斯：《凯恩斯 错在哪里》，曹占涛，译，东方出版社2010年版。

27. 约瑟夫·E. 斯蒂格利：《政府为什么干预经济》，中国物资出版社1998年版。

28. 保罗·克鲁格曼：《经济学家们怎么会错得这样离谱?》，《比较》2009年第5期。

29. 上川孝夫：《世界金融危机备忘录》，《国际货币体制与世界金融危机》，日本经济评论社，2010年。

30. 武田洋子：《国际经济冲击传播的变化——大萧条时期与此次国际金融危机的比较》，MRI *Economic Review*，2009年9月3日。

31. 伊関之雄：《"百年一度的危机"与世界大恐慌的比较》，岩本机关志，2010年2月20日。

32. 平田喜彦：《美国的银行危机（1929—1933年)》，日本立正大学经济研究所，1969年。

33. 林健久：《新政与州、地方财政》，日本立正大学经济研究所，1969年。

第七篇

从微观机制视角看两次危机[①]

① 本研究由北京大学光华管理学院和北京大学经济政策研究所课题组承担。课题组长蔡洪滨，课题组成员陈玉宇、黄娅娜、姜国华、刘俏、石光、谭松涛、行伟波、颜色、周黎安。

一、引言

实体经济与金融系统之间相互促进、相辅相成。首先，实体经济的长期可持续发展是金融体系发挥作用并维持稳定的基础和前提；其次，金融系统的良好运转为实体经济提供了有效的资金支持和风险分担机制，是促进长期经济增长的必要条件；最后，实体经济和金融系统之间通过会计制度、信用评级、监管等渠道相互联系，这些链接部分是实现实体经济和金融体系协调发展的关键因素。本课题主要基于“实体经济、金融体系及其链接”的逻辑框架分析比较1929年大萧条和本次国际金融危机，梳理二者的共性和不同，为我国的相关政策制定提供借鉴。

在实体经济对金融体系的作用中，经济转型扮演着极为重要的作用。在经济增长了较长一段时期后，经济结构会发生很大变化，包括产业更替、市场结构、劳动力、贫富差距等，原有的经济发展动力会逐渐丧失；此时若没有及时实现经济转型，积累的财富就难以再配置到新的经济增长点上，导致资金流入资产市场，产生资产泡沫，这是金融危机的源头。逻辑关系如下：

技术进步→新兴产业快速发展→经济繁荣，财富积累→经济转型不及时，没有新的经济增长点→新积累的财富无法投入未来的潜力行业，只能在金融系统内“钱生钱”→房地产、股票产生资产泡沫→金融体系结构性问题，监管不力，金融机构通过衍生品盈利并转移风险→资产泡沫破裂，金融机构破产→实体经济受损，产出减少，失业率增加。

金融中介模式是金融体系对实体经济发生作用的关键。金融中介的本质是将储蓄转为投资，即通过金融市场和（或）金融中介机构将资金需求方和资金富裕方有效地连接起来，大量的理论和实证研究揭示了有效的金融中介与经济发展之间的因果关系。金融中介模式和监管体制要及时调整以适应金融业的快速变化。当一个经济体由于长期发展而呈现出一系列结构性变化，而现有的金融中介模式由于自身的结构问题不能适应实体经济中出现的这些变化时，连接实体经济和金融体系的渠道就可能破裂，从而形成金融危机。从本质上讲，金融危机反映出的是实体经济、金融体系，或者是两者连接中出现的一系列结构性问题。金融危机不仅是金融体系的危机，更是实体经济微观层面的危机。

二、两次危机的背景及演化

（一）1929年经济危机

1920年代初至1929年大萧条之前，美国经历了一个经济繁荣和稳定增长的时代。在1920—1921年短暂的经济衰退过后，经济迎来了反弹式的大规模扩张。1921—1923年，以不变价格衡量的国民生产总值增长了23%；1923—1929年期间，除了两次温和而短暂的衰退，实际收入以年均3.4%的速度增长。[①]

1. 经济增长、工资变化与收入分配

自19世纪末开始，美国制造业开始飞速发展。第一次世界大战之后，技术的发展与市场需求的增加进一步促进了美国制造业的繁荣。20世纪20年代，随着流水线、新的管理模式、公司兼并的发生，规模经济降低了生产成本。同时，交通运输业的发展也使美国本土内部联结成了有效的市场网络，国内市场与国外市场的共同作用为美国制造业的发展提供了动力。1928年美国的人均产出大于1900年的人均产出的两倍。

20世纪20年代的技术进步是美国工业发展的重要体现。1919—1929年，制造业全要素生产率增长76%，采煤业增长41%，而农业增长率只有14%。制造业技术进步的主要方式在于在现有的产业基础上，尽可能提高生产效率，体现在新的管理策略、专家团队、节省制成品的加工与储藏过程中的存货成本等方面，这些努力都降低了制造业部门的资本—产出比率。在实际生产中，技术进步和要素相对价格的变化虽然引发了资本对于劳动的替代，但是这一进程是非常缓慢的：20年代中，每年的资本密集程度增长仅有1.2%。

---

① （美）米尔顿·弗里德曼，等：《美国货币史》，巴曙松，等，译，北京大学出版社2009年版，第168－189页。

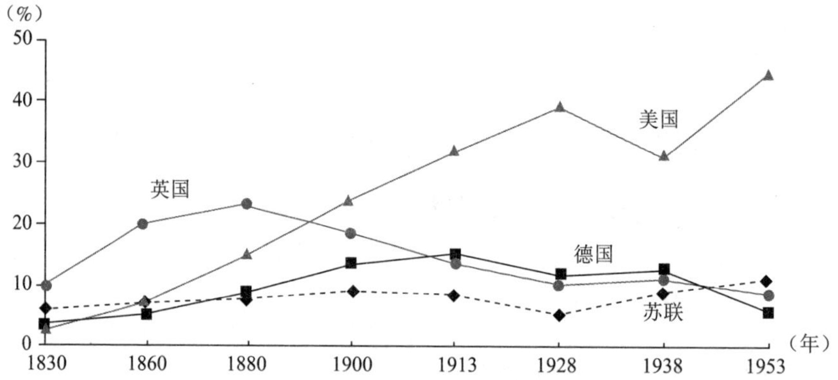

图 1　世界工业生产总值份额①

数据来源：Bairoch（1982）。

1900—1930 年，美国劳动力工资提高很快，但工资的上涨是不平等的。工业部门的工资上涨，而农业部门工资的总体趋势发生了下降，工业部门中熟练工人的工资增加大于非熟练工人。这种变化使劳动力从农业向工业转移，由于服务业尚未得到发展，这时的劳动力转移还未过多涉及服务业。由于全国市场的发展导致了大公司的资本积累，发生了大规模的企业兼并，大企业通过纵向一体化进行扩张。在这两个趋势的共同作用下，这一时期的总体收入表现为相当程度的不均等。尽管“一战”的发生部分熨平了收入分

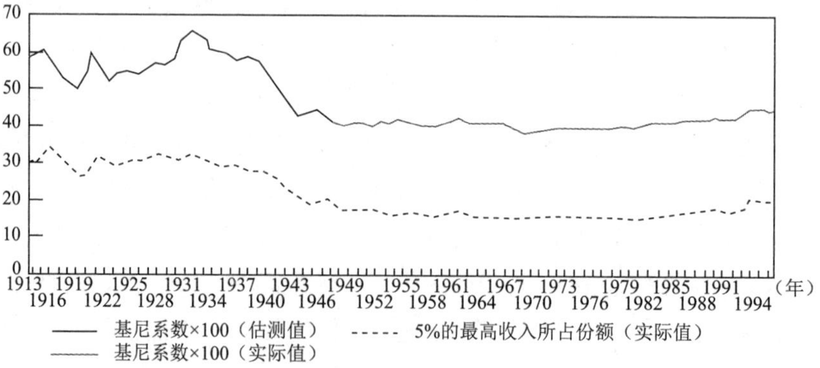

图 2　1913—1996 年基尼系数与前 5%的最高收入者的收入份额②

① 引自 Wright（1990）。
② 引自《剑桥美国经济史》第三卷，第 180 页。

配差距，但是“一战”前后的收入不平等状况都比1950年之后更为严重。1920年前后开始，不平等状况开始加剧，直到1929年达到了战前水平（如图2所示）。

因此，制造业是20世纪20年代美国实体经济增长和技术进步的主要动力，但是技术进步并没有转化为资本—劳动比的显著提高，制造业生产方式并没有发生根本性的变化。同时，制造业的发展带来了大公司的诞生和劳动力的工资差异，这一趋势又加剧了收入的不平等。

2. 金融市场的发展

随着经济发展，企业对于融资的需求日益增加。商业银行在19世纪末和20世纪初是企业的主要融资渠道，1914年商业银行信贷总额的53%为商业贷款，33%为证券贷款，不到14%为不动产贷款。但是在20世纪20年代，相对于证券和不动产的贷款，商业贷款出现了明显下降。到1929年为止，商业银行信贷总额的45%为商业贷款，38%为证券贷款，17%为不动产贷款。[①]

1921年之后，企业的丰厚利润与证券市场急于发行新股的需求相结合，导致股票市场的繁荣，房地产业的发展与多余资金也引起了房地产市场的兴盛。二者的价格出现了急剧上涨。此外，由于20世纪20年代联储对于投资环境的积极维护降低了投资失败的风险，更引发了投资的热潮。在多重因素作用下，20世纪20年代形成了房地产市场和股票市场的“双重泡沫”（如图3所示）。[②]

“一战”之后发生了建筑业的迅速反弹，房地产的价格随之急剧增长；对房屋的需求也提高了房地产价格。在二者以及积极预期的共同作用下，房地产价格于1925年达到高点，房地产市场在全国范围内出现了繁荣，在佛罗里达尤为明显。房地产的繁荣引起了抵押贷款市场的繁荣，相当部分的公众选择房地产业进行投资，1920年之后发生了抵押贷款数量的急剧增长，1930年后出现下降。房地产泡沫于1926年首先破灭，房地产市场意外崩盘之后，投资失败带来了投资的低迷和家庭收支平衡的恶化，相当数量的投资者不得不取消了抵押产品的赎回权（如图4所示）。

---

① 引自《美国货币史》，第171页。

② 引自Wheelock（2009）。

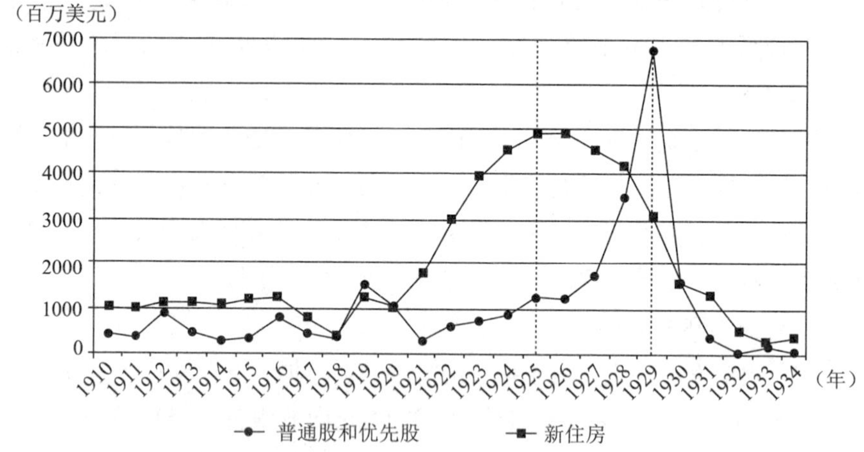

图3　1910—1934年新兴房地产市场和股票市场的双重泡沫①

数据来源：Historical Statistics，*New Issues of Common and Preferred Stocks*，Table Cj837.

房地产市场繁荣的原因主要有三方面：一是“一战”后市场需求激

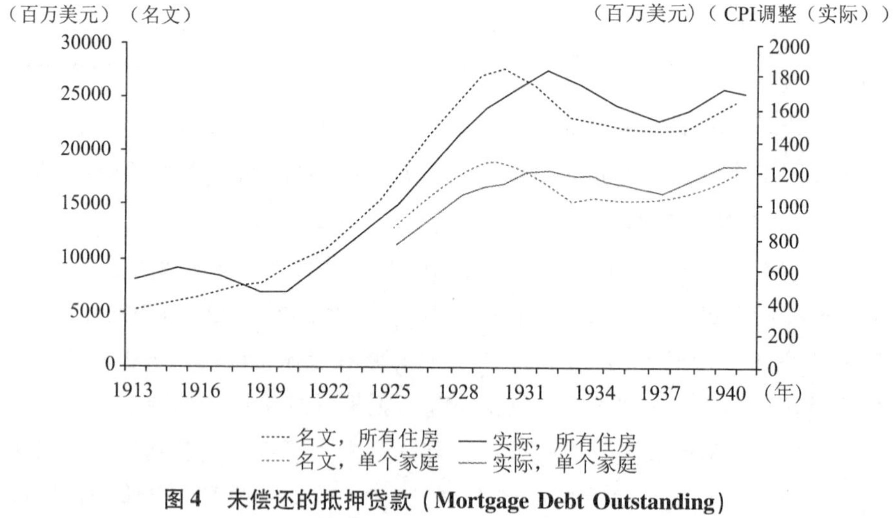

图4　未偿还的抵押贷款（Mortgage Debt Outstanding）

增，房地产业建筑商利润丰厚，从而对于市场前景过分乐观；二是房地产信贷具有的宽松的借贷标准，抵押品融资便利；三是联储的低利率政策、

① 引自 Eugene N. White（2008）。

金融创新和宽松的监管。

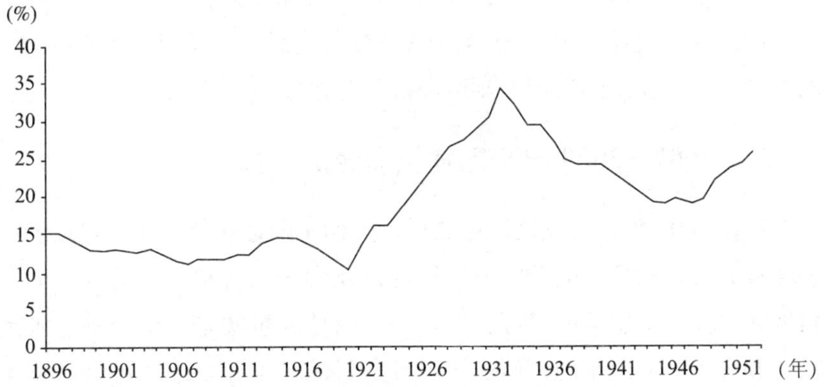

图5　住宅抵押贷款占其财富的百分比

数据来源：Grebler，Blank，and Winnick，1956. Table 1－6.

3. 国际金融环境与国际金融政策

美国在“一战”后一直扮演着资本输出者的角色，这与其贸易出口者的地位是相对应的。“一战”中，欧洲各国需要大量资金以生产战争用品，它们对于资金的要求使得美国的融资角色彻底发生了转换，从借入转为借出。美国开始通过提高国内储蓄额进行大规模的海外投资。在战争结束后，美国的对外贷款仍然保留着很高的水平：1920年，虽然净公共资本从23亿美元下降到1.74亿美元，但是私人借款从1919年的1.69亿美元上升至1920年的5.54亿美元，并在1921年达到了5.88亿美元。

美国在战后一直致力于金本位的重建。通过公开市场和支持他国中央银行，美国在1924—1926年帮助其他国家恢复黄金储备，并基本重新建立起了金本位。然而这种考虑外部平衡的做法并不持久。在1928年，国内股票市场的繁荣使联储认为应该提高利率以抑制股票投机。然而，金本位制下，单方面提高利率将造成其他国家的资金流入，从而使正在恢复期的欧洲各国发生紧缩。

大萧条期间，金本位制度的存在限制了发行货币的权力，从而使得金本位各国无法通过有效的货币政策刺激经济。美国曾经一度坚持固守金本位制度，但是在1931年9月英国率先脱离金本位、实行货币贬值，从而增强了投资者对于美国无法保持金本位、美元将发生贬值的预期。在这一预期的作用下，大量资本逃离美国，美国的黄金储备迅速下降，货币发行受到更大的限制。罗斯福上任后，针对国内的紧缩局面，迅速停止了黄金的可兑换性，逐步使美元发生贬值。脱离金本位后，黄金又重新流入美国，美国才得以使用充足的流动性刺激经济，开始复苏。

（二）2007—2009 年金融危机和经济危机

虽然在 2007 年金融危机发生之后，人们不断地从低利率的宏观经济环境、糟糕的公司治理、失败的风险管理以及影子银行和过度的资产证券化等角度去寻找危机发生的根源，但是一个简单的事实是本次金融危机是由次级债券危机演变而来的，而次级债券危机的产生归根结底还是在于美国房地产市场的过度繁荣以及长期不健康的发展。

从 1993 年开始，美国经济逐渐走出了 1987 年股灾以来的低迷和萧条，然后伴随着个人电脑和互联网技术的发展，美国经济开始了一次长达 6 年多的繁荣期。这种繁荣导致了人们，包括美国政府，对本国经济前景的过度乐观。乐观的情绪不断蔓延，体现在房地产市场上就是美国政府宣布要让更多的美国家庭实现住房梦。1994—2006 年，美国的房屋拥有率从 64%上升到 69%。而截至 2007 年，美国金融市场上的次级抵押贷款已经接近 2700 万份，占据着抵押贷款总量的半壁江山。

然而，房地产抵押贷款市场在短期内的快速扩张是以大量金融机构大幅降低住房抵押贷款申请标准为代价的。贷款申请标准的降低为商业银行和其他金融机构积累了大量的信贷风险，金融产品创新将这种风险分散到金融领域各个部门，而金融机构过高的杠杆率则进一步将上述风险无限放大。随着紧缩货币政策的启动以及房地产价格的下跌，泡沫在 2007 年开始破灭。次级债券的价值大幅缩水，金融机构拥有的资产价值迅速减少。然而，负债的水平并没有因危机的发生而降低。为了应对庞大的短期债务，金融机构只能出售更多的缩水的金融资产。恐慌性的抛售（Fire Sale）最终使危机迅速蔓延。

按照时间顺序，本次金融危机可以划分成五个阶段。第一，2007 年 8 月至 2008 年 8 月，美国经济开始减速，轻度衰退，流动性开始出现紧缩，美国三大金融机构倒闭。第二，2008 年 9 月，十家大型金融机构倒闭，或者濒临倒闭，很多机构改变组织结构，金融危机爆发。第三，2008 年最后三个月，金融恐慌开始出现，实体经济出现大幅衰退。第四，2009年初，政府援助计划拉开序幕，金融波动和恐慌进入尾声。第五，在此之后，实体经济出现持续深度衰退，金融体系进入复苏和重建阶段。

（三）两次危机微观机制的基本认识

1929年大萧条和本次国际金融危机有很多共通之处，可以归纳出十大根本原因。下面以本次危机前美国经济的基本事实为例，分别论述如下：

1. 信贷泡沫

信贷膨胀是两次危机的共同特征。从20世纪90年代至本次金融危机发生之前，中国、其他大型发展中国家以及大的石油生产国积累了大量的资本盈余。它们将这些储蓄贷给美国以及欧洲的部分国家，造成利率下降。信贷利差缩小，意味着通过借贷为风险投资进行融资的成本下降。信贷泡沫在美国和欧洲逐渐形成最明显的表现是高风险抵押贷款投资的增加。美国的货币政策可能对信贷泡沫的形成有一定的助推作用，但并非根本原因。

2. 房地产泡沫

美国次贷危机之前房地产价格快速上涨，资产泡沫不断累积，它始于20世纪90年代末期，并在2000年后开始加速。房地产泡沫有两个重要标志，一是房价的上升远远超过历史趋势，二是加州、内华达州、亚利桑那州、佛罗里达州等局部区域房地产市场泡沫从兴起到破灭周期的加速。

3. 非传统的抵押贷款

房地产业繁荣使得抵押贷款金融创新活跃，缩小的信贷利差、对于美国未来房价的过度乐观以及房地产抵押贷款市场中的缺陷共同作用，使得美国房地产金融信贷规模急剧扩张。低廉的贷款成本将问题进一步激化，金融机构产生了大量的高风险、非传统的抵押贷款。这些抵押贷款中有些是带有欺骗性质，甚至是超出贷款人还贷能力的。许多房屋购买者并没有认真地理解抵押贷款中的条款以做出审慎的贷款决定。这些因素进一步放大了房地产市场的泡沫。

4. 信用评级和资产证券化

资产证券化以及信用评级的错误将低质量的抵押贷款转化成危害深远的金融资产。投资银行降低了被证券化的抵押贷款的质量，而评级机构错误地将这些抵押贷款支持证券及其衍生产品评定为安全资产，购买者没有能够看出评级的错误从而做出自己的判断。这些因素共同造成更多的低质量抵押贷款的产生。

5. 金融机构集中了高度相关的风险

许多大中型金融机构的管理层积聚了大量的高度相关的房地产风险。这当中，部分机构清楚地认识到风险的存在，只是去赌房地产价格在未来会继续上涨；而另一部分管理层则是对潜在的风险没有给予足够的关注。这使得数量巨大但貌似可控的抵押贷款损失猛然导致大型金融机构的破产。

6. 杠杆率与流动性风险

与巨大的风险资产相比，金融机构的实有资本太少，这进一步放大了高度集中的房地产风险，许多公司过高依赖短期融资来支持公司的资金链。一方面，它们认为自己在房地产的投资是稳健、可靠的，从而对自身的偿付能力充满自信；另一方面，它们认为自己未来仍然能从隔夜市场获得资金，从而对流动性充满自信。偿付能力的丧失导致了流动性危机，进而导致一些大型金融机构破产或者濒临破产。金融机构对于它们的房地产风险缺乏足够的透明度，这造成了市场的不确定性，并使一些机构在需要的时候难以获得额外的资金或流动性。

7. 传染的风险

传染的风险是危机发生的重要原因。在一些情况下，金融体系是异常脆弱的，如同传染病一样，一家金融机构的破产往往导致一系列连锁反应，比如大型机构突然的破产会导致其业务对手方的资产损失。人们往往认为，这些机构太大了，而且与其他金融机构有着千丝万缕的联系，因此政策制定者通常不会允许这些机构突然破产；然而事实上并非如此，当金融危机到来时，政府也难以及时有效地挽回局面。

8. 共同的冲击

金融危机发生时，大量不相关的金融机构同时破产，这是缘于一个共同的原因：大家对房地产价格有类似的错误判断，房地产市场的损失是大家共同面临的冲击。这一冲击意味着问题是广泛的，而非某一个金融机构出现了问题。由于这一共同的冲击，导致关键的大型金融机构资金不足。

9. 金融冲击和恐慌

在2008年9月的快速衰退中，10家破产、濒临破产以及结构重组的公司引发了全球金融恐慌。几乎所有美国和欧洲的大中型金融机构健康状况都被质疑，人们对金融体系的信心和信任不复存在，这进一步加剧了金融系统的脆弱性。

10. 金融危机导致经济危机

金融冲击和恐慌导致了实体经济的紧缩。冲击和恐慌在2009年上半年结束，但是，危机对实体经济的影响持续到今天。

三、 金融危机的微观机制分析

（一）金融危机的微观机制的分析思路

通过对1929年大萧条和2007—2009年金融危机的分析，我们认为金融危机最终源于三个方面的结构性缺陷：实体经济、金融体系及其连接。首先，在经济高速发展持续一段时间后，实体经济累积一系列结构性问题，导致实体部门表现下滑，具体体现为投资过热、劳动力成本上升、资本配置失当、投资效益下降等，最终累及金融体系的健康。其次，金融体系自身的结构性问题会加剧实体经济的下滑速度，恶化实体部门的表现。最后，不当的连接部分会进一步加剧实体经济和金融体系中的结构性问题，导致资产泡沫和资本配置不当。当这三个层面的问题累积到一定程度时，实体经济、金融体系或是连接部分中的某些突发因素就可能导致实体经济和金融体系链条的破裂，引发金融危机。

（二）实体经济中的微观机制

实体经济的发展是整个社会发展和财富积累的源泉，但经济发展具有阶段性，当经济高速发展一段时期后，产业结构、劳动力市场、收入分配等方面会出现一系列矛盾，如不及时实现经济体的转型和调整，实体经济的结构性问题会导致发展停滞，甚至出现经济衰退和大萧条。1929年美国经济大萧条和2007—2009年国际金融危机反映了实体经济在微观机制上的一系列结构性问题。

1. 经济增长阶段

在1929年大萧条和本次国际金融危机期间，美国分别处在两个不同的经济增长阶段。从经济转型的角度看，1929年大萧条发生在美国经济完成了从农业为主向工业为主的转变、重工业化程度正在不断提高的时期；而本次国际金融危机发生在美国制造业逐渐衰落、正由工业向服务业转型的阶段。没有及时成功地实现经济转型，是美国经济两次陷入危机的重要原因。

首先，1929 年大萧条发生在美国的工业化中期阶段。此时美国已完成从以农业为主向以工业为主的经济结构转变，轻工业已得到充分发展，正在向重工业化方向转变。19 世纪末期，随着第二次工业革命的到来，煤炭、钢铁、石油和铁路等成为美国最有活力的部门，标志着美国重工业化时代的开始，依托电力、内燃机、冶金、石油化工等技术形成了一套全新的工业体系。在工业部门内部，重工业比重上升，轻工业比重下降，1879—1929 年的 50 年间，美国轻重工业资本存量比从 4. 19 下降到 1. 13①。

随着工业的发展，财富逐渐积累，由于没有及时实现经济转型、发掘新的经济增长点，大量资本流入证券市场以寻找高利润，由此带来证券市场的繁荣和投机风气高涨。1929 年大萧条发生后，企业大量倒闭，失业增加，伴随实体经济的衰退，1930—1933 年银行倒闭超过了 11000 家，银行大量倒闭带来信贷紧缩，造成实体经济融资困难，企业经营环境进一步恶化，最终形成一个恶性循环。

其次，本次金融危机发生在美国工业高度发达之后，正处于从以工业为核心向以服务业为核心的经济转型阶段。20 世纪中后期以来，美国的制造业逐步衰落，服务业高速发展。1990 年美国服务业增加值占国内生产总值的比重超过 50%，目前已接近 80%。美国在以服务业为主的经济结构下，没有找到稳定可靠的经济增长点，在经历了 2000 年互联网泡沫之后，新的财富又涌入了房地产和金融行业。而金融创新层出不穷，股票、债券和金融衍生品等金融资产总量逐渐超越了实体经济，而在监管体制上却没有及时跟进。

相应地，美国的经济增长动力由生产型的投资主导向财富型的消费主导转化，产生了大量的贸易和财政赤字。同时，过度消费和投机导致美国出现房地产泡沫，一旦房价下跌，整个信贷体系就失去了根基，从而引起金融市场的激烈动荡，进而波及实体经济领域。

---

① 来自 The United States Bureau of the Census，*Historical Statistics of the United States*，Colonial Times to 1970，p. 685。

2. 产业结构

从19世纪中期到1929年大萧条之前是美国工业化快发展时期，尤其是重工业化程度不断提高，产业结构经历了重大变革。在此期间美国的产业结构变革主要可以划分为两个阶段：19世纪中后期是美国重工业化的初期，产业结构的重心在于钢铁、煤炭等基础原材料部门；19世纪末20世纪初是重工业化的高速发展期，产业结构的重心转移到机械制造、石化、汽车等深度加工制造部门。

首先，铁路建设是19世纪中后期美国重工业化进程启动的关键契机。19世纪50年代，美国迎来了第一个铁路发展高潮，铁路建设推动了美国工业从轻工业向重工业转型，并加快了全国性市场的建立。铁路建设高潮带来了钢铁工业的黄金发展期，此后20年间美国钢铁产量增长了140多倍，1886年美国钢铁年产量达到260万吨，跃居世界第一位，为现代工业体系的形成做了准备。由于巨大的投融资需求，铁路建设也促进了金融业发展，铁路股票、债券约占到当时美国证券的1/3。

19世纪中后期，美国能源结构开始发生革命性变革。煤炭、石油等化石燃料逐步取代木材和畜力成为经济活动的主要能源，煤炭产量从1860年的1450万吨增加到1885年的10212万吨，年均增长超过8%，1900年煤炭已占美国能源消费的52.3%，有力地支持了美国工业的发展。

其次，从19世纪80年代开始，以机械制造为代表的深度加工制造部门开始崛起，这些产业的产业链更长、带动能力更强、附加价值更大、分工更细致，有力促进了技术进步。此后半个世纪里，美国钢铁、基础化工等低加工重工业部门发展放缓，资本规模仅增加了十多倍；而机械等深加工部门的资本规模猛增了几十倍，化学制品、石油炼制、钢铁制品、运输机械四大重工部门的资本总量从1879年的7.32亿美元增加到1929年的204.55亿美元。到20世纪20年代，炼油、钢铁和通用机械成为绝对资本规模最大的三个工业部门，而炼油、联合化工和汽车成为对工业增长贡献度最大的支柱行业。在此期间，美国经历了其历史上的第二次并购浪潮，对垄断的监管和限制很松散，行业集中度提升，妨碍了竞争，进一步减低了实体部门的投资回报。由于主导投资的企业效率下滑，下一轮经济循环缺乏活力，资金开始涌向金融市场。

表1显示了大萧条之前40年美国主导产业的变迁过程。

表1　1929年大萧条之前美国主导产业变迁

年份	资本存量占所有工业的比重		对工业增长的贡献度	
	主导产业	资本存量比重（%）	主导产业	贡献度（%）
1890—1899	木材	8.4	通用机械	9.1
	7.6	钢铁	7.6	酿酒
	7.2	通用机械	5.5	木材
1900—1909	钢铁	10.9	钢铁	12.7
	6.9	木材	6.6	木材
	6.8	棉制品	5.5	通用机械
1910—1919	钢铁	11.1	钢铁	11.2
	8.4	通用机械	8.0	通用机械
	7	棉制品	5.3	汽车
1920—1929	炼油	9.7	炼油	24.4
	6.9	钢铁	7.0	联合化工
	4	通用机械	5.3	汽车

数据来源："Statistical Abstract of the United States（1891—1932）".

20世纪中期以来到本次金融危机之前，美国的产业结构有两个重要变化，一是美国制造业通过外包等形式向海外转移，国内传统制造业逐步衰退；二是服务业发展迅速，尤其是金融业和IT产业成为20世纪后期美国经济增长的重要动力。

首先，从20世纪中期至今，随着美国国内劳动力成本的提高和中国等发展中国家的崛起，美国外包趋势显著，交通运输设备、机械和食品制造业等资本密集和劳动密集型产业都降幅很大，美国的工业占GDP的比重由30%以上下降到20%左右。从工业的内部结构变化看，制造业快速衰退是第二产业占GDP比重下降的决定性因素，而建筑业和采矿业则相对稳定。进一步，从美国制造业内部结构变化看，只有计算机及电子产品制造业占比呈持续上升，化工制造业保持相对平稳，其他主要行业都在持续下降，金属制品、交通运输设备、机械和食品制造业等资本密集和劳动密集型产业都降幅很大。

其次，美国的服务业一直快速发展，从"二战"后至今，美国第三产业占GDP的比重由不到60%上升到80%左右。在服务业内部，传统服务业总体呈下降趋势，而现代服务业则呈上升趋势。在美国的四大传统服务业中，除了娱乐住宿餐饮业，批发贸易业、零售贸易业和运输仓储业占GDP的比重均在下降。美国四大新兴服务业中，金融租赁业、专业与商业服务业、文教卫生及社会救助服务业、信息服务业呈上升趋势，其中，金融租赁业是美国最重要的现代服务业部门，也是占GDP比重最高、上升幅度最大的第三产业部门。但是，服务业往往波动较大，抵御风险能力较低。

3. 收入分配

收入分配差距扩大是与两次大危机都密切相关的一个重要因素。图6描绘了1910年至2010年美国收入分配差距、破产银行数量、破产银行存款占GDP比重的变化，最显著的特征是收入分配差距和银行破产数量高度相关。每次金融危机都伴随着收入分配差距的快速扩大，在1929年大萧条和2007年次贷危机之前，收入差距都在快速上升，前1%最富裕人群的收入占到全部人群收入的18%左右，前10%最富裕人群的收入占到全部人群收入的50%左右。而在1950—1980年的平稳增长期，前1%最富裕人群的收入比重一直低于10%，前10%最富裕人群的收入比重一直低于35%。从美国两次危机的经验来看，收入分配差距扩大可能是导致金融危机的一个重要根源。

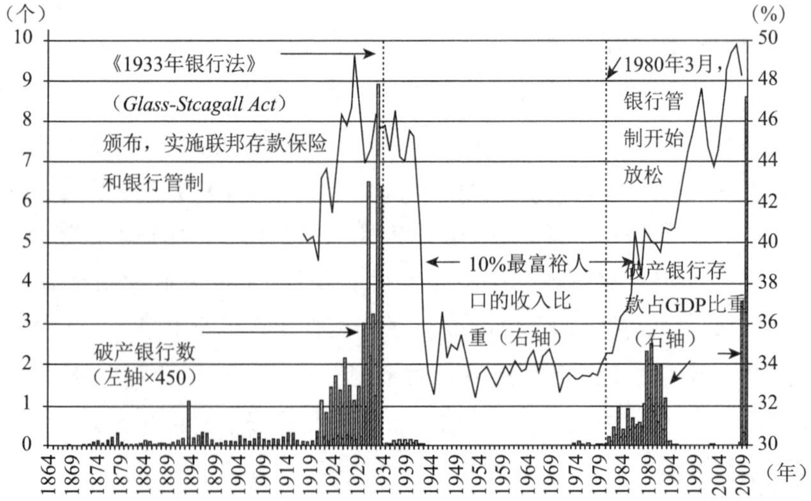

图6　美国收入分配差距和银行破产情况

数据来源：David Moss, *Harvard Business School.*

收入分配差距扩大对金融危机有很多可能的影响机制。首先，在缺乏新的经济增长点以供其投资的情况下，高收入者将财富投资到房地产、收藏品、自然资源等稀缺品，引发资产泡沫；高收入者的行为又会影响社会的风气，带动低收入者不切实际的需求，有碍社会稳定；而金融机构为了增加收入，通过抵押信贷满足低收入者的需求，导致金融资产质量的下降和泡沫的扩张。其次，高收入者有更强的能力去影响政策制定，游说政府出台有利于他们的政策，如放松金融管制，允许混业经营等，这进一步加剧了风险的积累。最后，不当的薪酬制度激励了企业高管在市场上的冒险行为，包括进行金融衍生品交易、购买高风险证券等。这些机制又会促使次贷危机的发生和蔓延。

4. **劳动力市场**

劳动力市场环境和供求关系的变化对企业经营有很大影响，微观层面上的企业绩效变化，会导致宏观层面上整个实体经济和金融体系的连锁反应。1929 年大萧条之前的十余年间，美国的劳资关系发生了多次变化，一个重要规律是，每次劳动力市场的紧张都会导致经济衰退。

供求因素和制度性因素都会导致劳动力市场紧张，前者主要是技术进步、移民或战争等对劳动力供求的冲击，后者包括工会力量、最低工资制度等。从美国经验来看，劳动力供不应求或工会力量增强，都会有效地提高劳动力一方的议价能力，使得劳动力成本上升、企业利润下降，甚至最终导致经济危机。

从“一战”开始到 1929 年大萧条之前，美国劳动力市场发生了三次重大变化，每次都对美国经济产生很大冲击。“一战”爆发后，欧洲向美国的移民减少，同时战争刺激了美国经济，这使得美国劳动力市场供不应求；1914 年美国又通过了支持工会势力的《克莱顿反垄断法案》（*Clayton Antitrust Act*），促进了从个人谈判（Individual Bargaining）向工会集体谈判（Collective Bargaining）的转变，工会成员比例和罢工数增加很快，劳动力市场的紧张最终引发了 1920—1921 年的经济衰退。从 1921 年开始，美国最高法院通过了一系列不利于工会发展的决定，工会集体谈判能力减弱，企业经营环境好转，这促进了 20 世纪 20 年代中期美国经济的繁荣和证券市场的发展。而 20 世纪 20 年代末，美国最高法院做出了支持铁路行业工会的判决，工会势力又开始增强，同时政府要求企业提高工资水平，这导致了企业利润下滑和1929年大萧条。

5. **公司治理结构**

随着19世纪中后期美国工业化进程的发展，公司治理状况发生了很大变化。钢铁、运输等重工业企业要求有较大的规模，需要吸引大量的资金投入，股份公司应运而生，公开募集股份并由职业经理人经营的现代企业制度逐渐成熟。

1929年大萧条之前，家族控股的金字塔式的企业组织架构成为主流实践，少数控制人通过金字塔结构用很少的投资获得对大量资产的控制。例如，1929年美国最大的铁路公司——宾夕法利亚铁路公司、最大的公用事业公司——美国电话电报公司、最大的工业公司——美国钢铁公司的最大股东的股票持有量分别为0.34%、0.70%和0.90%，这三家公司20个最大股东持有的股票总量也仅占公司股份总数的2.7%、4.0%和5.1%。到1929年大萧条发生之前，股权分散使得经理人员在公司治理中的控制权地位逐渐确立。

股份制企业和金字塔式的组织架构导致美国公司规模扩大，产业集中度提高。大萧条之前，美国最大的200家公司包括42家铁路公司、52家公用事业公司以及106家工业公司，它们控制了49.5%的公司财产、22%的国民财富。这使得委托—代理问题更加突出，经理人由于目标短期化的，选择更多高风险的投资项目，降低了投资回报，为大萧条的发生埋下了隐患。

（三）金融体系中的微观机制

金融的本质是将储蓄转为投资，即通过金融市场和（或）金融中介机构将资金需求方和资金富裕方有效地连接起来。除了实体经济中的问题外，1929年美国经济大萧条和2007—2009年国际金融危机和经济危机也反映了金融体系在微观机制上的一系列结构性问题。

1. **金融机构的混业经营与分业经营**

金融机构可采用分业经营或混业经营。分业经营可以提供专业化分工的高效率，也有利于降低经营风险和稳定金融形势；混业经营则可以降低信息搜集、处理成本和金融交易成本，有利于提高金融机构的盈利能力乃至整个国家金融业的国际竞争力。混业经营和分业经营孰优孰劣一直是个争议性的话题，学术研究也没有定论。

历史上，世界各国的金融业发展大都经历了“混业—分业—混业”交替发展的趋势。需要注意的是，1929 年大萧条之前，美国金融机构实行的是混业经营，商业银行业务与证券业务几乎不存在界限；1929 年大萧条后，美国在 1933 年出台了“Glass Steagall Act”（即《1933 年银行法》），实施商业银行和投资银行分业经营，此后直到 1980 年的 50 年间，美国金融业一直没有出现大的危机；但从 1980 年开始，美国放松了对金融业的监管，混业经营再次出现，金融机构不断购并，将不同的金融业务融为一体。

在混业经营下，金融机构业务的趋同性及相关性增强，使金融风险更易于在各类机构间传导，在一定程度上放大了金融体系的系统性风险。发展过度、监管失控的混业经营对危机的发生难辞其咎。以 2008 年全球金融危机为例，其直接导火索是金融机构利用高杠杆的方式对资产证券化产品的过度投资。从微观机制来看，大金融集团公司的商业银行部门降低标准发放大量住房抵押贷款，投行部门作为承销商将这些贷款打包后再证券化，最终资产管理部门又作为主要投资者投资这些证券，风险在这个过程中其实一直没有离开过整个金融体系，这些系统风险最终给金融体系乃至实体经济带来灾难性的后果。

混业经营的另一个后果是监管的盲点增加。比如，美联储、联邦存款保险公司、货币监理署等各监管机构的分工过细，使得它们对混业经营的金融机构的真实风险暴露和盈利水平认知不足，出现问题后也没能及时应对。

2. 金融业集中度

整个金融体系在两次危机爆发前都经历了一个金融业监管放松、集中度大幅上升的阶段。例如，美国 1990—2005 年期间，有银行参与的资产超 100 亿美元的超大型并购就发生了 74 起；其间，前十大银行拥有的资产占全行业资产的比例从 25% 上升到 55%，金融集中度上升的势头非常明显。金融业集中度的上升，对整个金融体系会产生以下影响：

第一，金融业集中度的提升会使一些金融机构规模变得过于庞大，它们对整个金融体系乃至经济体系变得异常重要，以至于政府难以承受这些企业的破产倒闭所带来的后果（Too Big to Fail）。这些金融机构于是有很强的动机和动力去从事高风险的业务或者项目，进而增大整个金融体系的风险水平。

第二，金融业集中度增加扩大了大金融机构的市场势力，提高了它们的竞争优势和利润水平，但也阻碍竞争，进一步挤压中、小金融机构的盈利空间，继而迫使这些金融机构从事那些风险较高的业务，而这也加大金融领域的风险。此外，金融业集中度提高会增强金融机构的市场势力，使其在与贷款企业的谈判过程中更具谈判力，最终会提高银行放贷的利率水平，而利率水平的提高则可能迫使贷款企业被迫从事风险较高的项目。因此，金融集中度的加大可能造成整个经济体系风险水平的提升。

3. **金融机构公司治理**

良好的公司治理能够降低金融机构管理层与股东、债权人之间的利益不一致，使得经营者能够更有效地管理风险，防范危机。这两次危机的爆发都与金融机构在公司治理机制的若干缺失有很大的关联。

1929 年大萧条之前，美国企业界普遍采用复杂的股权结构让最终控制人能够用相对较少的资本控制大量的资产，金融资本和产业资本密切结合。这种架构下，少数大财团能够利用所控制的金融机构大量投资，于是出现诸如投资过热、资本配置不当、不良贷款累积和大量资本涌向虚拟经济等问题，为危机的爆发埋下隐患。

虽然美国企业的公司治理水平在 20 世纪 30 年代后有了长足的进步，其金融机构的公司治理在 2007—2009 年金融危机之前还是显露出大量问题，这主要反映为扭曲的高管激励机制。相比于现金激励，适当的股票或期权激励能够在一定程度上抑制高管行为短期化，但过度的股票或期权激励仍会使得高管过度追逐公司短期利益以及股票价格的短期升幅，积极寻求高风险所带来的高收益，而对金融机构承受的高风险所可能带来的损失却缺乏足够的动力去防范。雷曼兄弟的前总裁查理德·福尔德在 2000 年到 2007 年间获得的报酬共计 4.85 亿美元，其中股权收益部分占了整个收入的 78%，雷曼兄弟却在 2008 年 9 月宣布倒闭，直接引发了 2008 年的大危机；美林的 CEO 斯坦利·奥尼尔在四年中获得了 7000 万美元的报酬，虽然他领导的衍生品交易导致美林巨亏，但辞职时仍获高达 1.6 亿美元的离职补偿金。

金融机构公司治理机制的缺失，加剧了金融机构高管的“代理人”问题（Agency Problems），助长了金融机构追求高风险、高收益的激进经营策略，从而导致了宽松信贷和高风险投资泛滥，极大地提高了金融机构的债务水平。2008 年危机爆发前，美国几家主要金融机构诸如美林证券、雷曼兄弟、贝尔斯登等的债务权益比都超过了 30 倍。高风险和高杠杆的经营策略，为金融危机的爆发埋下了隐患。

4. 金融机构业务创新与影子银行

金融发展和深化有赖于金融创新，但金融创新应该以更好地为实体经济服务为最终目的。没有受到有效监管、脱离实体经济需要、纯粹为金融机构利润最大化服务的金融创新却可能加剧金融体系和实体部门的系统风险。

美国 20 世纪 20 年代的重要金融创新是以抵押贷款方式分期付款。这一创新以基于财富积累的透支消费替代了基于可支配收入的消费，改变了美国的消费模式。而透支消费的长期发展，又进一步促进了金融部门的膨胀，由此导致信贷规模的迅速扩大。当消费者把自己的房产等资产抵押给银行，大量向银行贷款进行消费时，金融系统的整体风险在不断积累，房地产、股票等资产价格泡沫快速增加，最终引发危机。

20 世纪中后期以来，美国的制造业逐步退出，服务业高速发展，其增加值占国内生产总值的比重接近 80%。这个过程中，金融创新层出不穷，股票、债券和金融衍生品等金融资产总量逐渐超越了实体经济，在国民经济中占据着核心地位。

最近十年，由于长期的低利率挤压了传统商业银行业务的利润空间，金融机构除了在法律上争取扩大业务范围外，还不断推行资产证券化，将各种的贷款打包证券化，卖给其他金融机构，从而获得更高的收益。尤其是，20 世纪 90 年代开始，美国经济持续平稳增长，政府赤字不断降低，导致安全性较高的美国国债日益减少，为了满足债务市场的需求，金融机构人为地将大量实际不达标的债券评为 AAA 级债券。一旦市场环境恶化，评级机构下调了这些债券的信用评级，就容易导致金融恐慌。

截至 2008 年，超过 60% 的房地产抵押贷款被证券化。这个过程中，金融机构为了应对巴塞尔协议对资本金的要求，大量地将这些与衍生品有关的资产从表内转移到表外，来降低银行要求的资本充足率。这种“监管套利”行为虽然使得金融机构能够利用较少的自有资本通过大量举债去投资高风险、高收益的金融资产，并在正常市场环境下获得不菲的利润，却加剧了整个金融体系的风险与收益的不透明性。当危机爆发得时，这些金融机构被迫低价甩卖自身资产，降低杠杆比率。这种行为最终降低了它们自身资产的市场价值，同时也降低了其他金融机构的资产价值，进而引起连锁反应，并最终造成恐慌性甩卖。

可以说，最近一轮的金融创新和影子银行的大量涌现，虽包含有创新商业模式的成分，但更多的是基于高风险、高杠杆的经营策略和以逃避监管机构资本金要求为目的的“监管套利”行为。这一切进一步加剧了整个金融体系的系统风险。

5. **抵押贷款和房地产金融**

最近一次危机爆发前，美国经历了一个长达十年的低利率阶段，大量资金涌入房地产市场，极大地刺激了房地产价格的上涨。标准普尔公司和美国耶鲁大学经济学家罗伯特·希勒联合编制的全国20个大城市房价指数在2007年初达到峰顶，比1997年增加了几乎3倍。在商业盈利状况乐观、房地产价格持续上涨、房屋抵押贷款拖欠率和止赎率双双偏低的情况下，再加上联邦政府对居民拥有房产的美国梦的持续推动，金融机构竞相对房产购买者发放贷款。从2002年第四季度到2006年第四季度，市场新增了14.4万亿美元的抵押贷款；截止到2006年底，美国的住房抵押贷款的规模是1996年住房抵押贷款的3倍；同期，市场向高风险借款人发放贷款的速度开始加大。

金融机构由于能够通过证券化的方式把贷款打包卖走，并不注重对贷款人违约风险的防范。然而，这些风险并没有真正离开金融体系，因为同样的金融机构也是这些证券的主要投资者。扭曲的房地产金融实践，一方面进一步推高房地产价格，另一方面加剧了整个金融体系的系统风险。当房地产价格出现不利的变化时，贷款人违约比例上升，影响到以抵押贷款为基础的一系列金融资产的价格，最终促使金融危机的爆发。

（四）实体经济和金融体系的连接问题

实体经济或者金融系统本身出问题会导致金融危机，两者的连接上出问题也会对金融危机的产生发挥一定的作用。在两者连接上发挥作用比较大的因素有三个：会计制度与信息、资信评级与资本市场监管。产生问题的本质是监管机构、企业、投资者错误地理解了关于实体经济的信息，从而做出错误的投资和经营决策。

1. **会计制度与信息**

金融系统是实体经济的润滑油，同时金融系统又反映实体经济的财富创造过程，反过来为实体经济的进一步发展提供决策基础。实体经济和金融系统的发展应该像人体和影子一样，保持基本一致的前进速度，金融系统过于落后会迟滞实体经济的发展，而金融系统的过于超前则会导致实体经济非正常发展，形成危机。

金融系统的过于超前主要表现为资产价格过度透支实体经济发展的未来，使资产价格膨胀，超出实体经济的基本面，并因此向企业和投资者发送错误的信号，进一步加剧过度投资，形成过度投资—资产价格膨胀—进一步过度投资的恶性循环。金融系统发展过于超前于实体经济的原因首先是金融系统错误地评估和反映了实体经济的现实，而导致这一错误评估与反映的原因和一个国家的会计制度与实践有很大的关系。

良好的会计制度与会计信息客观地反映实体经济的现实，使实体经济的“山”和金融系统的“影”比较合理地结合起来。但是，当科学合理的会计制度缺乏，或者会计信息质量低下的时候，金融系统可能错误地反映实体经济的发展状况，为政府、企业、投资者提供扭曲的信息，导致相关的决策失误。

首先，1929 年危机以前，美国上市公司没有强制性的会计信息披露，上市公司可以自愿选择披露会计信息，披露的报表也是自愿选择是否进行审计。同时，历史成本原则也没有强制性的应用，上市公司可以根据评估价值调高资产余额、增加利润，因此导致 1929 年以前大量的财务造假事件，致使投资者高估上市公司价值，进一步推高资产泡沫的幅度。

1934 年美国证监会成立以后，在立法机构要求下，证监会才开始确定上市公司强制信息披露标准及披露内容。1935 年美国证监会成立总会计师办公室，专责管理上市公司会计信息披露，其对会计信息的基本要求是：可比性、全面披露、透明性及历史成本原则，从而保证会计信息的可靠性和相关性。同时，证监会委托美国会计师协会制定统一的美国会计准则，1936 年，美国会计准则（GAAP）应运而生。这一时期，美国证监会还成立了公司财务局，负责审查上市公司的会计报告，对有问题的会计报告可以予以驳回，甚至暂停该上市公司股票的交易。1939年，美国会计师协会发布了第一套审计准则，审查上市公司会计报表的权利逐渐转移到审计师手中。

其次，20世纪后期，美国会计准则制定中最重要的事件是公允价值概念的引入，并在金融资产与负债的汇报上逐渐取代了历史成本原则。公允价值是指一个资产或负债当前的市场价格（或评估价值），而不是当初取得这项资产或负债时的成本支出。使用公允价值时，每个会计期末，企业根据某项资产的公允价值调整该资产的账面价值，差异计入当期利润（或损失）。显然，这一发展是1929年前企业可以根据评估价值调整账面资产和利润行为的回潮，区别在于1929年以前主要应用在普通资产上，而2009年之前主要应用在金融资产上。

2001年，安然会计丑闻爆发，其中的问题之一即是安然公司通过使用虚假的公允价值，在之前若干年度高报了资产价值和企业利润，误导了投资者。虽然安然丑闻导致了美国萨班斯法案的设立及会计监管的加强，但是并没有影响公允价值的继续使用。2006年，美国会计准则第157号规范了公允价值计量的范围和标准。对于金融资产或类金融资产（例如期货合约），上市公司可以使用资产的市场价格、同类资产价格或内部评估价值来计算资产价值，并于会计报表日调整资产账面价值，把相应的增减汇报为当期利润或者损失。欧盟于2004年起开始执行类似准则。

公允价值的使用客观上扩大了2007—2009年金融危机的幅度，其影响金融危机的机制如下：当资产价格上升的时候，金融机构持有的资产不断升值，公允价值计量方法使企业把升值汇报为利润，进一步加强了投资者对金融机构前景的信心，推动了这些机构股票价格的上涨；股票价格的上涨又会体现为下一期金融机构持有资产的升值，依次循环，使一个小的泡沫演变成大的泡沫，直至破裂。当泡沫破裂时，资产价格下降，导致金融机构根据公允价值原则需要确认损失，进一步导致资产价值下降和更大的损失，依次循环。为了保证资本充足率，金融机构不得不“火线”销售资产，致使资产进一步减值、亏损扩大，最终导致越来越多的金融机构资本充足率不足，甚至破产。

所以，公允价值的适用性严重依赖资本市场的有效性。当资本市场有效性高的时候，市场价格能够比较准确地反映资产未来的现金流，这时市场价格作为公允价值计价基础是合适的。但是，大量的历史经验表明，资本市场在短期内的有效性是值得怀疑的，错误定价经常出现。在错误定价的前提下，使用市场价格作为公允价值计量资产和收益，会导致正向反馈：资产价格高估时公允价值计量使高估的资产被进一步高估；资产价格低估时公允价值计量使资产被进一步低估。2009 年 3 月 12 日，美国国会就公允价值计量问题召开听证会，要求美国证监会和会计准则委员会暂停公允价值的使用，以减缓金融机构损失和破产的速度。

2. 资信评级

资信评级行业是会计行业的姊妹行业，其产生的原因是为了帮助投资者判断一个债务发行主体的偿债能力，从而促进资本的交换。1929 年危机和 2009 年危机前的一段时间都是资信评级行业发展迅速的阶段，对危机的扩大都有一定的影响，虽然 1929 年之前的影响比较有限。

首先，1909 年，约翰穆迪创设了世界上第一个债券评级机构。1913 年，惠誉投资者服务公司成立，1916 年，普尔公司也开始了债券评级业务（1941 年和另一公司合并成为标准普尔公司）。1909—1929 年间，资信评级业务发展迅速。主要原因是这一段时间内美国工业化速度加快，经济蓬勃发展，企业债务融资需求巨大，投资者对债券评级的要求促进了这个行业的发展。

投资者群体的大众化也促进了资信评级行业的发展。第一次世界大战前，债券持有者比较集中于欧美富有的家族、银行机构或大企业，持有者之间和发行者之间联系比较紧密，对发行者的资质有一定的独立判断。但是，第一次世界大战使全球金融中心由英国向美国转移，战争时来自欧洲的资金供给大幅度减少，增加的融资需求主要由日益富裕的美国市民满足，扩大了投资者群体，因此对独立第三方的资信评级的需求迅速加大。

其次，2007—2009 年危机之前的几十年中经历了和 1929 年之前类似的情况。资本在国家间自由流动、企业经营国际化、长期的经济繁荣等原因使债权发行变得全球化，债权投资者群体也随之全球化、分散化。这使得投资者对资信评级业务的需求有了巨大的增加。评级机构的影响力非常大，托马斯·弗里德曼评论道：世界上有两大超级势力——美国和穆迪债券评级公司。美国可以投炸弹摧毁别人，而穆迪可以降低债券资信评级来摧毁别人。

1929 年之前和 2009 年之前评级行业一个重大区别是收费模式。20 世纪 70 年代以前，评级机构是通过向债券投资者提供评级报告收取费用，而之后主要是通过向债券发行者收取费用。这种向被评级者收取费用的方式可能导致严重的利益冲突。在 20 世纪 70 年代，美国证监会等机构扩大了评级在监管中的作用。例如，1975 年，美国证监会要由银行资产要由全国认可的统计评级机构（NRSRO）做过评级才能算好的资产，并规定机构投资者必须买由 NRSRO 评级的投资级别以上的债券。

信用评级行业在 2007—2009 年金融危机中受到广泛的质疑。现有证据表明，信用评级行业确实对此次金融危机的发生起到了重要的作用。20 世纪 90 年代后期，克林顿政府扭转了美国政府财政赤字，取得了财政盈余。这一好事却为后来的危机埋下了种子。由于 AAA 级的美国政府债券大幅度减少，而国际机构投资者受投资合约限制，需要大量的 AAA 级债券。华尔街的金融创新发挥了作用。大量的次级贷款、次级按揭通过打包重组，形成新的 AAA 级债券卖给国际投资者，包括大量的担保债务凭证（CDO）、信贷违约掉期合约（CDS）。评级机构迎合华尔街的需求，给这些衍生产品 AAA 评级。当这些 AAA 级债券所依赖的基础资产减值时，投资者遭受了重大损失。

3. 金融监管

金融监管和金融监督的广泛失灵破坏了金融市场的稳定性。从 1656 年瑞典成立中央银行，到 1913 年美国建立联邦储备体系，世界各国的中央银行逐步扩展了其政策职能，但仍未具备金融监管权，各国金融市场基本上处于自由放任状况。因此直到 1933 年，银行失灵和金融危机一直都是世界经济中的常见现象。在大萧条之后，以美国为代表的欧美各国迅速加强了金融管制，建立了分业监管制度。随之而来的是在近 50 年的时间内，银行失灵和金融危机消失了。然而自 20 世纪 80 年代开始，由于市场一体化、金融创新、技术进步等原因，金融市场竞争明显加剧，世界各国纷纷进行了金融的去管制化，此时金融危机又开始出现了。因此，金融危机往往伴随着政府金融监管体制的变革。

当前美国金融监管的主要特点是“双重多头”。“双重”是指联邦和各州均有金融监管的权力，“多头”是指有多个部门负有监管职责。1999 年美国颁布《金融服务现代化法》后开始推行金融自由化，放松金融监管，结束了银行、证券、保险分业经营的格局，标志着各国的金融业进入混业经营时代。随着经济全球化和金融自由化步伐加快，20 世纪初的高增长率、低实际利率和低波动性滋长了市场的乐观情绪，各国中央银行在政策选择上也一定程度上纵容了资产泡沫和金融投机。随着金融市场之间产品创新的发展和风险的传递，资产和交易的尽职调查由信用评级机构外包，以短期利润为基础的金融部门报酬制度加剧了市场的冒险势头。而金融监管则越来越多地暴露出监管标准不一致、监管领域的重叠和空白同时存在、规则描述过于细致、监管对于市场的反应过慢及滞后、监管机构协调困难等问题。

因此，这种金融创新失衡和金融监管失灵的形势，造成了监管套利的机会，促成了影子银行体系的成长，形成了被复杂性定价所掩盖的过高杠杆率。由于市场和监管机构都没有认识到存在缺陷的激励机制、信息不对称、顺周期借贷和风险集中等问题，最终金融衍生品发生了质变，价值链愈拉愈长，风险越来越大，终于在 2007 年的房地产按揭贷款环节发生断裂，引发了次贷危机，并迅速演化为全球性金融危机。

此次危机的形成及演变过程表明，多头监管制度导致监管机构以及投资者对金融市场数据和投资风险所传递的信息上存在巨大的认识误差。这些认识误差诱导投资者和金融机构进行了过量的高风险投资，而多头的监管机构由于信息不对称反应过慢，未对高风险投资行为行使审慎的监管权力，致使金融危机不断酝酿并最终爆发。

由于此类信息缺口问题，投资者难以评估场外工具的流动性和对手方风险，未能深入摸清所投资资产的性质，并过分依赖信用评级机构。多头的监管机构也难以评估金融机构的表内交易账面风险以及其与表外风险暴露（如特殊目的工具）的联系，也未能获得充分的信息以对市场上交易量巨大的复杂的结构性产品的内在风险进行监管，而是由信用评级机构对各项资产进行评级。然而，监管机构忽略了信用评级机构日益增长的利益冲突，这种利益冲突导致评级机构对评估对手方和担保品的尽职调查失效。另外，长期以来银行体系将风险转嫁给影子银行体系内的各类附属实体（包括投资银行、抵押贷款经纪人、对冲基金、证券化工具和其他私人资产池等），而多头的监管机构几乎没有掌握影子银行活动的关键信息，无法进行审慎的监管。

针对此次危机，各国政府进行了深刻反思并纷纷立法进行金融监管改革。例如：2009 年，英国出台了新银行法案，欧盟委员会公布了欧洲金融监管改革计划；2010 年，美国通过了华尔街改革和消费者保护法，建立所谓的“宏观审慎管理框架”。这些金融改革法案普遍加强了中央银行的金融监管职能，强调金融监管与货币政策职能的协调统一，强调有效监管既是规则问题，也是有效监督金融市场趋势和激励机制的问题。特别地，由于金融市场瞬息万变，任何一种监管制度都可能迅速过时，因此金融监管最根本的原则是在企业和部门层面的风险承担与系统性危机风险之间取得平衡，并随着经济形势而灵活调整。

四、 当前中国面临的金融风险与隐忧

前面关于两次金融危机成因的分析揭示了重大金融危机发生的一些共同特征，这些特征包括：①在危机爆发之前实体经济都经历了长期的经济繁荣，公司积累了大量的盈利，但经济进一步快速增长失去了明显的动力和方向，缺乏强劲增长点的支持。②美国在两次金融危机之前都经历了收入分配的严重恶化，基尼系数都达到了历史最高点。③美国实行了长期的低利率政策，导致流动性过剩，传统商业银行的利润空间被挤压，金融机构寻求新的金融衍生工具、突破金融监管的动力不断增加；金融界混业经营的趋势加强，使监管变得困难，金融风险增大。④金融监管不断放松。⑤房地产市场长期繁荣，房地产价格攀升不止，泡沫不断积累。

前车之覆，后车之鉴。比照美国两次金融危机发生的成因和征兆，我们可以发现中国经济程度不同地隐含着金融风险甚至危机发生的因素，列举如下：

1. 经济增长模式转型缓慢，缺乏新的经济增长支撑点

中国在过去30年取得了举世瞩目的高速增长，使中国经济总量超越日本，成为仅次于美国的第二大经济体，人均GDP超过了4000美元。如果说，中国前30年的高速增长主要依靠改革开放释放了原先被旧体制束缚的经济活力，通过市场机制引导资本和劳动力的配置，那么未来中国经济的快速增长，就必须依赖效率驱动，主要依赖生产要素的质量和配置效率的提高，从粗放型向效益型增长模式转变。目前中国依赖高投入、高能耗推动经济增长的格局并没有发生根本性改变，工业比重偏高，服务业和技术密集型产业比重偏低，经济转型缓慢，战略性新兴产业能否成为中国下一步的新增长点还存在多重变数。

国际经验表明，从要素驱动向效率驱动过渡，即在人均GDP 3000～7000元的阶段，最容易发生“中等收入陷阱”。中国今后的经济发展将出

现更大的不确定性，能否实现经济转型，跨越“中等收入陷阱”，是当前中国面临的重要挑战。

2. 收入分配差距过大，劳资矛盾逐步显现

收入分配差距过大是当前中国社会面临最大的问题。联合国开发计划署的数据显示，中国目前的基尼系数为 0.45，已经超过了国际公认警戒线，过去 30 年中国基尼系数快速攀升，从一个较为平等的社会演变成严重不平等的社会。收入最高的 20% 人口和最低的 20% 人口的平均收入之比，中国是 10.7 倍，而美国是 8.4 倍，俄罗斯是 4.5 倍，印度是 4.9 倍，日本只有 3.4 倍。

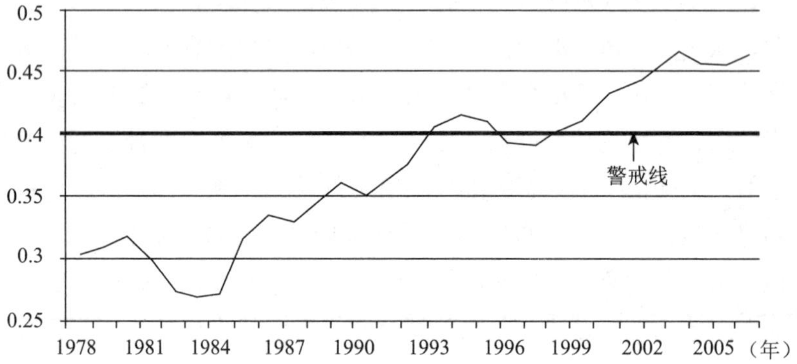

图 7　中国基尼系数变化

收入分配差距过大可能也是当前中国的房地产泡沫的一个重要原因。中国人口基数大，13 亿人中最富裕的 20% 的人口数量达到了 2.6 亿人，已经接近美国的人口总数，这个庞大的高消费群体足以支撑大城市的高房价和高物价水平。另外，庞大的人口群体中，中低收入群体的生存条件会日益艰难，普遍存在“看病难，上学难”等问题。收入差距过大不仅影响社会公平，也将酿成严重的社会和政治问题。

近年来中国劳动力成本快速上升，已经成为制约经济发展的重要因素。2008 年开始实施的《劳动合同法》对中国的劳动力市场产生了深远的影响，劳动者的议价能力增强，劳资矛盾现象不断凸显，长期看这有利于劳动者，短期内却加剧了企业的经营困难。目前东南沿海地区用工荒问题十分突出，民工工资上涨幅度很大，加之当前信贷紧缩、人民币升值，企业经营环境日益恶化，甚至出现了大面积停工或破产的现象。这与美国在大萧条之前劳动力市场紧张的状况有一定可比性，企业经营困难会拖累实体经济，并最终危及整个金融系统。

3. 房地产业过度繁荣，房价飙升

毋庸置疑，我国的房地产市场正出现泡沫。大量的资金涌向房地产开发市场和相应的住房抵押贷款市场。一线城市房价屡创新高，房价收入比在北京和上海高达10∶13，远高于欧美的4∶5的水平，房价过快增长的问题正在迅速向二三线城市蔓延。虽然国务院在过去一年内三令五申，不断出台调控政策抑制房价的过快增长，包括“限购令”等一系列严厉政策，房价仍然在保持较快的上涨。

据统计，截至2010年底，房地产行业已占据了全国总贷款规模的22%，房地产业的就业占全国就业量的10%；而住房抵押贷款也已占到贷款规模的30%。2010年我国房地产业固定资产投资达57557亿元，比上年增长33.5%，占全国城镇固定资产投资总额的24%；房地产开发中，土地购置费达9992亿元，比上年增长65.9%。房地产泡沫的破灭必然给整个金融体系带来极大的冲击。房地产泡沫是本次美国次贷危机爆发的根源，而中国的房地产价格在过去十年中飞涨，美国次贷危机的教训为我们提供了很大警示。

4. 直接融资规模偏小，金融集中度偏高

我国金融业直接融资规模偏小，金融集中度偏高，主要表现在两个方面：①现有融资仍侧重于以金融机构为中介的间接融资，金融市场虽然在过去20年有很大发展，直接融资所占比例仍然偏低。截至2006年底，银行存款占了中国金融总资产的60.4%，远高于发达国家水平。②现有金融机构中，国有商业银行居绝对控制地位。根据全球主要金融体系前三大金融机构资产占银行体系总资产的比重，我国最大的三家商业银行在2007年的总资产规模达到了整个银行体系的65%，远高于美国的30%和日本的48%。

我国现有的高金融业集中度可能会对我国金融体系的健康发展带来一系列不利影响。一方面，高集中度使得某些金融机构规模变得过于庞大，使得他们本身对整个金融体系乃至经济体系变得异常重要。西方国家在这次金融危机中暴露出的金融机构“大从而不倒”问题同样出现在中国。当监管失位或是大金融机构倒闭“绑架”监管机构时，它们的不当行为可能会增大整个金融体系的风险水平。另一方面，高金融业集中度可能会阻碍竞争，挤压中、小金融机构的盈利空间，恶化金融资源配置不当，加剧中国经济发展中的结构性问题。

5. 会计制度缺乏透明度，公允价值使用标准有待调整

目前我国上市公司制度缺乏透明度，表现在会计信息披露不充分、不及时和不真实三个方面。上市公司对于关键性的信息，如亏损原因、关联交易等，经常刻意简化；信息披露滞后，虚假和遗漏的情况司空见惯，定期报告不及时；随意更改盈利预告，故意编造虚假信息等，欺骗投资者。

在公允价值的使用上，《企业会计准则》第22号虽然允许企业使用公允价值，但是在使用范围、计量方法上都做了比较“窄”的规定，应该说是符合我国当前的实际情况的。但是，即便如此，随着我国金融机构和大型企业所持有的符合公允价值计量标准的资产和负债量的增加，公允价值计量对企业资产和损益的影响也会逐渐加大，借鉴美国2009年危机中公允价值所表现出来的问题，我们有必要进一步研究未来公允价值计量可能给资本市场带来的潜在问题。

6. 影子银行、非正规金融以及地方投融资平台隐忧多

鉴于目前的金融发展水平和金融机构普遍偏简单的盈利模式，我国还没有出现盛行于欧美金融机构的以规避监管和追求高风险、高收益为目的的业务创新。但是随着我国经济体系对金融服务需求的多元化和金融机构间竞争的加剧，我国的金融体系中也出现了一系列“另类”金融创新和“另类”影子银行。前者反映为近些年大量出现的银行与信托公司之间合作产生的大量的银信产品以表外业务的方式出现；后者则主要体现为大量非正规金融中介模式（地下钱庄或民间借贷等）。这些另类创新或另类影子银行的出现，一方面，的确满足了一部分实体经济对金融中介服务的需求；另一方面，大量的融资服务游离在正规金融体系之外，加大了监管难度，弱化了货币政策的效果，也增加了金融体系的总体风险。

根据国家审计署审计报告，截至2010年底，全国省、市、县三级地方政府性债务余额共计10.71万亿元，这一债务总额占2010年GDP的1/4，超过当年全国财政收入。地方债快速攀升与地方政府各级官员的政绩观密不可分，而金融危机的爆发使中国政府快速出台了“4万亿”投资刺激计划，更使地方政府乘机实施经济“大跃进”，大量举债。地方投融资平台管理并不透明，操作不规范，蕴含各种债务风险不易监控，成为我国潜在金融风险的重要方面。

7. 国内信用评级机构缺乏，受制于国外评级机构

当前，标准普尔、穆迪和惠誉三大资信评级公司基本垄断了资信评级的国际市场。即使在金融危机之后的今天，其对企业、政府、国家的资信评级仍然是国际投资者最关注的决策依据之一。标准普尔把美国主权国债评级降调为 AA + 级，引发全球债券和股票市场剧烈动荡，这再次说明全球信用评级机构对全球经济的影响力和操纵力之大。

我国的资信评级行业起步较晚。1992 年出台《企业债券管理条例》鼓励发行债券的单位要先得到评级，但不是说必须得到。之后，一些资信评级公司开始出现，但是迄今为止，比较成规模的只有中诚信、大公国际等少数公司，其市场影响力也比较有限，完全受制于国外权威评级机构。国外信用评级机构一旦受到政治因素的干扰，将对我国经济造成极为不利的影响。

8. 金融监管体系相对分散，缺乏协调统一

中国的金融监管也面临着巨大挑战。目前中国是分业监管制度，“一行三会”分别负责制定货币政策和承担监管银行、证券、保险三大金融业务的责任。这种分业监管也存在着明显的弊端，如：分业监管存在监管的真空，无法对银行、证券、保险相互之间交叉的业务实施监管；商业银行为了规避法规的监管，将大量资金投向其他行业，寻求利润增长点和制度突破口；银监会与人民银行分离，对危机银行机构的救助，可能协商不一致，错过最佳救助时机；外资金融机构同时经营银行、证券、保险业务以及提供新型金融产品，单独一家监管机构无法对其实施监管等。

中国银行业之所以能在这次金融危机中未受太大影响，一方面是因为我国银行业在对外开放中，经营管理、风险管理等方面确有提高，另一方面是因为中国银行业目前依托国家和政府的信用、背景，主要业务获得的仍是垄断性的收益。另外，我国分业经营、分业监管的监管体系对银行业、证券业、保险业三个独立的部门进行监管，隔离了不同业务之间的风险，经受住了国际金融危机的考验。随着国际上混业经营趋势以及我国金融市场的逐步开放，混业经营终究会是我国金融经营体制的必然选择。目前我国虽然还没有实行真正的混业经营，但各金融行业间的业务渗透已经非常普遍，如保险资金入市、券商股票抵押贷款、非银行金融机构进入同业拆借市场、保险公司推出连结保险和分红保单等，也有越来越多的机构同时涉足银行、保险、证券和信托业务等。基于我国目前的金融发展程度、风险控制能力和监管水平，选择何种混业经营模式和监管模式将是我国金融监管面临的巨大挑战。

五、 结论和建议

从两次危机的经验和当前中国国情可见，要解决中国经济和金融体系微观机制上的各种结构性问题，不但需要我们加快经济转型升级，寻找新的经济增长点，并逐步缓解贫富差距过大的趋势；也要求我们的金融不再是以简单的中介方式吸收存款再投向以国有经济为主导的投资领域，新一代的金融中介需要以更为市场化的方式去促进实体经济发展，以解决消费不足、投资过剩、国际经济不均衡、金融资产定价扭曲等中国经济成长中的结构性问题。未来中国经济和金融体系应着力实现以下八组平衡：

1. 经济增长与经济转型之间的平衡

保持中国经济持续增长仍很重要，但不再是压倒一切的首要目标。单纯依靠要素投入的经济增长方式已经难以为继，中国目前亟须进行经济转型，提高要素配置效率。转型的过程中，经济增长速度可能会放缓，但如果不及时转型，原有的经济增长的动力将逐步耗尽，短期的阵痛是为了长期可持续发展。在经济转型过程中，要将金融资源从效率相对较低的国有经济以市场化的透明方式转向更有活力的私营经济，走向未来的中国金融中介模式应该为实现这种平衡做出贡献。

2. 收入分配和增长效率之间的平衡

过去 30 年，中国经济增长速度很快，但却忽视了公平。收入分配差距日益扩大、教育医疗等公共资源配置不平等，已经成为中国社会的最突出问题。未来中国应兼顾效率与公平，在保持经济适度增长的同时，创造更为和谐的社会环境。尤其是，要着力提高社会流动性，为不同阶层的社会成员创造均等的教育和就业机会，充分调动每个人的积极性，避免社会结构固化导致的阶层分化。

3. 公司治理与政府监管之间的平衡

完善的公司治理结构是市场经济发挥作用的基础，但仅仅依靠企业自身是不够的，政府要科学地发挥监管职能。尤其对于垄断行业的国有企业，要制定科学的薪酬制度和评价体系。一方面，监管机构要独立于企业，监管机构工作人员的个人职业发展独立于监管对象。另一方面，监管机构的目标之一是保护投资者利益，但是监管机构也要独立于投资者，避免政策被投资者情绪所左右。

4. 提供融资渠道和避免资产泡沫之间的平衡

在很长的一段时间里，投资仍将是拉动中国经济增长的重要杠杆。这要求金融体系保持向实体经济注入流动性的能力。但是，我们也应认识到中国经济易出现资产泡沫的特质。这主要是因为我们的金融市场还不够发达，缺乏可投资的金融资产；同时实体经济因多年超常投资形成大面积产能过剩，注入实体经济的资金很容易转向流入规模本来就小的金融市场，从而对泡沫的形成推波助澜。走向未来的中国金融应该着力实现这两者之间的平衡。

5. 金融自由化与金融监管之间的平衡

资金作为一种重要的生产要素，在中国仍是受到严格管制的。严格管制的直接后果是金融中介缺乏创新，盈利模式简单，很难应对经济结构转型对金融中介服务的种种要求，但是我们也应该注意到过度的金融自由化，尤其是以绕开金融监管为目的的金融创新对金融体系健康的危害。拿捏金融创新与科学监管之间的平衡至关重要。要进一步推动会计准则国际化，根据我国现实，限制公允价值计量方法的使用，完善上市公司财务披露，进一步培育本土信用评级机构和运营模式。

6. 连接部分与金融体系之间的平衡

实体经济和金融体系之间的连接部分是金融体系良好运转的必要条件。目前，我国金融体系正处于快速发展变革之中，但连接部分却没有及时跟上，相关制度建设仍不完善。这提高了金融体系的系统性风险，削弱了其对实体经济的“润滑剂”作用，甚至会成为中国经济的一大隐患。在会计制度方面，目前我国资本市场有效性较低，公允价值计量会人为地提高资产价值的波动，不利于金融稳定，亟待调整。在资信评级方面，国内资信机构起步较晚、公信力较低、影响力有限，不利于对金融机构和金融资产的公正评价。未来我国应该在快速发展金融体系的同时，及时对金融和实体经济的连接部分进行调整完善，以求二者协调发展。

7. 正规金融与非正规金融之间的平衡

中国经济中还存在相当规模的非正规金融。如何界定非正规金融并对其规模做出合理评估是一件极具挑战的事情。但不能否认的是它们对中国企业，尤其是中小企业和民营企业所做的贡献。拿捏正规金融与非正规金融平衡的最终目标是通过制度完善使得非正规金融能够浮出水面，最终被纳入正规金融体系之中。当然，这需要时间。

8. 人民币的崛起与国际货币体系之间的平衡

我国的金融是建立在现有国际货币体系基础上的。人民币与美元挂钩、资本账户不开放等，深刻地影响现有的金融中介模式。我们习惯了做价格接受者（Price - Taker），而不知道该如何做价格制定者（Price - Setter）。随着中国经济的进一步发展，人民币的作用将越来越重要，而人民币的崛起与现有国际货币体系之间的矛盾也将愈演愈烈。我们应该积极主动地探索人民币国际化进程，逐步使人民币被纳入新的国际货币体系之中，这对于中国金融的未来具有决定性作用。在中国崛起的过程中，我们应力求重塑国际金融体系秩序，尤其要在跨国金融机构全球监管和国际资本流动监管等方面进行深入的实践，逐步摸索出与中国国情和国际地位相适应的新秩序。

我国应该倡议建立各国间资本市场监管协调和沟通机制，以降低资本市场的剧烈波动，增强资本市场的运行效率。随着世界资本市场国际化、一体化的进程，各国资本市场相互关联越来越紧密，不再是独立、分割的市场，这样，一国资本市场发生的问题，可能会传染给其他国家的资本市场。而 IMF 等现有国际金融管制机构，往往采取的是事后救助机制，而不是事先预防机制。打比方来说，过去国际资本市场一体化程度低，各国市场像农村的房屋，分散建设，一个房子着火了不会殃及其他房屋，此时统一的防火机制作用不大；但是现在国际资本市场一体化程度越来越高，各国市场像同住一楼的各家，一家着火就会殃及其他家庭，此时建立统一的防火机制就十分必要。

后 记

2010年起，中央财办启动“两次全球大危机的比较研究”课题，对本次国际金融危机和1929年大萧条的发生、演变和影响进行比较研究，期望以史为鉴，理解今天，展望未来。我们邀请了人民银行、银监会、社科院、国务院发展研究中心、北京大学、国家开发银行等单位参与研究。参与单位分别从国际政治经济、货币政策、金融监管、微观机制等角度展开研究，完成了专题研究报告。中央财办进行了综合研究，完成了总报告。研究成果已经在为中央决策服务中发挥了重要作用。国家开发银行、中国国际经济交流中心对课题研究工作给予了大力支持。

现在，我们将课题研究成果集册出版，希望能进一步激发和推动各方对这个重大问题继续深入研究。

中央财经领导小组办公室

2012年12月21日